心理学の方法

園原太郎を囲む研究会からの報告

Kの会＊編

ナカニシヤ出版

序文

　京都大学文学部心理学教室の出身者が「Kの会」と名づけている研究会がある。会を始めたのは，1981年4月であるから，発足以来22年目を迎え，その間に研究会を89回開催した。人間では米寿の祝いを超えた。それを記念してこの本の出版を企画した。

　研究会の目的と89回の内容については，本文で説明している。園原先生を囲んで仏教大学で開始した当初，幹事は杉田千鶴子であるが，第Ⅱ期になって，鳥山平三が幹事を務めた。以来，10年以上も研究会を続けているのだから，その成果を一つの出版物にまとめたいと鳥山君から提案があった。しかし，内容について具体的な提案がないまま忘れられてきた。鳥山君が京都工芸繊維大学から天理大学へ移り，遠距離通勤のため時間的余裕がなくなり，当時，ちょうど京都へ帰ってきていた中瀬が幹事代理と称して運営を引き継いだ。もっとも，実際の作業は私の講座に赴任してくれた上田和夫君に頼んでいたのだが。その私も定年退職し，京都ノートルダム女子大学へ勤務することになった。学長の梶田君は「Kの会」会員であるから，京都ノートルダム女子大学に会場を移して研究会を続けることにした。古くからの会員である辻平治郎君の弟子で専任講師（2002年度から助教授）をしている向山康代さんに参加していただき幹事の実務をお願いして，相変わらず私は楽をしている。

　「Kの会」では終了後の懇親会が恒例である。鳥山君は親切で気配りにたけた幹事であったから，研究会当日には午前中に近所のスーパーへ買い出しに行き，いったん自宅に車をおいてから研究会に参加していた。園原邸には研究会用のコンロまで用意され，鍋を囲んでの懇親会が恒例となっていた。ただ，野菜を切るなどの準備作業が必要で，園原史郎氏の奥さん（明美さん）に大変お世話になっていた。幸い筆者の勤務先はすぐ近くであり，明美さん自身も府立

大学の出身で学生の先輩であったから，ゼミの学生達を手伝いに数人連れて参加していた。幹事代理になったからとて，買い出しまでは手が回らず，懇親会には，近所の小料理屋から出前を頼むようにした。

懇親会では，嶋津先生が全員が飲んだ空のビール瓶を自分の周りに積み上げて喜んでおられた。岡本夏木先生は柿崎・本吉両先生を前にして「このくらい緊張する研究発表なんて生まれて初めてだ」と額一杯の汗を拭いておられた。柿崎先生も「心理学的知覚論序説」を出版されたのを機会に話題提供をお願いすると「せっかく書き上げて完成したと喜んでいるのに，君たちにぼろくそに言われるのは嫌だから，別の話なら発表するよ」と次回の話題提供を約束したままあの世に旅立たれてしまわれた。研究会には，書ききれないくらい多くの想い出が残されている。

「Kの会」は園原太郎先生を囲んで始めた研究会である。先生には，長く京都大学文学部心理学研究室の教授としてわれわれを指導していただいた。現在の会員は全員，先生直接の弟子か，孫弟子である。研究会も22年に及ぶと会員の中にも亡くなった方が少なくない。園原先生に始まり，嶋津峯真・柿崎祐一・村井潤一・松井保諸先輩，若くして亡くなった島久洋君，園原先生のご子息史郎さんと7人の会員を失っている。定年を過ぎて第二の職場にいる筆者にとっても人ごとではない。

本書の第Ⅰ部では，現在の会員とこれまでに「Kの会」で話題提供していただいた文学部心理学教室出身の方々に声を掛け，現在取り組んでおられる主要な課題について，主として方法論的な見地から，その現状と研究分野があるべき将来の方向性を論じていただくことにした。その上で，日頃考えている心理学全般の将来について論旨を広げていただくことを意図している。それが書名の由来である。執筆者間で内容についての打ち合わせを行わず，整合性を図る考えはないから，内容に矛盾が生じている事もあると予想される。読者の皆さんがそれぞれ取捨選択して理解していただければよいだろう。しかし，個々勝手な議論の中に，自ずから京都大学文学部心理学教室で培われ育まれた発想が反映されていると考えている。このような，われわれが知らず知らずの内に身につけている考え方こそが，京大心理学教室の伝統であり，園原先生に薫陶を受けた成果であるだろう。このような意味で，京都大学文学部心理学研究室の

伝統と，園原心理学を受け継ぐわれわれが心理学について考えている内容を伝えることができれば，企画者として最上の喜びである。講演などで，園原太郎先生は本当にそれほど偉いのかと質問されたとき，「後輩に梶田叡一，加藤直樹，中瀬惇という3人の同級生がいる。立場も発想もまったく正反対といっていいほど違う連中だけれど，3人とも口をそろえて園原太郎先生は偉いと言う，だからやはり偉いに違いない」と話すことにしていると村井潤一先輩がよく言っておられた。われわれ共通の思いであるだろう。

本書の第Ⅱ部では，本書を企画する母体となった「Kの会」を紹介するために研究会の目的や成立経過を説明し，記録が残っている全部で97回の会合とその内89回の研究発表会について記載した。記録を見ていただくのが，読者の皆さんには，何よりもよく研究会の内容について理解していただけると考えている。研究会の記録を復元してみると，参加者などを毎回もう少し丁寧に記録しておくべきだったと反省している。園原先生の蔵書を整理したとき，京都の暑い夏の最中に嶋津先生，柿崎先生を始め村井先生，清水御代明先生などが軍手をして汗を流しておられた様子が目に浮かぶが，参加された日の記録が筆者の手元には残念ながら残っていない。

途中でも触れたように，本書は園原太郎先生の追悼を目的とした出版でもある。本書を園原太郎先生の墓前に捧げるとともに，会員であった嶋津峯真・柿崎祐一・村井潤一・松井保・島久洋・園原史郎諸氏に捧げたい。

2002年5月24日
「Kの会」幹事　中瀬　惇

目次

序　文　*i*

第 I 部　現代心理学諸論

第 1 章　乳幼児研究　心理学の方法からみた批判 ………中瀨　惇　*3*
 1. はじめに　*3*
 2. 初期乳児の研究　*4*
 3. 乳児の運動発達　*6*
 4. 初期知覚の研究　*8*
 5. 認識論的研究　*9*
 6. 情緒的側面の研究　*9*
 7. 心理学における科学の方法論について　*11*
 8. おわりに　*16*

第 2 章　高度難聴児　ことばの獲得を考える … 庄司留美子　*18*
 1. はじめに　*18*
 2. 行動観察の視点　*19*
 3. 高度難聴児のことばの発達　*21*
 4. 幼児期の対人関係の発達
  （乳児教室における母子の関わりへの支援の試み）　*27*
 5. 乳幼児期の発達を考える　*30*

第3章　個性化教育　多重知能と認知発達 ……………… 松村暢隆　32
　1. はじめに　32
　2. 認知発達の普遍的な道筋と欠陥　33
　3. 知能の多様性　35
　4. 個性ある認知発達と，教育の個性化　40

第4章　言語獲得　社会的基盤と認知的基盤 ………… 小椋たみ子　46
　1. はじめに　46
　2. 言語獲得の社会的基盤　48
　3. 言語獲得の認知的基盤　54
　4. おわりに　59

第5章　言語と思考　ピアジェの形式的操作再考 …… 藪内　稔　62
　1. はじめに　62
　2. 日常言語における双対性　63
　3. 形式的操作：INRC変換群　69
　4. 言語表現の双対性とINRC変換構造：
　　ピアジェ理論の問題点とその展望　71

第6章　理解と思考　学習をとらえる視点から ……… 米澤好史　75
　1. はじめに　75
　2. 理解過程という研究視点　76
　3. 思考と理解の不可分性を示す研究　79
　4. 日常的認知機構の解明　84

第7章　動物ばんざい　比較認知科学のすすめ ……… 藤田和生　89
　1. はじめに　89
　2. メタ記憶　92
　3. エピソード記憶　95
　4. 自身の経験の他者への応用　100
　5. 欺き行動　101
　6. まとめ　106

第8章　視覚的対象認知　形と意味の関係 ―――― 松川順子　108

1. はじめに　108
2. 形と意味　109
3. 不完全画像における対象認知　112
4. 視覚的探索課題における形と意味　114
5. おわりに　116

第9章　色とこころ　知覚の心理学 ―――― 秋田宗平　119

1. 芸術と科学　119
2. 神経科学　123
3. 知覚の心理学　127
4. 知覚の原理　131
5. こころの科学　135

第10章　音声と記憶　聴覚心理学における実験例 ―― 上田和夫　141

1. 実験，測定，コントロール　141
2. 聴覚短期記憶の干渉効果：音声の高さの明確さによる変化　145
3. この実験におけるコントロール　153
4. 将来の展望　154

第11章　ジェロンテクノロジー
　　　　　老年心理学から加齢工学へ ―――― 口ノ町康夫　159

1. はじめに　159
2. 心理学は科学に安住していてよいのか　160
3. ジェロンテクノロジーの誕生：老年心理学と工学の連携　163
4. ユニバーサル・デザインと老年心理学　167
5. 情報機器と高齢者認知特性の親和性　172
6. CDラジカセの操作時における視線移動の年齢比較　175

第12章　学際　その狭間で ―――― 田尾雅夫　182

1. 園原先生の一言　182
2. 心理学という学問，他の学問と比較しながら　185
3. ヒューマン・サービスのマネジメントへの貢献：学際的世界への誘い　189
4. 心理学の課題　192

第13章　臨床心理学　方法の現状と課題 ················ 鳥山平三　195
    1. はじめに　*195*
    2. 臨床心理学の現状　*196*
    3. 臨床心理学の課題　*206*

第14章　自己意識：問題と研究法
　　　　　　どのように問題とし，研究するか ·············· 梶田叡一　210
    1. はじめに　*210*
    2. 研究対象としての自己意識の形　*211*
    3. どのような形で各自の自己意識のあり方を認識するか　*214*

第Ⅱ部　「Kの会」と園原先生
第1章　「Kの会」の成立 ·· 219
    1. 第Ⅰ期：1981年～1982年（園原先生の時代）　*219*
    2. 第Ⅰ期：準備会と名前の由来　*220*
    3. 第Ⅰ期：園原太郎先生を囲む時代　*221*
    4. 第Ⅰ期：研究会の記録　*222*

第2章　Ⅱ期：1982年～（新しい出発）························ 224
    1. 第Ⅱ期：園原先生没後の研究会　*224*
    2. 会員　*225*
    3. 第Ⅱ期の研究会　*226*
    4. 研究会の記録　*226*

索　引　*237*
執筆者紹介　*243*

第Ⅰ部

現代心理学諸論

第1章

乳幼児研究
心理学の方法からみた批判

中瀬 惇

1. はじめに

　方法論の対象として，改めて乳幼児心理学を見直すと，現在，日本の心理学が抱えている方法論上の問題が，そのまますべて包含されていることに気づかされる。おおざっぱに振り返るなら，乳幼児心理学は子どもの発達過程を動物行動の観察手法で記録したのに始まった。当初は子どもの生活全体が観察されていたが，その後，最も目覚ましく発展するとともに客観的観察も容易なことから，這い這いから坐位，立位へと進歩する姿勢運動発達と手掌による物の把握と使用についての詳細な観察記録が行われた。このような観察記録は，その後，生活体として子どもが行う行動全体を構造化してとらえようとする研究へと受け継がれ発展していく。同じ頃試みられた，感情や情緒が分化発展する過程を研究する試みは，対象とする子どもの情緒について観察者の主観が強く，客観的研究が困難である事などが理由となり，その後の発展はみられなかった。しかし，心理学者にとって，情緒面の研究は客観的測定が困難であっても深く興味をそそられる主題であるため，かえって，一方的解釈に基づいた研究が始められた。それどころか，乳幼児期の研究は情緒発達を中心課題として進められてきたとさえ考えられる。このような流れを断ち切って，認知的・知的側面

について厳密な実験場面での検討に基づいた研究を主導したところに，ピアジェ（J. Piaget）最大の貢献がある。また，乳児を対象としたファンツ（R. L. Fantz）による初期知覚の研究は，操作的定義に基づいた厳密な実験研究が可能であることを人々に知らせ，多くの実験研究を乳児心理学にもたらした。乳児研究を調べていて，一番気持ちがよいのは，いまだ言語反応がない乳児を対象としたとき，怪しげな質問紙による研究がみられないことかも知れない。最も，母親を対象として，質問紙により乳児を研究しようと試みる人達もあるのだから何とも言えない。

心理学全体を見渡すと，数の上で研究は盛んで研究論文も数限りなく発表されているが，19世紀以来，心理学はいったいどのくらいの知識を獲得し，人間行動についてどのくらい理解の程度を深めることができたのであろうか。心理学研究で得られた，確実な法則と知見がどのくらい有り，われわれはどのくらい自信をもってヒトの行動予測をすることができるかと問い直してもよい。科学として積み上げていける知識をどのくらい獲得したのか，将来そのような知見を得るためには，われわれ心理学に携わる者はどのようなことを注意しなければいけないのか，「Kの会」21年の活動をふまえて，このような視点で議論を進めていこう。

2. 初期乳児の研究

心理学が新しい学問として成立してきた過程を振り返るとき，われわれが思い起こすのは，精神物理学的方法による知覚心理学が成立し，現在の用語でまとめると主として動物を対象とした条件づけと呼べる学習研究がある。さらに，無意味音節を使用した暗記学習も付け加えてよいだろう。このように，長く哲学における主要な研究対象として語られてきたヒトの精神現象は，科学的実験研究の対象として再構成され，新しい学問分野を形造ったのである。そのとき方法論上の規範と扱われた物理学は，産業革命によって科学技術の力を世間に知らしめ，方法論として実証主義の重要性が認知される状況にあった。上記のように当初の研究分野は，現在では知覚や学習の領域に分類される研究が主要な領域であったが，心理学にとって最も古い研究論文としてよく知られるのは，

意外にも遺伝研究で有名なダーウィン（Ch. A. Darwin）のものである。このような事実からは，乳児研究も心理学を形成した一つの重要な分野であると考えるべきかも知れない。

ダーウィン（1877）が行った研究は，ヒトの乳児期を観察して発達過程を明らかにしようとする記録である。生物学者として培ってきた視点によって，ヒトを対象としてその初期発達を記載した最初の研究として知られる。続いて，シェール（S. E. Chaille, 1887）がダーウィンによる研究結果を引用しながら，歴年齢を一つの尺度として発達を調べる新たな視点を導入して，出生から3歳までの乳児発達を詳しく記載している。論文の中には，ロバーツ（Roberts）を引用して，体重，身長，胸囲の発達については30歳まで表示している。彼ら進化論者にとって，ヒトの行動が形成されていく過程を調べようとするのは当然の視点であった。いずれにしても，初期の乳児研究は動物学者がヒトを観察した研究であると考えてよい。生物学は長い歴史と研究成果をもっているのだから，このように初期発達の研究が生物学による知見に大きく依存してきたのは当然の流れであった。より積極的にいえば，ヒトの発達を考えるときには，先ず，ヒトに至る生物的進化の過程を知らなければならないだろう。

乳児を知るためには，乳児としてわれわれが扱うことができるようになるまでの成長過程もまた，無視するわけにはいかない。すなわち，出生までの個体発達を無視してヒトの発達を論じることは無意味なのである。動物がもつ行動能の多くが遺伝的に決定されていることが知られるようになると，遺伝情報の内容は心理学にとって直接的な研究対象ではないとしても興味の対象とはなる。さらに，ヒトの行動的特徴を知るためには動物の系統発達を知り，そのなかで獲得されてきた行動能力の進化を知ることも必要になってくる。

受精卵が生長して出産時までに見せる胎児の生長過程を外形的に見る限りでは，ヘッケル（E. H. Haeckel）のように個体発生過程が動物の系統発生的進化を反復しているように見えるが，われわれはその意味合いについて十分な知見をもっているわけではない。ヒトの発達を考えるためには，その基礎となる生理的生長過程を知る必要があることも当然である。このように考えてくると，生物学から心理学が多くを学ぶことは当たり前の流れである。

同時にまた，ヒトが誕生後成人に達するまでに獲得する学習項目は，ヒトが

ヒトとして登場した後，今日までに築き上げた文化を跡づける作業であるといわれる。確かに，われわれが学ぶ文字や文章による表現能力，数学や物理学などの学習内容は人類の文化的発展を跡づけて学んでいるのではあるのだが，社会性や道徳性の内容もまた，そのように進歩しているのかは疑わしい。この点については，紙面の余裕があれば後にとり上げたい。それはともかく，受精してからこの世に生まれるまでに，人類の生物的進化過程をたどり，次に，出生して成人に達するまでに歴史的な文化の発展過程をたどっているとすればその壮大な流れは何を意味すると考えるべきなのであろうか。

3. 乳児の運動発達

　心理学における乳児発達の研究は，初期には運動発達の研究から始まった。乳児の初期発達を観察したとき最も変化が顕著であり，客観的観察と記録が容易でもあるから当然の結果でもある。シェーレー（Shirley, 1931）による運動発達の図を一度は見たことがあるだろう。ヘルヴァーソン（Helverson, 1931）による手掌把握の発達過程とともに，二足歩行に至るまでの発達過程は，2人の研究を通してよく知られている。このような運動発達研究を基礎として，ビューラーとヘッツァー（Ch. Bühler & H. Hetzer）やゲゼル（A. Gesell）による発達検査が生まれてきた。両者はその理論を異にするが，結果として作成された発達検査はよく似ている。0歳児の発達過程を詳細に記録することによって，子どもの発達過程を明らかとし，標準的な発達過程と比較することによって，子どもの発達水準を調べようとする作業であるから当然の帰結である。

　両者の基本的な考え方を示しておく。ビューラー（1935）による検査では，子どもの行動を下記の6領域（six different fields of activity）に分類している。
　(1) 感覚反応（sensory responses）
　(2) 身体制御（body control）
　(3) 社会的行動（social behaviour）
　(4) 学習と模倣（learning and imitation）
　(5) 対象物を扱う動作（activities applied to material）
　(6) 知的行動（intellectual performance）

の6領域である。

同様に子どもの発達測定を目指したゲゼル（1934）を発展させてノブロックら（Knobloch & Pasamanick, 1974）は，下記の5領域に子どもの行動を分類して検査を作成した。一般的でない用語が使用されているため簡単に内容の説明も加えた。

(1) 適応行動（Adaptive behaviour）

外からの刺激を統合（integration of stimulus）すること，それらの関係を知ること（cognition of relation），全体と部分の関係の統合（parts in whole）などである。

(2) 粗大運動行動（Gross motor behaviour）

姿勢制御の反応（postural response），頭の保持と姿勢制御（head control），這い這い（creeping），お坐り（sitting），つかまり立ち上がる（up to stand），立位（standing）から歩行（walking）へと進歩する過程である。

(3) 微細運動行動（Fine motor behaviour）

物体へ手を伸ばし，つかみ，手掌や指で取り扱う（stretch to objects, grasp, hands and finger for operation）行動，最終的には指先で物を持って上手に扱えるようになるまでの過程であり，鉛筆を持って絵を描いたり字を書くようになるまでの過程ということもできる。ついでに説明すれば，新版K式発達検査では，微細運動を利用して行う認知機能もまた，この分類に入れている。

(4) 言語行動（Verval behaviour）

中枢神経系での統合（integration to CNS），表出，身振り，姿勢，発声，単語，文章（expression, gestuer, postural-motor, utterance, words, sentence）により対人的情報交換（communication）を可能とし，概念的な思考世界へと進歩する機能が形成される過程である。

(5) 子どもと社会との関係行動（Personal-social behaviour）

子どもが個人的に社会の文化に対する反応（child personnel responce to culture），食事，遊び，躾や社会習慣への反応（eating, playing, responses to training and social custom）であり，社会の一員として生活するヒトが文化的に形成される過程である。

このように子どもがもつ個別行動を，子どもがもつ機能全体の中に位置づけ

て構造化することは重要であろう。なかでも子どもの知的発達について重要なのは，子どもが自分の内的な世界の中で活動してきた状態から，外界の操作を獲得していく過程であり，このような行動は客観的な観察が可能であることも含めて心理学研究にとって一つの重要な分野となってきた。

4. 初期知覚の研究

　古来，生まれて間もない子どもは，目も見えず，音も聞こえない無能な存在であると考えられてきた。今でも，乳児を検査する場面では「こんな赤ん坊でも見えているのですか」と驚く母親や祖母が少なくない。子どもが獲得する初期行動について，生後間もない子どもが外界をどのように知覚しているのか，また，外界の知覚により新しい行動をどのように獲得していくのかという，知覚・学習の発達研究は重要である。この分野で真に科学的研究がもち込まれたのは，ファンツによる乳児を対象としての知覚研究である。ファンツ（1961）の研究は，操作的定義による測定可能な概念に基づいた研究をわれわれに示し，科学的知見を積み重ねていけることを知らせた。研究方法において，その後多くの研究を導いたし，言葉の通じない相手に対する科学的研究方法を例示した点においてより重要である。ファンツは，乳児が外界を眺めているとき，対象物により注視時間に差があれば，乳児はその対象物間に違いを認めているのだと考えた。いいかえれば，注視時間の異なる刺激を乳児は弁別していることになる。また，当初は注意を引いていた刺激でも繰り返して提示していると注視時間が短くなる。これを habituation（慣れ）と呼ぶ。そうして，いったん，habituation が生じた後，間隔をあけてその刺激を再提示すると，また，注視時間が増加する。このような現象を dishabituation（慣れの消失）と呼ぶ。これらの現象を利用することによって，最初の記憶がいつ頃から始まるかを研究して，乳児には10週以前に最初の記憶が認められると報告した。最近では，より早期から記憶が生じることを示す研究もあるが，このような議論が確かな実験研究の結果によって議論できる環境を作り出した功績は消えない。

5. 認識論的研究

　認識論哲学者であるピアジェは，イネルデ（B. Inhelder）の心理学実験に基づきながら知的機能が形成されていく過程を分析した。ピアジェによる議論は多くの内容を含んでいるので，詳しくは別の成書を参照していただきたいが，知的機能の形成にとって最も重要な機能としてピアジェは物の永続性（object permanence）を指摘した。このような考えは，フランスの哲学にとっては伝統的であり，ベルクソン（H. Bergson）による純粋持続（durée pure）を限定的に使用していると考えられる。ピアジェ以前の乳幼児心理学分野では，親子関係などが興味の中心であり，特に母親と子どもの情緒的つながりが重視され主要な研究対象となってきた。言葉で反応を得られない子どもを対象とするとき，実験研究が困難であったことも原因となり，母親への調査と解釈による研究が盛んであったともいえる。解釈に解釈を重ねる研究が危険であることは，他の科学分野では多くの経験を積んで明らかにされてきたのであるが，心理学では経験が生かされなかった。

　それまでの心理学では，特に育児場面や保育場面において母と子のつながりを中心とした解釈一辺倒による情緒主義全盛であった。ピアジェの研究は，子どもの知的機能を実験によって検討ができること，哲学者として全体を統一するような理論体系をうち立てたことなどの理由により，乳幼児研究の中に認識論的・知的研究分野の隆盛を招いた。過度な情緒主義が払拭された点が特に重要であろう。

6. 情緒的側面の研究

　ハーロウ他（Harlow, 1959, 1979）による猿の母子関係研究は，内容が興味深く衝撃的であったことも手伝い，子どもによる母への愛着（attachment）と呼ばれる子どもの情緒的側面に光を当てた多くの研究を生んだ。しかし，結果が非常に興味深いのに，順当な追試結果は認められない。初めに示された実験結果が事実であるとしても，追試によって確かめられていない研究結果には多

くの疑問が残る。統制されるべき実験条件は正しく統制され，統制群は正当に用意されているのであろうか。さらに，再現性は保証されているのであろうか。いや，疑問が残るような結果を出した実験に限って追試がないとさえ思う。この研究は，その後，実験的研究よりも解釈だけに頼るような多くの研究にとって一つの重要な根拠を与えている。

　子どもが発達する過程で，人見知り（stranger anxiety）や分離不安（separation axiety）と呼ばれる不安行動を示すことはよく知られている。このような不安行動には，子どもの知的水準が大きく影響するなど，母子関係が主要な原因といえない状況もある。ボウルビィ（Bowlby, 1956, 1960）のような解釈が妥当か否かには多くの追跡的実験研究により検証される必要があるだろう。情緒行動の実験的測定場面として，アインスワース（Ainsworth, 1978）達は，strange situation と名づけた特別な場面で子どもが行う行動を類型化することによって研究を進めた。日本でも同様な研究が行われているが，日本では子どもの反応が大きく異なり元の基準で類型化することができない。米国では異常とさえ判定されるような行動が日本では最も多く認められる行動類型でさえあるという。そのため，米国と出現率が同じようになるように判定基準の内容を変更して研究が行われるという。一般的に考えて測定尺度を歪曲した測定には意味がない。どうしても同じ文脈で研究をしたいのなら，日本ではなぜ子どもの行動類型が異なるのかを研究することから始める必要があるだろう。

　同様な文脈に，基本的生活習慣（Fundamental Habits）獲得過程の研究がある。大（stool）小（urine）の排泄習慣（toilet training），食事（eating）の自立と偏食の解消，肌着から上着へと進歩する着脱衣（wearing）の自立などをさす。これらは，育児者にとって最も重要な関心事であり，それゆえに，発達臨床の現場では非常に重要な課題の一つであるが，このような研究分野では，われわれの学生時代だけでなく，京都市児童院が創建された頃，園原先生達によって行われていた相談内容と現在われわれが行っている相談内容にどれほどの進歩が認められるのだろう。心許ない限りである。

　情緒研究は，ブリッジェス（Bridges, 1931）によって始まったと考えることができる。乳児がもつ情緒がどのように分化していくかを示した図は有名であるが，初めの段階を除き内容はあまり省みられないし，発展的な研究も行われ

てこなかった。これは課題に対する関心のなさというより，子どもの情緒的状態を客観的に判断することの困難さと，ある情緒が次の異なった情緒へと変化発展するという考え方そのものに難点があるからではないだろうか。子どもの発声（utterrance）については，泣く（crying）ことが次の新しい情緒へと発展するというよりむしろ，今日では，自発的発声が喃語（babbling）を経て一語文，二語文，さらには，言葉による伝え合いへと進歩する言語獲得過程の研究が中心的課題となっているのは，当然であろう。出発点が事実であるとしても，それに解釈を加えた場合，解釈が正しいことが実験的に証明されない限り確定した法則と呼べないことは，自然科学の世界では今日，自明の常識であるし，これまで多くの失敗を重ねてもきた経験に基づいているということもできる。心理学においても，この点に反省がない限り真の科学へと発展することは困難だろう。

7. 心理学における科学の方法論について

　心理学は，その成立過程を調べる限り，間違いなく科学である。現在，自分たちがやっている学問分野が確かな学問だと主張するために，すべての学問が科学の名を表明する。ここでは細かい議論をする余地はないが，方法論を明確にするためには学問を実験科学と論理構成学にでも分ける方がわかりやすく，心理学は実験科学と名乗るべきか，それとも，自然科学を名乗るべきなのかも知れない。

　ノーベル賞をもらった名高い物理学者ファインマン（Feynman, 1961）は，疑似科学の一例として社会科学をあげ，その理由として，法則を見つけない，証明をしないと二点をあげている。また，口先と形式だけ科学の方法に従うようなふりをしながら実行が伴わない社会科学の例として，彼が最も詳しく議論ができる数学教育法研究をあげ，その分野では，論文の数も多く，数多くの統計的検定がされているにもかかわらず，結果はバラバラで統一されていない。実話を収集しただけのもの，対照基準が不十分か存在さえしていない論文も多く，結局は科学の基準を満たしていない研究だと断じている。これまでの議論に同意する読者は多いが，さて，われわれ心理学は大きな顔ができるだろうか。

社会科学や数学教育研究が特異な疑似科学であると，安心していられるのかと考えたとき，はなはだ心許ないことに気がつくであろう。現在，心理学では毎年膨大な研究が行われ数え切れない論文が発表されているが，心理学における科学的知見はいったいどれだけ増加したのであろうか。われわれが心理学の知見を語るとき，多くを初期の心理学研究に頼らなければならない事実をどのようにとらえたらよいのであろうか。

　心理学が科学的研究に到達するための道筋を簡単にたどるなら，研究は，観察・調査の段階に始まり，そこで何かの法則に気がつくと，探索的実験を行ってその法則を確かめてみる。探索実験によって確かめられたなら，本当にそうであることを確定するために実証的実験を行う。その後，多くの追試により本当であることが認められて初めて実験結果は法則として確定する。心理学を学ぶ者は皆，今述べたような研究の道筋をよく知って，講義などで学生達に教えてさえいるのに，ほとんど実行されていない。

　それどころか，学生の卒業論文指導などを見ていると，科学的方法を模倣するため，容易なアンケートなど調査資料を得，統計的検討をしたから科学であると開き直るが，これは下の下である。われわれは，これまでに行われてきた心理研究を疑いをもって再検討する必要があるのではないだろうか。心理学の論文を読むと，心理学研究では不完全な実験により実に壮大な結論が語られる傾向に気づかないだろうか。

　学生の卒業論文だけでなく，学会の発行する研究誌に発表された論文でさえ調査資料に基づいた報告は数多い。論文の中で調査資料であるために結果は限定的であると断りながら，結論では壮大な解釈を，申し訳程度の疑問的言葉を交じえながら展開する。このような手段は，疑似科学の常套手段そのものである。はたして，アンケートなど調査資料による研究は，それだけで研究に値するのだろうか。対象者が問題を自覚的に認知し，質問にはすべて正直に答えているとどのようにして証明するのであろうか。標本抽出に至っては目も当てられない。手近な大学生だけを対象としたり，被験者の選択に多少注意を払うと回収率は30％台くらいが相場であろう。30％が，残りの70％と同じであることを一度でも証明したことはあるのか。調査資料による論文は，その内容を実験的検討によって証明されたときに初めて論文と認めて掲載を許可するような

研究誌が必要であろう。そうすれば，研究誌は激減し地球を救うことに貢献することになるかも知れない。皮相的に述べるなら，もしアンケート調査を研究と呼ぶなら，調査会社やマスコミが日本で最大の研究機関であるに違いない。突然であるが，この日本社会が少しでも良くなるためには，日本人が科学的思考力を獲得し自分自身の頭で考えて情報を取捨選択できるようになり，その結果，マスコミの報道を信用しなくなり，子ども達がテレビ離れをするようになることが必要であると考えている。

　政治行動の研究は調査資料を基礎にするに相応しい数少ない分野の一つである。皆さんは，新聞に発表される調査のたびに支持政党の数値が大きく変動することに疑問を抱いたことはないだろうか。何か事件が起きたり，党首が替わっただけで政党支持率が変動する。これではまるで芸能人の人気投票のようではないか。政治的信念とは，もう少し自分の思想に基づいた責任がある態度ではないだろうか。少なくとも筆者は以前からこのように考え，政党支持率を信用できなかった。以前からの友人で，本人の還暦を祝って招待講演を頼んだ早川昌範（愛知学院大学，77回例会）の話しによると，政党支持を調べる日本の調査方法は歪曲されているという。支持政党を調べる本来の方法は，まず，支持政党が有るか無いかをたずね，次に，支持政党がある場合，その名前をたずねるべきだという。当然，方法の開発された米国では正しく調査されているのだが，われわれ日本人のように支持政党が明確でない国民に，このような正しい方法で調査すると大多数が支持政党無しになってしまい，調査をする機関は政党に無視され商売にならないという。見かけ上，多くの国民が支持政党をもっているように見せるため，調査の始めに政党名の一覧を見せて無理に支持政党をたずねている。これも調査を欺瞞的に使用している一例であり，調査が本来の目的を離れた商売道具に使用されている。大多数の国民が支持政党をもっていないという事実の方が，日本人の投票行動を説明しやすいであろう。

　いわゆる疑似科学についても簡単に触れておきたい。日本にもJapan Skeptics学会があり筆者も会員の一人である。本来，超能力や超常現象，オカルトやUFOなど疑似科学を科学的に究明することを目的とした学会である。本来学会が対象とすべき対象は，二つに分類できる。一つは疑似科学であり，超能力・超常現象等，普通の思考力をもった人々には，欺瞞性がわかりやすい

ものであり，二つ目は，学問を装った疑似学問と呼ぶべき物である。前者は，欺瞞性がわかりやすいから本来はあまり力を注がなくてもよいのかも知れない。それより，二つ目にあげた，ファインマンが指摘したように，誰でもが学問だと認めている分野の中に潜んでいる非科学をこそ炙り出す必要があるのかも知れない。方法論の特質は疑似宗教以外の何者でもない，精神分析などの怪しげな学問分野とその方法論の検討にも力を注いでもらいたいと考えている。

　現在，学問としての力がない分野の研究者が，科学的研究を偽装する最も手軽な方法がアンケート等の調査であろう。一つの独立した学問分野として確立していない学問は，独自の科学的方法論をもっていない。そのような領域に限って調査研究が好きである。得られた結果は，確かに数値の並んだ表で，一見科学論文の体裁をなしている。しかし，質問紙の作製から標本抽出，調査方法など資料を集める段階は吟味せず，得られた資料の統計的検討だけに力を注ぐ（しかもそのほとんどは統計方法でさえ誤っている）。先に述べた研究の段階をふまえて，次の段階の実験的検討がされない限り，まったく無意味な資料であることを知るべきである。このような研究分野こそが，本当の意味で疑似科学に違いない。私的な経験を披露するなら，以前，新生児がある刺激に対して面白い特徴的な反応をすることを知り，傍にいる医師や看護婦に披露して喜んでいた。データにしようとして，子どものstate（覚醒状態）をそろえ，刺激提示を乱数表によって決めた時刻に調整して調べた。そうすると，恣意的に提示していたときには，ほぼ100％の出現率であった反応生起が60％程しか生じないことを知って驚いたことがある。実験条件を十分統制しないといけないことを示す証拠の一つといえる。

　心理学研究の原状に戻って考えを進めよう。研究の統制（control）が不完全であるだけでなく，研究の不十分さを被験者の得難さや，研究費用や必要な手間等の膨大さを理由として，不完全な研究を報告する例も散見する。しかし，たとえば，工場による汚染など医学的な分野や環境調査などでこのような理屈が通用するかを考えてみれば答えは自ずから明らかである。研究者の世界もまた，一つの閉鎖的社会であり，科学者を任じていても，同じ分野では仲間だけに通用する理屈が作られ，誤った方法も常態化されやすい。技術に結びつかない分野では，結果が現実的検証を受けることがないために生じやすい弊害であ

る。心理学者だけが相互に認め合っている疑似科学の方法は，学問の本質的な発展を考えるとき，無意味な努力を続けていることにさえなる。科学がもつべき方法論の原点に返って心理学を見つめ直す必要があるだろう。われわれ人類にとって科学の方法を本当の意味で身につけるのは，かなり困難な課題であるに違いない。近年，乳児が自然に行う行動について，子どもの行う科学的実験として語られることがあるが，人類の長い歴史を振り返るとき，これだけ長期間非科学的な考えがはびこり，現代でさえ科学的発想をもつことが困難である人類にとって，乳児が初めから自発的に実験的精神をもっているとは，到底信じられないとの批判もある。科学の方法については，著名な学者によっていろいろな条件が示されている。以前から筆者が考えている科学者になるための簡単な一つの条件がある。それは，科学を指向する者は，わからないことはわからないと我慢する強さが必要であることである。どうせわれわれ人間に世界のすべてがわかるはずもない。このような気持ちになぜ到達できないのであろうか。すべての病気を治したい，人生すべての悩みを解決したいなど，すべてを説明し，すべてを知ろうと欲を出したとたんに疑似科学の世界へ引き込まれる。疑似科学は，そのようなヒトの弱さにつけ込もうと虎視眈々とねらっている。大科学者が死を目前にして信仰の生活に入るのも同じ機制が働いているに違いない。

　このように考えるとき，心理学にとって最低限必要な条件はどのようなことであろうか。一つは，概念定義の問題であり，もう一つは追試ではないだろうか。心理学の論文を見るとき，概念定義が不十分で，完全な追試が不可能な研究も少なくない。物理学の世界では，新事実が発表されると直ちに世界中で追実験が実施される。当初の結果はさまざまでも，その内に実験結果は安定してくる。このような過程を経て物理法則は確立していく。物理学に手法を学んだ心理学であるが，このような研究の力動的機制は学ばなかったようである。それどころか，心理学者の世界では追試実験を軽視する傾向さえあるのは残念である。筆者は，少なくとも学生の卒業論文や修士論文では正確な追試実験が一番よいと考えている。しかし，追試実験では学生の創意が認められないと価値を低く評価する仲間が多い。創意だけあり，インチキなアンケート調査に基づく何の意味もない研究より余程ましだし，優れた実験を正確に追試することは，

学生にとって研究方法や研究そのものについて多くのことを学ばせ，将来，研究者として自立する基礎として役に立つだろう。さらに，そのような学生の研究は，心理学の進歩に確実に貢献する最も生産的な活動に違いない。

8. おわりに

　心理学は疑似科学にとって最大の目標となる。なぜなら，精神現象こそが疑似科学本来の対象であるからである。心理学を名乗ることにより自分たちが行っている疑似科学を科学のように装うことこそが目的である。ある大学では，仏教の先生が仏教は科学であると教えているそうである。いったい科学をどのように定義しているのであろうか。もっとも，統計学の考え方を聞いて中国の易学は同様な方法論に基づいているから科学であると喜んだ学者もいた。同じと同様は似て非なることに心しなければなるまい。超能力者を名乗る人達は，以前と説明が変わったことなどには頓着しないで，常にその時代に発見された最先端の科学用語を用いて自分たちの超能力を説明する。たとえば，脳の局在が語られると脳のある部分で能力を発揮していると説明し，脳波が見つかるとわれわれは脳波をコントロールしているのだといい，最近では脳細胞の磁気に働きかけるという。しかし，決してそれらの事実を科学より以前に発見することはない。

　日本のように心理学を名乗る疑似科学が増大すると，心理学と真面目に取り組んでいる者としては，自分が実験科学としての心理学をやっていますと説明するのが面倒になる。本来，後から心理学を名乗った人達が自分たちの分野に新しい名前をつけるべきなのだが，現実的には，現在の心理学が新しい名前を工夫して改称する方が手っ取り早いかも知れないとさえ考える。しかし，よく考えると所詮は同じことであろう。なぜなら，もし新しい名前が世間の信頼を獲得するやいなや，疑似科学の連中は一斉に自分たちこそ，その本流であると新たな名称になだれ込んでくるだろうからである。

文　献

Ainsworth, M. D. S., Blehar, M. C., Walters, E., & Wall, S.　1978　*Patterns of attachment : A psychological study of the strange situation.* Hillsdale, NJ: Erlbaum.
Bowlby, J.　1960　Separation anxiety. *International Journal of Psychoanalysis*, **41**, 89-113.
Bowlby, J.　1956　The effects of mother-child separation: A follow-up study. *British Journal of Medical Psychology*, **29**, 211-247.
Bridges, K. M. B.　1930　A genetic theory of the emotions. *Journal of Genetic Psychology*, **37**, 514-527.
Bühler, Ch., & Hetzer, H.　1935　*Testing Children's Development from Birth to School Age.* New York: Farrar & Rinehart.
Chaille, S. E.　1887　Infant : A progress in Chronological Age. *New Orleans Medical and Surgical Journal*, June, 893 - 912.
Darwin, Ch. A.　1877　A biographical Sketch of an Infant. *Mind*, **2**, 285-294.
Fantz, R. L.　1961　The origin of form perception. *Science*, **204**, 66-72.
Feynman, R. P.　1969　ファインマンさんベストエッセイ　岩波書店（2001）
Gesell, A., & Amatruda, C. S.　1941　*Developmental Diagnosis: Normal and abnormal child development. Clinical methods and pediatric applications.* Paul, B. Hoeber.
Halverson. H. M.　1931　An experimental study of prehension in infants by means of systematic cinema records. *Genetic Psychological Monograph*, **10**, 107-286.
Harlow, H. F., & Zimmermann, R. R.　1959　*Affectional responses in the infant monkey. Science*, **130**, 421-432.
Harlow, H. F., Harlow, M. K., & Meyer, D. R.　1950　Learning motivated by a manipulation drive. *Journal of Experimental Psychology*, **40**, 228-234, 395.
Harlow, H. F., & Suomi, S. J.　1979　Nature of love–simplified. *American Psychologist,* **25**, 161-168.
Knobloch, H., & Pasamanick, B.（Eds）1974　*Gesell and Amatruda's Developmental Diagnosis: The Evaluation and Management of Normal and Abnormal Neuropsychological Development in Infancy and Early Childhood*（3rd ed.）London: Harper & Row.
Shirley, M. M.　1931　*The first two years: A study of twenty-five babies.*（Vol.1-3.）Minneapolis: University of Minnesota Press.

第2章

高度難聴児
ことばの獲得を考える

庄司留美子

1. はじめに

　人はさまざまな人々に囲まれ関わりをもちながら育っていく。最初は親や兄弟と，やがて生活する世界が広がるにつれ近隣の人たちや友達とも出会う。保育所や幼稚園といった集団の中にも入っていき，小学校ではもっと大勢の友達や先生と学校生活をおくることになる。このようなさまざまな人との出会いを通して社会的刺激を受け，家族の生活文化を引き継ぎ，社会の生活様式や文化を取り入れていく。

　ではどのようにして人は外界を取り込みつつ，その人なりのこころの世界を創りあげていくのだろうか。そして，自分の世界をどのようにして表現していくのだろうか。人と人との関わりのなかで，どのようにして自分というものに気づき，自分と他者を区別し，こころの世界の核となるものが形成されるのだろうか。自己とか自我に関する問題である。

　卒業研究では，自己認知に関して，園原先生の助言を得て，鏡に映った像に対する反応を手がかりに，保育所で乳幼児を対象に観察を行った（上野, 1973）。ついで，「○○ちゃんの」と子どもが表現する時，それは所有権の主張というより，子どもにとっての自由な活動領域，つまりその子どもにとっての自己領

域を限定しようとするものなのではないか，という園原先生の示唆（園原，1980）から，保育所の2,3歳児の生活場面に入りこみ参加観察を行った（上野，1974, 1976）。どちらも，月齢の異なった何人かの子どもを観察する横断的な方法をとった。

その後筆者は，保健所や保健センターで，乳幼児期を中心に児童期まで含めた発達相談に携わってきた。発達相談では，「ことばが遅い」「落ち着きなく動き過ぎる」「友達と遊べない」といった子どもの発達に関する訴えや「子どもとどのように関わったらよいかわからない」といった親（主に母親）の訴えを受け，子どもの発達の経過をみながら，発達の経過に合わせて対応を考えていこうとしている。

相談活動のなかで出会った事例の経過を追跡し，相談終結後にその経過を再考してみると，あらためてその時々に問題となった状況や行動の発達上の意味が了解される場合がある。発達上のつまずきや育児上の困難を生じた事例を通して，通常は気づかないうちに経過していく過程が浮き彫りになったり，つまずきを生じやすい時期や状況に気づかされる。このような経験をもとに，対人関係の発達に注目して，示唆に富むと考えられる事例や，比較的代表的な経過をとったと思われる事例をとり上げ，経過を追って縦断的に検討する試みを行っている。ここに二つの研究の概要を紹介する。

2. 行動観察の視点

卒業研究では鏡を保育所の生活場面にもち込むことになり，できるだけ一定の場所に設置しようとしたが，子どもたちは鏡の背後からのぞき込んだり，独り占めにして持ち去ろうとしたりした。観察条件の統制はできなかったが，むしろ鏡に対面した時の子どもの自由な反応のなかに鏡像認知への興味深い手がかりを得ることができた。そこで観察記録には場面の流れがわかるように図1の様式を用いた。場面の状況，対象となる子どもの様子，他の子どもとのやりとり，観察者とのやりとりを一連の流れとして記述した。これは当時，園原先生が研究室の書棚から一冊の本を取り出され，ある論文に載っていた図を筆者に示されたものを参考にしたものである。

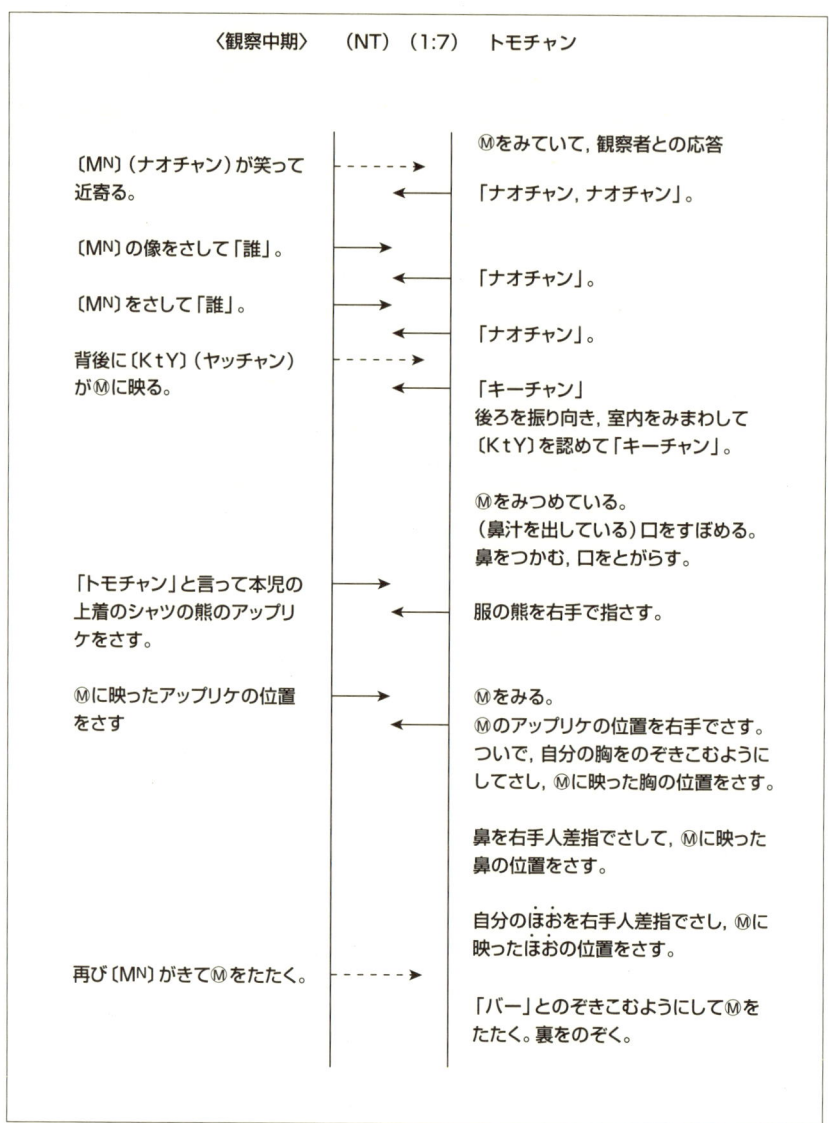

図1 鏡像に対する反応（観察例）
記号・略号：〔 〕は男児，( )は女児，Ⓜは鏡を示す。また──▶は働きかけ・応答を，
・・・・▶は中心となる対象児以外の子どもが加わった場合を示している。

その後このようなとらえ方を，行動観察の基本的な視点と位置づけてきた。つまり場面の変化や人と人との相互交渉の流れのなかで子どもの行動をとらえる，ということであり，子どもの置かれた状況は，子どもにとってどのような心理社会的な場であるのかを考慮するということである。子どもが「○○ちゃんの」と表明する場面に注目して，保育所で参加観察を行った時も，このような視点の下に，日常の保育場面で筆者が遭遇した場面をエピソード資料として分析する方法をとった。縦断的に子どもの発達経過を追跡する場合にも，同様の視点からさまざまな状況下にある子どもの行動をとらえようとしてきた。

3. 高度難聴児のことばの発達

　発達相談を続けていくなかで，筆者自身がことばの発達や対人関係の発達について再考する契機として，乳児期早期からの基礎資料を得たいと思い至った。ちょうどその頃，伝達手段として口話と手話が使用される家庭に育つ子ども（Y）を追跡する機会を得て，生後1カ月（0:1）から観察を開始した。その後，Yは高度難聴であることが判明した。当時高度難聴児の乳児期の資料が少なかったこともあり，再度家族の了解を得て就学前まで観察を継続し，事例研究として報告した（庄司, 1986, 1987, 1988, 1990, 1994, 1995）。特に動作・身振り・手話的表現と音声言語との関連に注目し，伝達・表現手段として，さらに思考の手段としてどのように統合し体制化していくのか。情動的側面，とりわけ自我の発達に注目し，発達全体のなかで言語形成を考えていくことを目的とした。2歳までの経過を中心に紹介する。

(1) 観察方法
1）対象児　家族は両親と姉，兄，Y（男児）の5人である。母親が夜勤を含む交替制の勤務のため，近所に住む伯母の家族や祖父母にも協力を頼む。父親が中度難聴，伯母が聾であることからも大家族的な関わりの中で，伝達手段として手話も使用される。Yは満期安産で出生時に異常はない。歩き始め（1:1）。難聴の診断（0:11），補聴器装用（1:1）。地域の保育所に入所し（1:4），遠方の難聴幼児教室にも週2回参加（1:0〜3:4）。その後就学まで週5日聾学

校幼稚部に通う。幼稚部を終えたあとの午後と週1日は保育所に通う。4歳過ぎから幼稚部での生活時間が長くなり，週1日は幼稚園に通う。

2) **観察方法・資料の収集**　3歳までは毎月，その後は2～3月ごとに家庭訪問をして1～2時間の行動観察をし，母親に近況など聴取。ビデオでも採録。適宜に発達検査の実施（新版K式発達検査，津守・稲毛による乳幼児精神発達質問紙）。保育所と聾学校幼稚部では3～4月ごとに行動観察をし（了解を得てビデオも使用），担任とも面談の機会をもった。

3) **観察記録の整理**　ビデオ採録や筆記記録したものを，2節に述べたように，その場の状況や人と人との関わりの流れがわかるように整理し，エピソードとしてまとめていった。母親や担任の話も参考にした。

(2) 発達の経過

1) **発達検査の結果**　発達全般は6歳まではぼ正常範囲内で経過した。ただし3歳前から4歳過ぎまでは自我の発達著しく，課題で求められていることよりも，自分なりの発想が優勢であったり，自信がないと拒否・回避傾向が顕著であった。音声言語への理解と表現への意欲が積極的に示される3歳後半まで，言語性課題の通過は停滞したが，(4:2)には基本的な言語概念（大小，長短，性別，重さ，数，色）の獲得が確認された。6歳過ぎの発達検査では，「ムツカシー」と言いつつもやり遂げようと意欲を示した。

2) **2歳までの経過**　(0:1) 機嫌のよい時「ア」の発声を認めた。(0:3～0:4) 人の顔を見て微笑む。「アーアー」の発声が活発になる。特にあやされると発声が顕著に増し，はしゃいで声をあげて笑う。音への反応は不明。その後甘え声やぐずり声は明確になるが，乳児期後半にかけて喃語としての発展がなかった。2歳過ぎまでの概要を表1に示す。

(0:9) 這い回って意欲的に探索活動をする。名前を呼んでも振り向かず，大きな音にも驚かず，近所を通る電車の音にのみ反応。(0:10) 母親は仕事を再開。昼間は伯母，夜は父親との接触が増す。夜泣きをすると父を求め，伯母への後追いもある。母，父，伯母それぞれとの情緒的結合を深める。(1:0) この頃からしばらくは，周囲の人の動きに素早く視線を走らせて反応することと，熱心な探索行動とから多動の状態を呈するが，家族はYの積極的な関心を受

表1 2歳までの伝達行動の発達

生活年齢	a) 発声・発語	b) 動作的表現 バイバイ	イヤ	ポッポ (電車)	ブーブー (車)	備考
0:9	[アーアー][アウア,アウア] 反復喃語(一)	バイバイの手の模倣	顔をそむける		父の車を出迎えはしゃぐ	
0:10			イヤイヤの首振りを模倣	電車の音にのみ反応		活発な探索行動
0:11	たまに[ウマウマ][イヤ] 吸気に伴う発声	出勤する父に	「イヤ」首振りも			ちょうだいに渡す 手さし
1:0	[ウマウマ]減少 [イヤ]消失		「イヤ」消失			補聴器使用
1:1			イヤイヤよりも泣く、押しのける、ぐずる			目元で鐘を振る
1:2		何とはなしにする 夜覆る頃にする				
1:3	指さして[アーアー][アッアー][ソーン]と話しかけ	電車の音に首振りもバイバイの手に「バッバッ」	接近しない 押しのける	電車の音には必ず振り向きバイバイ	車に乗せてほしい時は専用のいすを持ってくる	指さし 大きい音への反応
1:4	象徴的発声				ミニカーを手で押して遊ぶ	
1:5		別れていく人、自分がかかって行きたい時にこうに行かせたい時に	イヤイヤをして手を振る 押しのける	ポッポの手(電車の音、実物、絵、写真、玩具を指示して)「アー」と示す	絵本の車を指示して「アー」と示す	耳元でのブザー、笛、太鼓の音に振り返るニッコリ
1:6		「バッバッ」減少			トラックの音に反応	
1:7			する、たたく、物を投げる	電車の本に夢中		
1:8	無意味発声が活発になる [ターターター][マンマンマン][バババ]	抱いてほしくない時に				
1:9		かわいがってくれる人の家の前を通る時に				ピアノを吹く
1:10	意図的な発声 [イヤ][アーアー] [タイタイ][バーン][オアリ]		[イヤー(ン)]、イヤイヤをして手を振る	積木を並べ電車に見立てて押す	ブーブーの手(実物、絵、写真、玩具)を指示してミニカーを「ウーウー」と走らせる	
1:11		バイバイの手に [タイタイ]		母の描いた平線を指示してポッポの手	積木を車に見立てて「ウーウー」と押す	
2:0	発語を求められると何でも「アーアー」				車と書くの動作を描いてほしいと母に求める	補聴器をつけると「アーアー」と声を出して確かめる

入れようとする。(1:1) 補聴器装用。母が大声で呼ぶと気がつき笑顔で振り向く。母の動作を伴う「ちょうだい」「おいで」をよく理解する。(1:1) 歩き始める。姉や兄と汽車ごっこを楽しむ。後日，この時の紐を体に巻きつけて，母に汽車ごっこをしたいと訴える。行動模倣を通して遊びに取り込んだ動作を再現することで要求を表現しようとした。(1:3) 対象指示の指さしが確実になり，指さしや動作的表現に話しかけるような発声を伴い伝達しようとする。欲求的発声のみでなく象徴的発声の出現といえる。(1:6) Yが強い関心を示してきた電車を"ポッポの手"（手で車輪が回転する様を示す）で表現する。近所を通る電車に気づいた時や，絵本の電車を指さしては手の表現で知らせる。意味されるものとの対応の明確な"手のことば"の出現といえよう。保育所では用事があると担任の肩をたたき「アーアー」と指さし訴え，他児とは動作遊びを楽しんでいた。(1:9) 外へ行きたい時は自分の靴を母に示す，靴を足にあてがうといった動作的な表現の他に，車，かわいい，おわり，しまったなどの手の表現が分化してくる。(1:10) 思うようにできないと「イヤー」と発語する。保育所の点呼の場面で名前を呼ばれて「アーイ」と挙手する。意図的な発語である。積み木を電車や車に見立てて「ウーウー」と押すなど象徴的な遊びが出現する。(2:1) 車→書く，と動作を続けることで，車を書いてほしいと母に求める。動作の組み合わせ表現である。(2:3) 動作的表現に伴う発語が10〜15語となる。姉の呼びかけに続いて「オターチャン」と父親に呼びかけたり，母親の促しで「（チョー）ダイ」と模倣しようとする。ただ発語を強く要求されると，不承不承何に対しても「アーイ」と答えるのみで回避的であった。保育所では2歳児クラスに進級。皆に交じって「センセ」と呼びかけるが会話に割り込めず，孤立する場面も多かった。

　　3) 2歳までのまとめ　　2歳過ぎのYは，伝達手段として動作的表現（一般的な動作＋手話独自の型）に発声（欲求的発声＋象徴的発声）や少数だが発語を伴うようになっている。了解や受容を得られやすい家庭内の意志疎通には特に問題はないが，保育所では音声言語の発達に関して同年齢児との差が顕現してきており，相互の意志疎通にとまどいも生じている。また発語模倣を要求される課題場面には回避的であった。

　　4) 2歳から4歳までの経過　　2歳から3歳過ぎまでは動作的な表現が優

勢であった。3歳前から「ウータン」と主張し自分でやりたがる。名前による自分の主張であり自我意識が一層強くなる。保育所では担任の指示は音声言語が中心となり，気づかなかったり別行動になる場面が増す。興味をもてば熱心にするが，そうでないと担任が誘っても拒否した。(3:4) 聾学校幼稚部に通い始める（Yを含め4人のクラス。動作的表現や絵，写真などの手がかりを積極的に使用する指導であった）。母と伯母が交代で付き添う。母に対しては発語が急増し一層甘えるようになる。(3:10) 二語発話が出現する。動作的表現もさらに豊かな内容を表現できるようになり，母にも伯母にも時・所をかまわず話しかけようとした。母と散歩をしていて赤く色づいた柿を見つけるたびに，幼稚部で教わった「猿かに合戦」の柿や猿のことを伝えようとした。(3:11) 3歳半までまったく拒否的だった描画で「三匹の子豚」の話の場面を描き伯母に，豚，風，雷などと動作で伝える（幼稚部でこの話を劇遊びにして楽しんだ）。(4:0) 12月。クリスマスを楽しみにしている。幼稚部で担任が話を進めようとするが聞こうとせず，教室内の絵や絵本などあらゆる手がかりを利用して"サンタクロースがトナカイのそりに乗って車を届けにくる"というテーマを友達も巻き込んで何度も表現しようとした。(4:2) 幼稚部での個人指導で絵カードの命名を求められると，「ボクネー」を連発してそのカードから思いついたイメージの表現に夢中になる。このような行動は積極的な表現意欲として評価され，比較的受容的に対応された。(4:4) 保育所では「…ネー…ネー」と話そうとするが了解されず。Yから担任や他児に話しかけることは減少した。

このように，4歳過ぎのYは音声言語に，手話を含む動作的表現に描画も加えて意欲的にこころの世界を表現しようとしている。この過程は言語機能の発達を意味すると同時に，さまざまな人との関わりを通して経験を関係づけ統合しつつある過程とも考えられる。しかし，このような表現意欲を発揮するには，それを受け止める状況が必要であった。いろいろな表現手段を獲得したYは，積極的ではあるが場面によっては自己主張が強く一方的でもあった。苦手なことは回避する傾向もあった。

5) **4歳から6歳までの経過**　5歳頃から「アノネー」としきりに話したがり発話が多くなったが，発音は不明瞭であった。6歳過ぎの発達検査では，手順をつぶやきながら課題に取り組んだ。一方，場面によっては発話を伴わ

い独り言様の手話的表現も観察された。5歳前後には、幼稚部の友達が文字の読み書きや指文字を覚え始めたことに刺激され、文字への関心が高まる。6歳過ぎには絵日記に簡単な文を書き、語の確認手段として指文字を使用した。この間の対人関係の展開をみると、4歳後半になると他児の自己表現も活発になり、互いに要求がぶつかり合うことも多くなり、次第にYの一方的な行動は減少した。5歳前半には、一緒に車のナンバープレートの文字捜しをするなど、仲間意識とまとまりができる。買い物ごっこの行事で「ユージネ　アトデネ　ホン　カウ」と言いつつ店番をするが落ち着かない。担任に「あとでね」と慰められて我慢した。6歳になり卒園前の劇遊びでは担任も交えて各々の役を演じる。Yは台詞に詰まったが担任が教えようとするのを断り、数回言い直してついに言い切った。自らに課した目標をやり遂げようとした。このように就学前のYには、協調性、自制心、自律的行為（園原, 1980）のきざしを認めた。

(3) 総　　括

全体を通して示唆されたことを幾つか述べる。

①筆者にとって最も印象的だったのは3歳後半からの圧倒的な表現への意欲であった。多様な動作的表現に発話も伴い、こころの世界を表現できることの喜びにあふれたYの姿であった。それは受けとめてもらえる、共感してもらえる喜びだといえよう。②この時期のYの意欲的な表現は状況によっては一方的であり、強い自己主張と相まって自分勝手でもあった。したがって、自制心や協調性が育ってくることを期待しつつ、この意欲を積極的であると肯定的に受け止める人、場が必要であった。③Yは言語学習の強要には回避的だった。むしろY自身が強く関心をもったこと、つまり自我関与の高いことから自分の世界に取り込み、やがて苦手だったことにも関心を広げていった（大好きなアニメの登場人物の名前や劇遊びのお話の内容など）。④歩き始めの頃の多動傾向、②や③の一方的で自分勝手な行動は、発達経過の中で解消した。このためには家族や友達、担任の支えと生活経験の広がりが必要であった。「問題行動」として否定的にとらえるのではなくYの発達を援助しようとする関わりが必要であった。

4. 幼児期の対人関係の発達（幼児教室における母子の関わりへの支援の試み）

近年各地で，子どもの発達の援助と親の子育て支援を目的とした幼児教室が開催されている。子どもには遊びの場を，親には相談の機会を提供しようとするものである。筆者は，主として1歳6ヵ月児健康診査（健診）後の親子を対象にした幼児教室にも，発達相談員として関与してきた。ことばの遅れと関わりにくさを母親が訴えて参加した母子のなかに，母子関係の改善とともに子どもが「はにかみ」を示す事例に何度か出会った。特に来室時や点呼の時に，はにかんで母親に寄り添ったり顔を隠したりした。「はにかみ」の出現と前後してことばの発達も顕著となった。母子の情緒的な結びつきの安定は，子どもがこころの世界を表現していく基盤として重要であり，新たな母子関係を基に自分を取り巻く人との関係のあり方を再体制化する試みが「はにかみ」として表現されたと考えられる。

そこで，代表的な経過を示した事例を取り上げ，母子関係を中心に子どもの対人関係とことばの発達の経過を分析し，教室での支援のあり方についても検討した（庄司，1999, 2000, 2001, 2002）。事例Kの経過を紹介する。

1) **幼児教室**　2歳前後の子どもと親が10組程度参加。スタッフは保育士，保健師，看護師，発達相談員など5, 6人。保育所の空き教室や園庭を使用し，週1回，午前中2時間。自由遊びが中心であるが，入室時のシール貼りと親子体操などの設定場面もある。適宜に母親の相談にも応じるが，隔週にグループワークの時間をもつ。午後はスタッフで話し合いをしながら，その日の全体記録と対象児別の個人記録をつけ，対象児の現状や，関わり方，観察のポイントなどの共通認識をもてるように努めた。スタッフ間の率直な話し合いと連携を重視し，母子にとって楽しい教室になるように努めた。必要な時には保健師が家庭訪問を行った。

2) **分析資料**　①健診時の記録　②その後の発達相談時の記録　③幼児教室の個人記録

3) **対象児**　K（女児）は始歩（0:11）。両親とKの核家族。健診時，両親はことばの遅れと自分勝手でかんが強く育てにくいと訴える。ヨイショ，オー

と言うぐらいで指さしてアーアーと訴えることもあるが,「犬どれ」とたずねても指さして教えることはない。近所に遊び友達がなく,テレビやビデオを見て過ごす毎日。眠くなれば母親を求めるが,人見知りをすることはほとんどない。父親の仕事に合わせて極端に夜型の生活になっていた。

　Kは視線は合うものの,黙って用具を扱い表情は乏しい。Kの行動に合わせてことばをかけていくと,そのうち筆者を見上げたり微笑みも浮かぶなど,良好な対人反応が返ってきた。この間Kから両親への振り返りはなく,両親はとまどいつつ控えるのみ。Kのことばの発達を促すためにも母親や父親とKとが気持ちを通い合わせながら楽しく関われるような経験が望まれ,筆者は両親に幼児教室への参加を勧めた。発達相談も継続した。

4) 幼児教室での経過　　(1:9-2:0) Kは初回から教室に入ることへの抵抗もなく,その後も数回は目につく玩具を取り出しては1人で黙々と遊ぶ。母親は笑顔で接しようとするが傍らで見守ることになる。スタッフ (S) はKの遊びに合わせて相手をしたりことばをかけていき,Kの求めに応じて何度も滑り台を一緒に滑ったりした。入室時のシール貼りが気に入るとKの気が済むまでさせてやり上手にできたことを誉めるようにした。次第にSと目が合うと微笑みを返すことが多くなり,KからSの関わりを求めるような表情や態度を示すこともでてきた。この時期Sは,場面をとらえてKへの関わり方を母親に具体的に助言したり仲立ちになるようにした。Kはバスタオルに寝ころんで母親とSとで揺すってもらうブランコが気に入り何度も寝ころんでいた。Kの喜ぶ姿に母親もうれしそうであった。シール貼りとブランコ遊びは家でも気に入りの遊びになった。(2:0-2:3) 2歳前頃より笑顔が多くなる。よく甘えるようになったとうれしそうに母親は報告する。発語も増えつつあり「パパ」と言えるようになり父親も喜ぶ。(2:2) には指さして伝えようとする行動が多くなり,Sや特に母親に絵本を指さしつつ関わりを求める。

　　(2:2) Kは母親の所に絵本を持っていき,指さしながら嬉しそうに見る。母親はそれに答えて話しかけていた。このような絵本を介しての母子のやりとりは「初めてです」と母親も嬉しそうだった。

　(2:3-2:6) 母親からも積極的にKと関わろうと努め,母子相互に気持ちがかみ合うようになる。(2:4) 発語がさらに増える。「ママ」と言えるようになった

のが何よりうれしいと母親は話す。この頃Kは入室時にSと目が合うと恥ずかしそうに母親に寄り添うなど「はにかみ」,母子関係の深まりがうかがえた。

(2:4) Kは直前まで「シェンシェイ」とご機嫌だったのに,入室時にSから声をかけられると,恥ずかしそうに母親の背に隠れるようにしたり,入り口の柱に身を寄せて隠れるようにして恥ずかしがることが数回続いた。

(2:6-2:8) 新しい母子グループとなる。母親が祖母の看護のためKと落ち着いて関われず,Kは眠たそうな表情で来室し調子が出ない。(2:8-3:0) 生活が落ち着くと見違えるほど意欲的になる。入室時に帽子やバッグを示して注目を集めようとしたり,何かがうまくできるとSに見てほしがり共感を求める行動が顕著であった。家でも自己主張が強くなる。教室の他の子どもに対しては,まだ遠慮がちであった。(3:0-3:3)「Kノ　シャシン　ミテ」など発話量が増す。幼稚園に入園予定となり教室を終了した。

5) **発達相談での経過**　(2:2) 表情が豊かになり,発語が増加しつつある。しきりに母親や筆者に指さしてたずねたり,同意を求める。(2:10) 二,三語発話となり,検査場面でのやりとりを楽しむ。(3:8) 指示や促しに答えることを楽しむ。発達全般に年齢相応となる。幼稚園には楽しく通っている様子であり,ここで相談終結とした。

6) **まとめ**　健診時に母親はKとの関わりに困惑するばかりであったが,教室参加を契機に少しずつKと関わりをもてるようになった。Kは2歳過ぎに母子の情緒的な結びつきの深まりを示唆する「はにかみ」を示した。この「はにかみ」は,名倉（1980）のいう自意識の芽生えにおいて表れれるもの,に近いのであろう。事実,母子関係の安定に伴い,注目を集めようとする積極的な対人行動を示した。持ち物や自分が活動した結果などの「自分の世界」を,ことばも交えて表現しようとし,感情表現も豊かになった。Kの場合は比較的短期間に良好な展開を示したが,ここに至るにはきめ細かな対応によって母子を支えることが必要であった。

5. 乳幼児期の発達を考える

上記の例で示したように，経過を追ってじっくりみていくことによって，その時々の子どもの行動をより深く理解することができる。経過を振り返りつつある行動の発達上の意味を検討することで，これから先の展開と方向性を見通す手がかりとなるだろう。

Yの場合，4歳過ぎに音声言語に手話を含む動作的表現に描画などあらゆる手がかりを利用して意欲的にこころの世界を表現しようとした。自我意識も強く，時には自分勝手で一方的でもあったが，受容的に受け止め共感してもらうことによって，これまでの経験を関係づけ統合していく過程となったと考えられる。2歳から4歳までの発達検査では回避したり不確実だったが，（4:2）には基本的な言語概念の獲得が確認された。言語機能，認知の発達のためには，この時期のさまざまな人との関わりや生活経験を必要としたといえよう。

Kの場合は，1歳半の健診時に要求を示す指さしは認めたが，情緒的交流に基づいた意志疎通の手段となったのは2歳を過ぎてからだった。自分の気持ちを表現したくなるような母親との情緒的な結びつきが前提であった。

発達相談では何らかの発達検査を行う場合が多い。発達の落ち込みや停滞を示す結果の時，それは子どもの現実の何を表しているのかを十分考えなければならない。課題にどのように対処しようとし，どのように理解しているのかという認知的側面はもちろんだが，その場で示す対人的側面や情動的側面についても十分考慮しなければならない。検査者がいて，母親が付き添い，時には保育所や幼稚園の担任が同席することもある。このような状況は子どもにとってどのような心理社会的な場であるのだろう。また背景にある生活状況（家庭，保育所，幼稚園）についても当然考慮しなければならない。このようなことを念頭に親や，保育・教育に携わる人に，子どもの現状と今後の見通しを分かりやすく伝えることは，なかなか困難な作業である。

ともあれ，子どもの発達について考えるには，まず子どものことを虚心にじっくり見てほしい。何に喜びを見出し，何を周囲の人に伝えようとしているのかを。

文　献

名倉啓太郎　1980　自我感情　園原太郎(編)　認知の発達　培風館　pp.339-348.
庄司留美子(旧姓上野)　1976　乳幼児期における自己領域の確立と対人関係の発達(その二)　乳幼児保育研究，**4**，16-36.
庄司留美子　1986　高度難聴児のことばの発達(1)　―2才までの伝達行動―　日本教育心理学会第28回総会発表論文集　1052-1053
庄司留美子　1987　高度難聴児のことばの発達(2)　―2才までの対人関係の発達と伝達行動―　日本教育心理学会第29回総会発表論文集，1042-1043.
庄司留美子　1988　高度難聴児のことばの発達(3)　―2才から4才までの伝達行動―　日本教育心理学会第30回総会発表論文集，1008-1009.
庄司留美子　1990　高度難聴児のことばの発達(4)　―2才から4才までの対人関係の発達と伝達行動―　日本教育心理学会第32回総会発表論文集，207.
庄司留美子　1994　高度難聴児のことばの発達(5)　―4才から6才までの伝達行動―　日本教育心理学会第36回総会発表論文集，80.
庄司留美子　1995　高度難聴児のことばの発達(6)　―4才から6才までの対人関係の発達と伝達行動―　日本教育心理学会第37回総会発表論文集，508.
庄司留美子　1999　幼児期の対人関係の発達　幼児教室における母子の関わりへの支援の試み　日本教育心理学会第41回総会発表論文集，316.
庄司留美子　2000　幼児期の対人関係の発達(2)　母子関係の改善に伴う子どもの発達経過　日本教育心理学会第42回総会発表論文集，645.
庄司留美子　2001　幼児期の対人関係の発達(3)　母子関係の様相と子どもの発達経過　日本教育心理学会第43回総会発表論文集，229.
庄司留美子　2002　幼児期の対人関係の発達(4)　母子関係の様相と子どもの発達経過　日本教育心理学会第44回総会発表論文集，380.
園原太郎　1980　5章人間関係の発達　園原太郎(編)　認知の発達　培風館　pp.303-323.
上野留美子　1973　乳幼児期における自己像把握について　乳幼児保育研究，**1**，27-50.
上野留美子　1974　乳幼児期における自己領域の確立と対人関係の発達(その一)　乳幼児保育研究，**2**，30-53.

第3章

個性化教育
多重知能と認知発達

松村暢隆

1. はじめに

　人は，その能力も考え方も性格も，一人ひとり違った個性ある姿を示すように発達する。心理学では，パーソナリティーの姿は類型にしても個性あるものとして描かれたのに，認知発達については，ピアジェ（J. Piaget）を典型として，文化をも超えた普遍的な発達の一般像が描かれてきた。そこでは障害児も含めて，個人差は誤差，あるいは単に発達速度の差（発達の「遅れ」ということばがそれを示す）としてとらえられてきた。しかしアメリカでは1980年代から，後述のスターンバーグ（R. J. Sternberg）やガードナー（H. Gardner）らが知能の概念を広げたこともあって，障害児教育も才能教育も含めた教育実践の場で，認知発達の道筋は多様なものとしてとらえられるようになってきた。

　本章では，まだ日本の心理学や教育学あるいは教育実践では広く受け入れられないが，志ある人たちに認識されつつある新しい概念と実践を紹介する。そして，発達の普遍性と特殊性を考慮して，障害児や才能児を含めた個性化教育実践の基盤となる理論を発展させていけるような，教育心理学の取り組みを提起する。特に障害児教育に比べて極端に教育的ニーズを等閑視されてきた才能教育に焦点を合わせる。

2. 認知発達の普遍的な道筋と欠陥

(1) 発達段階の全体性と領域固有性

　ピアジェに代表される認知発達の普遍的理論，つまり段階説では，全体的な段階的変化を想定する。そこでは年齢は厳密に指定していないけれど，目安の年齢が発達目標の基準となる。またピアジェでは認知と言語の発達連関のようすは不明だったが，異なる機能間が足並み揃えて発達していくのが標準的・健常な発達だという，心理学者や教育実践家の素朴な発達概念がある（それを徹底させた例が田中（1980）で，同一段階の同じ構造の特徴が身体や言語，認知の機能に現れるという）。むしろ実践家は，「理論はあくまで目安で，実際の子どもの認知発達の姿は千差万別であって，典型とのズレというより一人ひとりの個性だ」と素朴に感じているだろう。それでも，教育的理想としては，「6歳の子どもで動作性知能は年齢水準まで進んでいるのに言語性知能が4歳水準では大きな発達の遅れがみられ，6歳まで引き上げるのが理論にかなっている」と思ってしまう。ハヴィガースト（R. J. Havigurst）やゲゼル（A. L. Gesell）の古典的な発達課題論に通じる考えである。

　「健常児も障害児も，発達の道筋は同じで，ただ速度が違うだけだ」「だから障害児も，健常児と同じ道を遅れてでもたどるよう教育すべきだ」さらには，「健常児ではあっというまに発達してしまって変化のようすをよくとらえられないので，健常児の発達のようすを理解するためにも，同じ道筋をゆっくりたどる障害児を研究材料にすべきだ」などと発達心理学者たちは一世代前は信じて疑わなかった。そういう発想に私は70年代の学生時代から違和感を覚えて，「認知発達のプロフィールは一人ひとり異なる」と仮想していたが（松村, 1982），アメリカでは同様の考えが80年代にしだいに受け入れられるようになった。

　その要因の一つに，70年代からピアジェの「発達段階の全体性」という想定が批判され，「認知発達は，同一の論理構造の形成によって幅広い段階移行が起きるのではなく，領域固有に進むのだ」ととらえられるようになったということがある（Siegler, 1978）。たとえば生物学や物理学などの科学的概念について，子どもが本来もっている素朴概念を超えて，個人ごとにどれだけ学習し

たかに従って，領域固有の熟達が生じる（Carey, 1985）。つまり，学習経験や学校教育によって，領域ごとの知識や技能の獲得は一人ひとり異なるのである。

(2) 発達の普遍性と独自性

フェルドマン（Feldman, 1994）の〈非普遍的（nonuniversal）発達理論〉では，実際人は実生活・職業でほとんどの場合，普遍的でない領域で熟達するので（ピアノ演奏や経済学理論の理解のように），「普遍」（生理的成熟）から「独自」まで発達領域の連続体が考えられた（中間に「文化」「学問別」「専門」といった領域がある）。日本の発達心理学ではほとんど注目されないが，能力の発達の道筋は一つではなく個性的だと考え，伝統的知能・発達理論および（それを暗黙理論とする）学校の教授法に疑問を投げかける重要な理論である。

なるほど発達には普遍的な側面も個別的な側面もあり，個人の発達・学習する技能・知識によって，さまざまに程度は異なるだろう。今後の発達心理学は，従来当然の前提としていた発達の普遍的・一般的特徴が，どういう環境や経験の要因によって保障されるのかを分析することが課題となるはずである。藤永（2001）は言語発達について，本来発達は個性的で，言語の発達を似通った発達の姿に安定させる共通の環境条件を探るのがむしろ課題となるのだ，と指摘している。

ところが認知発達の道筋は一つだと考えると，一つの基準からのズレが考えられ，大きなズレは障害と見なされ，障害は「正常な発達のメカニズムの欠陥」だと考えるモデルが作られる。そして一つの共通の発達メカニズムの概念が新たに現れると，新たな欠陥状態が考え出される。たとえば，80年代以来，他人や自分の心的状態の理解は〈心の理論〉として，その発達が調べられるようになった（Astington, 1993）。すると自閉症は，心の理論を獲得する健常な4歳児が正答する課題（誤信課題など）に失敗することが多いので，生得的な「心の理論メカニズム」欠陥モデルで説明されるようになった（Baron-Cohen, 1995）。つまり自閉症児は，誰もがもつはずの普遍的な共通のメカニズムをもたない（決して心の理論を発達させない）のだという。しかし，自閉症児も発達するのであり，彼ら独自の心の理論の在り方も考えられるということに留意

すべきである（遠藤, 1997）。

3. 知能の多様性

(1) IQテストを超えて

　認知的能力すなわち知能の発達は多様であるという考えは，従来のIQテストで測定される知能の概念を広げる理論によって推し進められた。80年代以降のアメリカでは，伝統的な精神（心理）測定学（psychometrics）を超えて理論と実証が多様化したし，心理学テキストでも今ではスターンバーグやガードナー等の理論を含めるのが普通である（Gardner *et al.*, 1996）。しかし日本では，まだ人間の知能研究は盛んではないし，心理学界内でも議論はわかず，テキストの知能の記述なども古色蒼然としていて，知能の多様性といっても，精神測定学（因子分析）のギルフォード（Guilford）・モデルどまりである。一般には（教育界でも），知能の理論は理解されないまま，知能指数（IQ）が絶対視される場合と無視される場合の両極端がある。最近ではいわゆる「EQ」（感情的知能のこと）が通俗的に流行し，「IQが知能のすべてではない」と直観的にでも認識され始めた。しかし知能の概念を広げようという考え方も日本の教育には生かされない。

　スターンバーグやガードナーらが批判した伝統的な知能検査は，個別式にせよ集団式にせよ差別的だという社会的批判もあり，アメリカでも日本でも，普通の学校教育では稀にしか利用されず，実用は特殊教育に限られる。ただしアメリカでは，知能検査は公教育で姿を変えて（SATなどの学業適性検査など），能力の個人差を測定する道具として生き続けている。才能教育プログラムの対象者認定のために依然重視される（任意の得点で線引きされる）場合も多い。知能検査が限定的にでも使われ続けるのは，知能をIQという単一得点で正確に測定できると信じられているからである。しかし「知能検査はIQを測定するが知能を測定しない」と心理学の内部でも批判される。つまりスターンバーグによれば〈構成要素的下位理論〉という個人の内界（頭の中）のプロセスが，ガードナーによれば〈言語的および論理数学的知能〉という一部の知能が関係するにすぎないのである。

(2) スターンバーグの知能の三部理論

1） 三つの下位理論　スターンバーグ（1988, 1996）は，従来の諸学問で扱われた知能の理論を詳細に分析して，知能と次の三者のどれとの関係を扱ったかという観点から，大きく三つに分類した。すなわち，①個人の内界，②外界（社会），③内界と外界の両者（経験）との関係である（詳細は松村（1999）を参照）。そして，いずれの理論も不正確というより不完全だとして，三つの側面を統合して，より完全な理論をめざし，人間の知能の〈三部（triarchic）理論〉として提唱した。理論全体の三つの〈下位理論（subtheory）〉として，①構成要素的，②経験的，③文脈的下位理論がある。これらは順に，知能と内界，経験，外界との関係についての側面である。

　スターンバーグは80年代に，人間の知能が現実生活で働くのを最もうまくとらえようとして，経験や文脈の役割も考慮して，経験的および文脈的下位理論として統合させ，三部理論を構想した。ちょうど当時，日常生活の認知を強調する人類学的研究や，「個人は外界が供与する情報を得ながら思考する」という〈供与性（アフォーダンス）〉理論など，「知能は状況との関係として働くのだ」と考える〈状況論的アプローチ〉の諸研究が台頭した。そしてスターンバーグの初期の研究が含まれる認知科学が，状況を無視した頭の中だけの「表象主義」だと批判された。彼はこれを十分に考慮して，三つの下位理論間の相互作用を組み込み，三部理論の枠組みを固めたのである。「状況（関係）論」が個人能力論を批判するように，確かに能力は頭の中だけにあるのではない。しかし状況しだいで文脈の数だけあるわけでもなく，個人の能力によって状況での関係のもち方が異なる。状況と関係すべく備わっている個人ごとに多様な能力は，心理学的概念として把握されるべきである。

2） 三種の知能　知能の〈三部理論〉の下位理論は，知能のメカニズム（構造），機能（過程）についての説明である。どの下位理論が，あるいはさらにその下位の過程が働くかによって，発揮される能力・技能が異なる。スターンバーグはそれを，①分析的，②創造的，③実際的知能という三種の〈知能〉として分類している。これらはおおむね，各々三つの下位理論，すなわち順に構成要素的，経験的，および文脈的下位理論に対応している。三種の知能は，互いに比較的独立だが関連・統合して働く。この統合された〈生きた

〈successful〉知能〉は，すべての人が重要な人生の目標を達成するために必要だ，という。

スターンバーグは，三部理論を〈思考スタイル〉とも関連させ，自ら心理学の授業方法に適用したりして，その範囲での教育実践での有効性は示すことができた（Sternberg, 1997）。しかし彼は，知能はペーパーテストで評価できるという考えに固執し，自ら批判する精神測定学の限界から抜け出ていない。そのため多様な知能が現れる活動そのものを通じて評価するというガードナーの理論ほどには，教育実践での広がりがない。

(3) ガードナーの多重知能（MI）理論
1) 知能の種類と基準　ガードナーの〈多重知能〉（multiple intelligences: MI）理論もまた，従来の精神測定学のIQの概念を超えて，人間の知能の多様性をとらえようとした。MI理論での知能とは，「一つ以上の文化的な場面で価値があるとみなされる問題を解決したり成果を創造する能力」である（Gardner, 1983）。あるいは新しい定義では，「情報を処理する生物心理学的な潜在能力であって，ある文化で価値のある問題を解決したり成果を創造したりするような，文化的な場面で活性化されることができるもの」である（Gardner, 1999）。

現在までに，次のような八つの独立した知能が認められている。すなわち，①言語的（linguistic），②論理数学的（logical-mathematical），③音楽的（musical），④身体運動的（bodily-kinesthetic），⑤空間的（spatial），⑥対人的（interpersonal），⑦内省的（intrapersonal），⑧博物的（naturalist）知能である。

これらは，自然・人文諸科学の多岐にわたる知見を考慮して設けられた，厳密な八つの基準のいずれにも該当するものとして存在が認定された（だから以前は七つだったが，95年以降，八つ目の博物的知能が追加された。ガードナーは現在，〈実存的知能〉（実存の根元的な問題への関心）を追加の候補にあげているが，基準の証拠が揃わないので認定されていない）。

以下に，博物的知能を例に，独立した知能として認定される基準をあげる（順に二つずつ，生物学的，論理学的，発達的，および心理学的な側面といえる）。

①脳損傷による孤立：脳の特定の部位に対応して生物または無生物の認識だけが欠損する。

②進化の歴史と進化的妥当性：他の動物でも動物には種（捕食）や毒性を区別する能力が生存に不可欠である。

③識別できる中核操作：種・パターンの特殊な認識（情報処理）能力を示す。

④シンボル体系による記号化：生物学特有の動植物の系統分類，芸術・宗教儀式（独特の自然観）が存在する。

⑤固有の発達歴と熟達者の最終状態：動植物識別技能の特殊な熟達，生物愛（バイオフィリア）と，専門職としての生物学者が存在する。

⑥サヴァン，天才児など特殊な人々の存在：優れた生物学者は動植物分類について早熟の興味・能力を示す。

⑦実験心理学的課題からの支持：人工物とは異なる自然物のカテゴリー化を調べる課題を作れる。

⑧精神測定学の知見からの支持：典型との類似度による自然物のカテゴリー化の能力は特殊だ（人工刺激認識と相関が低い）と示せる。

学問・芸術領域，日常生活では，各々の知能は単独で働くのではなく，建築には空間的知能も論理数学的知能も必要なように，複合して働くのである。

2) MIの評価と学習　　MI理論を生かす知能識別（測定・評価）の方法として，定まった唯一の方法はなく，子どもの学習活動の観察が最適な手がかりとなる。MIを応用した学習・評価の実践を探求したのが，ガードナー自身が関わった「プロジェクト・スペクトル」(Project Spectrum) である（ハーヴァード大学教育学大学院内の研究所「プロジェクト・ゼロ」(Project Zero) 内部の研究プロジェクト (1984-93) であった。Chen et al., 1998)。そこでは，フェルドマンの発達理論も援用して，「子どもは異なる能力のプロフィールを示し，それは刺激的な材料・活動に富む教育環境で増強され，領域固有に発達する」と考えた。学習と評価を狭い範囲の能力に限定しないで，「知能に公正な」評価・学習を追求した。

そこで，プレスクールおよび小学1年生について，技術制作，理科，音楽，運動，算数，社会的理解，言語，美術といった八つの領域で，スペクトル活動

の〈カギとなる能力〉(key abilities) が認識された（詳細は松村 (2001) を参照）。それは，子どもが各学問分野でうまく課題を遂行するのに必要な，能力や認知スキルである。これらは個別には知能の認定基準である〈中核操作〉にあたるが，各領域は，MI が複合しているものもある。経験的に幼児の種々の知能が現れる活動や，社会で大人の最終状態がある領域を考慮して配列された（当時未認定の博物的知能の能力も最初から含まれていた）。

それぞれのカギとなる能力の叙述は，構成要素としてさらに下位の能力ともみなせる。このように能力を活動場面で定義すればその数は際限なく増やせるが，MI は心理学的構成概念として妥当なレベルで（簡潔性と有効性の点で）少数に限定された。カギとなる能力は，幼児から小学校低学年の学習活動，評価の観点（子どものさまざまな活動について興味やスキルのレベルを観察）のために考えられたものだが，大人に至るまで幅広い年齢の学習者の MI プロフィールを見出す参考になる。

3) **MI の教育実践**　MI 理論はあくまで心理学理論であり，もともと教育への応用を意図したものではなかった。しかしガードナー自身「学校教育では，子どもが最も苦手な知能について，ドリルなどの最も苦手な学習方法を強いることが多い」と述べ，MI 理論は「子どもの得意な分野を見出し，得意な方法で学習させ，評価する」という個性化教育の実践の要求に一致した。そこでプロジェクト・スペクトルとは直接関係なく，MI 理論を熱狂的に歓迎して草の根的に「MI 実践」を開始した教師たちから，そういう実践がしだいに広まった。

MI 理論の応用のされ方は，学校全体で MI 理論を実践する，いわゆる「MI スクール」から，教師個人やチームの（研修・ネットワークを通じた）授業の工夫（MI 教室）まで多種多様である。共通の理念としては，各教科で教師や子どもが活用できる知能を評価して，多様な学習の個別化の方法を用いて，できる限り生徒の得意な知能に学習を適合させ，MI を生かした本物の（実際の学問・職業の観点から）学習・評価を行うことをめざす。

MI スクールの形態もさまざまである。MI の発達を目標に学校を創設したり教育方法を変えた学校もあれば，学力改善という実際的目標のために MI 理論を利用する学校もある。最初（1984 年）に創立されたのがキー・ラーニン

グ・コミュニティ（Key Learning Community）（インディアナポリスの公立の小−中等学校）であり，二番目に創立されたのがニューシティ・スクール（New City School）（セントルイスの私立幼児−小学校）である。いずれもよく知られ，他校の実践モデルとなっている。

MI実践は，唯一正統な方法がなく草の根的であるだけに，MI理論の誤用・乱用もあり，玉石混交である。優れた実践の要因を調べるために，プロジェクト・ゼロ内の「プロジェクト・サミット」（SUMIT：MI理論を用いる学校［1997-2000］）で，MIスクールの実践を分析したところ，好ましい効果（学力，保護者の参加，学習障害の改善等）のある実践について，教授・学習や評価に共通の特徴が見出され，MI実践がうまくいく目安となっている。

4. 個性ある認知発達と，教育の個性化

(1) 才能と障害

MI理論から認知発達を見直すと，従来は言語的・論理数学的知能についてだけ発達の道筋や段階が概念化され，それらを指標として発達（知的）障害だと判定されてきた。一方音楽的知能などが優れていても劣っていても，それらは発達には傍系の単なる才能だとみなされた。ところがMIの概念のおかげで，音楽的知能も言語的知能も，大脳の働きや社会的価値として同等に価値あるものだととらえ直すことができる（従来の知能観からはにわかに受け入れがたい概念的パラダイムシフトだろうが）。音楽的知能が優れて言語的知能が劣っているのも一つの個性ある認知発達のプロフィールであり，その逆もまた同様である。

1） 異なる知能の活用　ガードナーのMI理論では，知能全体の発達は，各々の知能の固有の発達の総合とみなせる。八つの知能は，生得的に個人差のある脳のモジュール構造を基盤とする，認知機能のモジュールだと考えると，各モジュール固有の表象システム（シンボル体系）が複合した知能の個性的なプロフィールが，経験（教育）の働きで社会化されて発達することになる。そのなかで別個のMIのモジュールとして発達した表象システムは，拮抗したり補い合ったりする。たとえば有名な絵画のサヴァン，ナディア（Nadia）が訓

練による言語発達に伴って描画の才能を失ったように（藤永, 2001），言語表象が伸びれば絵画（空間）表象が抑えられたり，一方の伸びが他方の伸びを促すだろう（言語が早くに脱モジュール化して諸機能のインターフェースになる可能性を藤永は指摘する）。

　学校での学習は，言語的・論理数学的知能が中心に活用され，それが不得意だと，知的障害や学習障害（LD）だと診断されることがある。そして補償教育でも，最も不得意な内容について最も不適合な方法による学習となる。しかし本来言語表象が学習手段や獲得すべき概念となる場面で，別の得意な表象システムを生かすことによって学習を促すことができる。たとえば言語的概念について，言語による入力・出力が困難な場合，他の知能の表象を利用すると入力・出力がよりやさしくなる。だから，言語学習で文字の読み書きが困難なとき，情報入力方法のバイパスとして，体を動かす，絵を描く，などの方法を使う。あるいは学習の評価でも，得意な表象を生かせる方法で成果を発表する。こうして，MIの多様な表象を，困難な学習の補助道具にできるのである。

　2）才能も障害もあるという個性観　MIを考慮して認知発達を多様なものとみなすと，「得意な知能領域では障害なく才能があるのだから，不得意な知能領域での〈障害〉の判定は誤診（不当なラベル付け）だ」という考え方も派生する。たとえば，主要教科学習でADHD（注意欠陥多動性障害）の行動をとる子どもでも，音楽・芸術・スポーツの才能を示すことがあり，そういった興味をもてる分野では注意を持続できるのだから，障害というのは誤診だというのである。また才能児の創造性や感情的興奮をADHDだと過剰に誤診してしまうという批判もある（実際の統計的実証は不足している）。確かに，狭義の知能について「障害」だとラベルづけする「欠陥モデル」（平均像でできることがどれだけできないか）ではなく，得意な知能を見つけ才能を伸ばす「成長モデル」に立とう（Armstrong, 1999）という考えには，一般的に教育的意義はある。

　しかし，「どの子も長所を伸ばせばよいので，弱点はあるがままで構わない」と放任するのは望ましくない。「障害ではなく才能」を一律に強調しすぎると，学業について確かに存在するADHDを過小視する危険もある。「才能児でかつADHD」も存在する（Moon et al., 2001）。MIの観点からは「才能も障害もあ

る」のも個性である。「ある表象はうまく扱える（ある行動について才能がある）が別の表象はうまく扱えない（ある行動について障害がある）」と考えると，全面的に「才能児」とか「障害児」とかのラベルづけではなく，どの行動でどういう才能・障害をどれだけ示すのか，多面的にとらえられるし，障害への補償・対処の技能を学習できる。

(2) 個性化教育としての才能教育

1) 才能教育からすべての子どもの才能伸長へ　アメリカの学校での〈才能教育〉（gifted education）の現状とその意義は，日本では（教育学でも）ほとんど認識されていない。特殊教育としての才能教育は，70年代から各州で法制化され，種々の特別プログラムが盛んになったが，80年代の基礎学力底上げ運動のなかで，不平等・エリート主義の余計な措置だと批判され，財政的に縮小・廃止も余儀なくされた。しかし1988年に連邦議会により「ジャヴィッツ（Javits）英才・才能児教育法」が制定された。それによる才能児の定義では，「知的，創造的，芸術的，リーダーシップなどの能力の領域，あるいは特殊な学問分野で，高度な遂行能力の根拠を示す青少年であり，その能力を十分に伸ばすために，ふつう学校で提供されない指導・活動を必要とする」のだと，幅広い領域と特別な教育的ニーズが明文化された（松村, 2002）。

ジャヴィッツ法に基づいてNRC/GT（国立英才・才能教育研究所，本部コネティカット大学，レンズーリ［J. S. Renzulli］所長）が設立された1990年以降，すべての生徒のための〈才能伸長〉（talent development）のプランに展開がみられる。1993年の教育省の報告書『国家の卓越：アメリカの才能を伸ばす主張』では，アメリカの子どもの低学力と教育の処遇の不備を指摘して，才能教育を統合した普通教育の改善を要求した。「才能児のためのプログラムは，教授・学習法の革新的な実験場の役目を果たしてきた」と述べ，才能教育のノウハウが普通教育でも有効利用されるよう提案した。

2) レンズーリの全校拡充モデル（SEM）　レンズーリが提唱した〈全校拡充モデル〉（SEM：Schoolwide Enrichment Model）は，才能教育プログラムに起源をもちながらも，普通教育ですべての（特に従来は不利な）生徒のための才能伸長を取り込むプランとして，80年代半ばから多くの学校（小・中等

学校）で教師との協同による実践的検証を通じて，理論が洗練されてきた。特定の生徒を才能児と認定して隔離するのではなく，普通教育と連携してすべての生徒の拡充（広く深い学習）を行い，高学力でも学習困難でも生徒の個人差を尊重して学習を個別化させ，真の平等をめざす理念が受け入れられてきた（Renzulli & Reis, 1985/97）（詳細は Renzulli, 1995 を参照）。

SEM による実践では，学校ごとにすべての生徒について個人の特性，すなわち能力，興味，スタイル（授業スタイル，学習環境，思考スタイル[スターンバーグ]，表現スタイル）の好みを各種の方法で評価する（ポートフォリオに一覧を記録する）。また個人ごとに普通カリキュラムの習熟度に応じて，教材の進度・水準を変化させる。さらに三つのタイプの〈拡充〉が行われる。すなわち，①新しいテーマや領域の導入，②集団での諸スキルの基礎訓練，③個人や小集団による現実の問題の探求である。

同じ興味の生徒が集まる〈拡充クラスター〉という組織では，生徒各自の特性を評価して，特性に基づいて活動を選択する，各自の特性を生かせるよう役割分担する，発表相手を意識して本物の活動を行い，成果を生み出して本物の評価をされる，さらに徹底した学習の個別化と連動する，等の特長がある。日本でも総合学習と連携した教科学習での「生きる力」（自己学習力）の育成などに示唆するところが大きい。

3） **個性化教育を支える教育心理学を**　　認知発達の道筋や知能は多様なものだととらえ直すと，障害や才能が全人格的なものだという観念から解放されるし，学習内容や方法の選択肢が増え，教育の可能性がずいぶん広がる。今後の日本の個性化教育は，障害児も才能児も含めて一人ひとりの才能を最大限に伸ばすために，個人の特別な教育的ニーズに応えていくべきだし，その実践の基盤となる理論を教育心理学は提供していくべきである。

そのためにまず，才能教育・伸長の豊富な研究・実践が蓄積されていることに教育学・心理学者が目を向けないといけない。文部科学省の「教育上の例外措置」（大学への飛び入学）はすでに実施されて措置拡大が検討中だが，これに関する議論でも，才能への多様な処遇についての共通認識がないのは残念である。心理学も含めて広い学問領域で，才能教育が真面目に学術的に議論されることが望まれる。そして，才能児も障害児と同様，認知的および社会的，情

動的に特別な教育的ニーズがあることを認識し，適切な支援（個別学習計画やカウンセリング）を提供する個性化教育実践の評価，検証を通じて，教育心理学・発達心理学の理論の洗練をめざすべきである。

文　献

Armstrong, T. 1999 *ADD/ADHD alternatives in the classroom.* Alexandria, VA: ASCD.
Astington, J. W.　1993　The child's discovery of the mind. Cambridge, MA: Harvard University Press.（松村暢隆訳　1995　子供はどのように心を発見するか－心の理論の発達心理学－　新曜社）
Baron-Cohen, S.　1995　*Mindblindness: An essay on autism and theory of mind.* Cambridge, MA: MIT Press.（長野敬・長畑正道・今野義孝 訳　1997　自閉症とマインド・ブラインドネス　青土社）
Carey, S.　1985　*Conceptual change in childhood.* Cambridge, MA: MIT Press.（小島康次・小林好和訳　1994　子どもは小さな科学者か－J.ピアジェ理論の再考－　ミネルヴァ書房）
Chen, J.Q., Krechevsky, M., Viens, J., & Isberg, E.　1998　*Building on children's strengths: The experience of Project Spectrum.*（Project Zero Frameworks for Early Childhood Education, Vol. 1.）New York: Teachers College Press.
遠藤利彦　1997　乳幼児期における自己と他者，そして心－関係性，自他の理解，および心の理論の関連性を探る－　心理学評論，**40**（1），57-77.
Feldman, D. H. 1994 *Beyond universals in cognitive development*（2nd ed.）Norwood, NJ: Ablex.（1st ed., 1980.）
藤永保　2001　ことばはどこで育つか　大修館
Gardner, H.　1983　*Frames of mind: The theory of multiple intelligences.* New York: Basic Books.
Gardner, H.　1999　*Intelligence reframed: Multiple intelligences for the 21st century.* New York: Basic Books.（松村暢隆訳　2001　MI：個性を生かす多重知能の理論　新曜社）
Gardner, H., Kornhaber, M. L., & Wake, W. K.　1996　*Intelligence: Multiple perspectives.* Orlando, FL: Harcourt Brace.
Krechevsky, M.　1998　*Project Spectrum: Preschool assessment handbook.*（Project Zero Frameworks for Early Childhood Education, Vol. 3.）New York: Teachers College Press.
松村暢隆　1982　発達段階のとらえ方　教育科学セミナリー，**14**，1-14. 関西大学教育学会
松村暢隆　1999　スタンバーグによる知能の三部理論　関西大学文学論集，**48**（3），7-46.
松村暢隆　2001　MI（多重知能）理論の学校教育への応用　アメリカ教育学会紀要，**12**，40-49.
松村暢隆　2002　アメリカ才能教育の展開　関西大学文学論集，**52**（1），61-81.
Moon, S. M., Zentall, S. S., Grskovic, J. A., Hall, A., & Stormont, M. 2001 Emotional and social characteristics of boys with AD/HD and giftedness: A comparative case study. Journal for the Education of the Gifted, **24**, 207-247.
Renzulli, J. S.　1995　*Building a bridge between gifted education and total school improvement.* Storrs, CT: NRC/GT.（松村暢隆訳　2001　個性と才能をみつける総合学習モデル　玉川大学出版部）

Renzulli, J. S., & Reis, S. M.　1985　*The schoolwide enrichment model*（2nd ed., 1997.）Mansfield Center, CT: Creative Learning Press.

Siegler, R. S.（Ed.）　1978　*Children's thinking: What develops?* Hillsdale, NJ: Lawrence Erlbaum Associates.

Sternberg, R. J.　1988　*The triarchic mind: A new theory of human intelligence.* New York: Penguin Books.

Sternberg, R. J.　1996　*Successful Intelligence: How practical and creative intelligence determine success in life.* New York: Simon & Schuster.

Sternberg, R. J.　1997　Thinking styles. New York: Cambridge University Press.（松村暢隆・比留間太白訳　2000　思考スタイル－能力を生かすもの－　新曜社）

田中昌人　1980　人間発達の科学　青木書店

第4章

言語獲得
社会的基盤と認知的基盤

小椋たみ子

1. はじめに

　村井（1980）は，発達心理学者の最も主要な関心事は，行動出現の表面的な序列性・関連性でなくて，時間的経過のなかで現れる行動変化に基礎をおきながらも，その行動のもつ発達的意味を明らかにすること，出現する行動間にどのような必然的連関性があるかということ，およびこの連関性を規定する要因は何かということを考えることであるとしている。本章では上記の提起を筆者が行ってきた言語獲得を可能にする要因についての研究で考えてみたい。

　言語はどのようにして獲得されるのであろうか。いかなる理論でも遺伝（生物学的な賦与）と環境（われわれが経験する世界）の両方が言語獲得で重要な役割を果たしていることを認めている。遺伝と環境のどちらが根本的に重要であるかにより理論は異なってくる。アメリカの言語学者のチョムスキー（N. A. Chomsky）は，生得的な言語習得装置（Language Acquisition Devise : LAD）を仮定し，乳児は普遍文法（Universal Grammar）と彼らの母語を獲得する特殊化された言語学習メカニズムをもって誕生するとする。この見解では，各言語の表層の特徴は異なっているにもかかわらず，世界中の言語のすべてに共通な普遍的原理が基底にある。言語経験は，子どもが普遍的に明示された原理や

パラメーターの母語での実現を発見するのを可能にするためにだけ必要である。また，子どもが言語を学習するメカニズムは生得的であるだけでなく，言語の領域に固有である，と考えられている。

　一方，発達心理学から言語にアプローチする研究者達の多くは言語の生得的な基盤を認めるが，言語を獲得するためには，言語外の能力や要因が大きくかかわり，環境との絶えざるインタラクションが言語獲得を可能にすると考える。ピアジェ（J. Piaget）は，言語学習には認知発達があらかじめ必要であり，言語学習の基礎であると考える。また，ブルーナー（J. S. Bruner）は言語獲得の過程についての主張の中心に社会的な相互作用を重視し，言語獲得援助システム（Language Acquisition Support System：LASS）が人間には備わっているとしている。養育者は，ことばを習得しはじめた子どもがことばの機能，語意，統語的規則を発見しやすいようにさまざまな手がかりを与え，言語獲得の足場となるコミュニケーションの場をつくっている。

　村井（1987）はチョムスキーの考えでは，脳に損傷があるということが言語獲得にどういう影響があるかが考慮の対象になっていないことが問題であるとしている。チョムスキーの考えでは生得的に，あらかじめ配線された言語構造の存在（言語獲得装置）が損傷を受けていると考えているのであろうが，損傷を受けているからといって言語を獲得できないわけでなく，早期からの療育，教育により限界はあるものの言語を獲得できる。また，言語のもつ発達的意味，出現する行動間の必然的連関，連関を規定する要因を考えていくさいに，健常児の発達だけをみるのでなく，障害をもつ子どもの言語獲得の困難さの問題を明らかにすることにより，言語獲得に関連する行動の必然的な連関などがより明確になってくる。

　本章では，言語獲得に必要な社会的要因（コミュニケーションの成立）と認知的要因について，健常児だけでなく自閉症児をはじめとする障害をもった子ども達の研究を通して明らかになったことも含めて検討し，将来の方向性を示したい。

2. 言語獲得の社会的基盤

(1) コミュニケーションの成立

　コミュニケーションとは，記号体系を媒介とするものだけでなく，表情，視線，音声，身振りなどによる言語以外のいかなる手段をも含む情報の伝達であり，個人間の相互作用をさす。単なる相互作用の連鎖をさすのでなく，そこにはなにか共有（share）するものがなくてはならない。語源的には共通性 "commonness" を成立させる試みであるといわれている。対人関係の成立がコミュニケーションを可能にするともいえる。マンディとシグマン（Mundy & Sigman, 1989）はアダムソンらの研究からコミュニケーション行動の発達を，大きく三段階に分けている。第一段階を0ヵ月頃から5ヵ月頃とし，この段階は二項情緒的関係，聞き手効果段階といわれ，子どもの自発的発声や行動に母親が自分の行動を調節し，乳児の感情表出や行動を大人が解釈して成立する段階である。第二段階は6ヵ月頃から18ヵ月頃で子どもからの意図的な話題を含むコミュニケーションが成立する段階で，大人，子ども，ものの三項関係が成立し，見せる，渡す，見せびらかすの身振りでのコミュニケーションが行われ，追随凝視，社会的参照が成立する段階である。非言語的コミュニケーションスキルの機能はこの第二段階で発達する。その第一の機能は参加すなわち社会的相互作用行動で，これは目の前の相手との相互作用を開始または維持しようとする非言語的な行動もしくはものの操作をいう（たとえば，人に触れる，ボールのやりとりをする）。第二は共同注視すなわち指示行動である。これは特定の対象に相手の注意を促して関心を共有しようとするはたらきかけである（たとえば，おもちゃを見せる）。第三は調整すなわち依頼行動である。これは事物を獲得するために人に援助を訴える行動である（たとえば，おもちゃの方に向かって手を伸ばす）。第三段階は，12ヵ月頃から24ヵ月頃で，この段階では子どもは身振りだけでなく，意味内容をもったことばによるコミュニケーションを行うようになる。

(2) 非言語的コミュニケーションの発達の基盤とその障害

乳児は誕生時から，人間の顔，音声，スピーチへの関心を示し，生後数分で，いろいろな顔のしぐさや音を模倣するようになる。人間は感情を表すための表情，声，あるいは身振りのパターンを生得的に備えており，また他者の感情をある範囲で感受するレディネスもまた生得的に備えているとされている。健常児は誕生時より人のコミュニケーションに適合する生得的な傾向をもっているといえよう。3ヵ月位までに乳児は足，発声，凝視，表情の全身でコミュニケーションを開始し，反応するだけでなく，これらを相互のやりとりのなかで行う。これは，大人の会話の言語以外の側面の特徴と類似しているので，「原会話」と呼ばれてきた。そこでは，すでに，相手との相補的で共感的な人間らしい反応を求めるやりとりに，表情や音声，体の動きによる非言語的な表現が効果的に用いられている。感情のコミュニケーションがパートナーとの間に交わされている。この段階のコミュニケーションは単なる感情の表現であり，意図的なものではない。トラバーセン（Trevarthen, 1979）は情緒的シグナルの伝送を通じて，他者と自分の間に生じる情緒的経験を分かち合う意識の芽生えを間主観性（intersubjectivity）と呼び，ウエルナーとカップラン（Werner & Kaplan, 1963）はメッセージを他者に伝えるというよりもむしろ他者との経験の合体であることを強調し，原初的共有状況（primordial sharing situation）と呼んでいる。このような，乳児期早期にあらわれる情緒的経験の共有能力が，ものや出来事についての経験の共有の不可欠な土台であると考えられる。

最初に自閉症児の症例を報告したカナー（Kanner, 1943）は，自閉症児は通常，生物学的に準備されている，人との情動的接触を形づくる生得的な能力をもたずに生まれてきたとしている。DSM-IV（American Psychiatric Association, 1994）の自閉症児の診断基準でも，対人相互反応の質的障害，意志伝達の質的な障害，行動，興味および活動の限定され，反復的で常同的な様式の三つの大きな基準があげられている。自閉症児は人と情緒的経験を共有する能力に生後より障害があり，後の非言語的指示行動の障害（特に参照視の障害），社会的認知機能の不全，言語獲得の遅れは，さきに述べたコミュニケーション行動の発達の第一段階の二項関係の成立の障害に起因しているといえる。しかし，自閉症児は親愛の情を示す頻度が他の子どもより少ないが，養育

者との間にアタッチメントを形成しないわけではない。また、大人の方から積極的にかかわると社会的行動（アイコンタクト、身体的接近、非言語的な身振りなど）が増加するとの報告もある（Tonick, 1981 [Mundy & Sigman, 1989 より]）。ドーソンとアダムス（Dawson & Adams, 1984）は、自閉症児の玩具を使用した行為を同時に模倣すると、社会的行動が増加することを報告し、この模倣を利用した模倣セラピーで自閉症児の対人行動を成立させる試みを行っている。

(3) 模倣の意義と模倣セラピー

母親側からの模倣は、乳児の視覚的定位と興味を触発し、早期のやりとり行動の発達を促進し、乳児が「他者と結ばれている自分」を感じることに役立ち、模倣の発達を励ます。ピアジェ（1962）も、他人が模倣すると乳児の注意と身体の動きが増加することを述べている。マラテスタら（Malatesta et al., 1986）の研究で、早産乳児は、社会的刺激に耐える力が弱く、面と向き合う相互作用でより多くの否定的な情緒や視線回避を示した。また、正常乳児の母親に比べて早産乳児の母親は乳児の表情を模倣することが有意に少なかった。そのうえで、乳児の情緒に即応する母親の反応が増加すると、早産乳児の肯定的動き（歓び、興味、驚きなどの表現）が増加したことを報告している。ドーソンらは自閉症児の行動を模倣すると社会的応答性（触る、見つめる、音声、ジェスチュアーなど）、実験者への注視が増加し、玩具遊びでの固執性の減少があったことから、対人関係の発達の初期段階の子どもの社会的応答性を高める有効な方略の数あるなかの一つとして模倣セラピーを考えた。この模倣セラピーの特徴は第一に自閉症幼児の模倣能力はごく初期の段階（1－4ヵ月）にあり、初期の交流様式に立ち返ることにより、自閉症児の発達にみあった、彼らに通じやすい社会環境を提供する。第二に刺激の最適水準の範囲が狭い自閉症児によく適合している。子ども自身の行動の模倣なので、子どもにかかる情報処理の負荷は最小限で済まされる。子どもは実験者が行動を起こしたときには、その成りゆきを予測するのに必要な視覚運動感覚的イメージを直前の記憶から形成できる。さらに、子どもは、自分の動作や量や強さを変えることにより、入力刺激を容易に調節できる。第三に同時模倣は子どもに非常に目立ち、予測しやすい随意的な反応をあたえるので、社会的な効用感を促進する。

次にドーソンらの文献（Dawson & Lewy, 1989 ; Dawson & Galpert, 1990 ; Klinger & Dawson, 1992）から模倣セラピーのプログラムを紹介しておく。

【模倣セラピーの一般原理】
 1. 発達早期に自然に生起する社会的インタラクションがモデルである。
    教えられるのでなく，遊びを通して促進される。
 2. 健常児の発達のシークエンスに基づいている。
    単純なインタラクションから複雑なインタラクションの技能へ進む。
 3.「足場づくり」が用いられる。
    社会的インタラクションの関連ある側面が目立ち，子どもが同化しやすいように，インタラクションは子どもの発達レベルにあわせるだけでなく，誇張され，単純化される。
 4. 自閉症児は最適刺激の範囲が狭い。
    新奇な予想できない刺激を減じ，子どもが受け取る刺激を調節する。
 5. 子どもがイニシエーターである。

【模倣セラピーのプログラム】
　模倣セラピーでの基本的な社会技能促進のプログラム
〈水準1：人への注意，社会的随伴性，順番交代を促進する〉
　　段階1　子どもの行為とTh（セラピストの略）の行為の間の類似性と随伴的な関係に気づかせることを援助する。
　　段階2　Thの行動だけでなく，Th自身に気づくことを援助し，アイコンタクトを促進させる。
　　段階3　子どもに行きつ戻りつのインタラクションの性質を学ばせ，順番交代を促進させる。
　　段階4　Thが正確に子どもの行動を模倣していない時も，行きつ戻りつのインタラクションが起こることを子どもに学ばせるのを援助する。

〈水準2：模倣，初期のコミュニケーション，共同注視〉
　　〈模倣〉

段階1　子どもの行動レパートリーのなかにすでにあるシェマとしての大人の行動を模倣するのを促進させる。
　　段階2　子どもに新しい行動の自発的な模倣を促進させる。

〈初期のコミュニケーションと共同注視〉
　　段階1　目的を達するのに大人と自発的にコミュニケーションする。
　　段階2　子どもと活動を共有し，コミュニケーションを促進させる。
　　段階3　他者とのコミュニケーションでアイコンタクトを使用することを促進する。
　　段階4　他者の言語，非言語的手がかりへの注意を促進させる。

【模倣セラピーの成果】
　1. インタラクションが快であることを学習する。
　　　社会的刺激の量を調節できるようになり，視線回避が減少し，アイコンタクトや感情表現を促進する

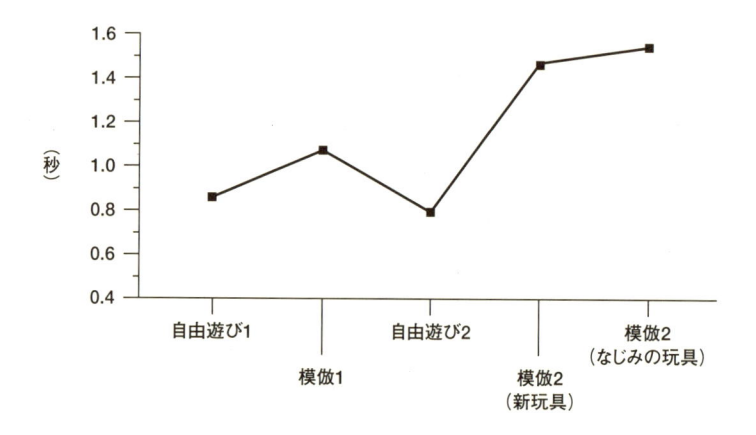

図1　15名の自閉症児の5条件の各々での母親の顔の平均注視持続時間（1注視あたりの平均秒数）
(1) 自由遊び1；2週間の介入前の母親との自由遊び，(2) 模倣1；2週間の介入前の母親の子どもの遊びの模倣，(3) 自由遊び2；介入後の母親との自由遊び，(4) 模倣遊び2（新奇な玩具）；介入後に母親と新しい玩具を使用して子どもの遊びを模倣，(5) 模倣遊び2（なじみの玩具）；介入後になじみの玩具を使用して子どもの遊びを模倣
出典：Dawson & Galpert（1990），p.156

2. 自己と他者の類似性を確認する。自己表象と模倣能力を発達させる。
3. 自分が社会的な存在であることを知る。
   自分で社会的な環境をコントロールする感覚と，自分の行動が結果を生じさせるという自信を発達させる
4. インタラクションで発声を用いる。自分の発声と他者の発声の類似性に気づき，また，発声が他者からの反応を喚起するために用いられることを学ぶ。他者との相互作用で発声を用いる。

 ドーソンは2歳から6歳の自閉症児15人とその母親に同じ玩具のセットを2組わたし，2週間自宅で毎日20分間子どもの遊び，身体の動き，発声などを模倣する遊びを依頼し，その効果を報告している。図1に示されるように自由遊び1に比べ，模倣遊び1では母親への平均注視時間がやや増大し，また，2週間介入後の模倣遊び2ではさらに母親への注視は増加したことを報告している。筆者らも自閉症幼児に模倣セラピーを行い，人への視線が増大する効果を得た。最初のコミュニケーション行動を成立させるのに有効であると考えられる。
 模倣はメルツフら（Meltzoff & Moor, 1999）によれば社会的認知の行為であり，認知と社会性の両方に関係している。乳児が，大人はある水準では"自分のようである（like me）"ということ，また，見ている行為は"私がしている行為のようである（"like the ones I do"）と理解することは，その後の間主観性，コミュニケーション，社会的認知でのその後の発達の基礎となるとしている。
 最近の脳科学の研究で，他者の行動を見たり，模倣したりするさいに発火するニューロンが発見されている。イタリアのリゾラッティらはサルが実験者ないしは他のサルが餌を人指し指と親指ではさんでつかむ動作を見たとき，また，自分がまったく同じ手の動作をしたときに発火するニューロンを大脳の腹側運動前野のF5野という領域に発見し，ミラーニューロンと名づけた。リゾラッティら（Rizzolatti, Fadiga, Fogassi & Gallese, 1999）は，人が他者により遂行される運動あるいは行為を外に出して，あるいは内的に再現する行動を"共鳴行動（resonance behavior）"と名づけ，神経活動を調べている。共鳴行動は二つのタイプに分けられ，一つのタイプは他者によりつくられた運動の直

後あるいは遅延の模倣で乳児や鳥，前頭葉損傷患者で見られるものである。もう一つは行為が観察されたときに運動行為をコードする神経が活性化する内的な活動である。村田（2001）によれば，ミラーニューロンの存在が想定されているF5野は発語に必要な運動をコントロールする領域であるブローカ野で，動作の認識をもとにコミュニケーション，言語への発達を予想している人もいるとしている。ドーソンらの模倣セラピーは大人が模倣した行為を子どもが見て，相手に気づき，次第に子どもが大人を模倣していくことを目標にしている。このように模倣セラピーは，子どもの大脳での活動をも促し，他者の行為に気づかせ，経験を分かち合う意識の芽生えの契機をつくる。また，このような模倣セラピーのような意図的なプログラムをとらないでも，療育の場面で子どもにかかわる側は子どもの行動の模倣を無意識に行っている。模倣がコミュニケーションの成立，さらには言語獲得で非常に重要な役割を担っていることは後の「自閉症児の言語と認知」の節で再考する。脳科学の発展により，発達心理学で重要であるとされてきた事象が脳レベルで説明され，解明されることは非常に興味深いことである。

　養育者との情動的コミュニケーションを基盤として，乳児はこの世界の意味を獲得していく。この意味の獲得は乳児の認知能力の発達に負っている。認知発達は子どもにより記号化される意味内容の発達を可能にする，しかし子どもが言語でこれらの意味を表現できるには，言語に固有な情報処理のための音声産出運動器官と音声受容感覚器官とその機能が必要である。ここでは，言語獲得にかかわる認知能力について見ていく。

3. 言語獲得の認知的基盤

(1) ローカルホモロジー

　ピアジェは非言語的認知は，二次的なあるいは派生する言語システムを駆動する"エンジン"であり，言語と非言語スキルは両者ともどちらかの領域を越えたより深い操作システムから並行して出現してくるとしている（Bates & Snyder, 1987）。ピアジェ理論では，感覚運動知能段階の最終の第VI段階の象徴機能の出現の一つが言語である。ピアジェの考えでは初期の言語シンボル

（命名）は事物の永続性，延滞模倣，空間の表象，因果性といった関連した認知領域のすべてにわたり，ほぼ同じ時期に生起する心的表象の一般能力の一つの表れにすぎないとしている。

このピアジェの一般的なホモロジーの考えに対し，ベイツら（Bates *et al.*, 1979）は"ローカルホモロジー（local homology：局所相同説）"の見解を，フィッシャー（Fisher, 1980）は"skill theory"を，ゴプニックとメルツォフ（Gopnik & Meltzoff, 1997など）は"specific hypothesis"を提起している。これらのモデルでは，言語は多くの別々の，潜在的なスキルやメカニズムを含んでいて，これらの構成要素のいくつかは言語に固有であるが，他の構成要素はいくつかの認知領域と共有しているので，共有している構成要素が作動する発達のある時点で，領域を越えた相関が現れるとしている。

(2) 縦断的方法と横断的方法による初期言語発達と認知発達の関係

筆者は縦断的方法，横断的方法により言語獲得にかかわる認知能力について明らかにしてきた。縦断的方法においては，言語指標と認知測度（手段－目的，因果性，事物の永続性，空間関係，事物操作活動）の出現の時間的対応により関連をみた。8ヵ月から文法出現までおおよそ3週間間隔で子どもを観察した縦断研究（小椋，1999）での言語発達の里程標とその時期に生起した認知発達の変化のまとめを表1に表示した。事物操作活動の高次化の過程は言語発達と

表1 健常児の言語と認知の関係

出現年齢	言語	認知	
		感覚運動技能	事物操作（遊び）
9-10ヵ月	意図的コミュニケーション，初語	事物間の関係認知（空間関係Ⅴ段階），方向性のある定位活動	容れもの関係づけ（空間関係Ⅴ段階），機能的関係づけ
12ヵ月前後	指示語	目的達成のための道具（事物・人）の使用，記憶（包み込む）（手段－目的・因果性・事物の永続性Ⅴ段階）	事物の慣用操作（対象関係Ⅴ段階）
14-16ヵ月	語彙の増加	全体－部分関係の認知	代置のみたて遊び（対象関係Ⅵ段階）
19-21ヵ月	文法の出現	図形弁別，類概念の形成，予見（手段－目的Ⅵ段階）	二つのテーマ遊び，プランのある遊び

出典：小椋（1999）p.199

密接に関係していた。意図的コミュニケーションや初語と事物間の関係づけ操作の出現時期の対応，事物や人への命名と事物の慣用操作の出現時期の対応，語彙の急増と代置のみたて遊びの出現時期の対応，文法の出現とプランのある遊びの出現時期が対応していた。感覚運動技能については，初語，意図的コミュニケーションと認知での方向性のある定位活動や関係づけ能力の達成の時期の対応，指示語の出現時期と手段－目的関係のⅤ段階（欲しい目標を得るために必要とされる"新奇な"手段行動を発見する）の達成時期の対応，文法の出現時期と手段－目的関係のⅥ段階（手段行動を内的思考過程を経て発見。予見能力）の達成時期が対応していた。言語発達での重要な里程標の出現に対応して成立してくる認知能力が明らかにされた。言語と認知には一般的関係があるのではなく，むしろ，発達してくる認知能力が領域にわたり新しく利用できる時に，特定の時期に生起する特定の関係があるといえよう。

　筆者ら（Ogura et al., 1997）は横断的方法によっても言語と認知の関係にアプローチしてきた。12, 15, 18, 21, 24, 27ヵ月児各月齢10名ずつ計60名について，言語測度，身振り測度，認知課題測度を変数として年齢を一定にした偏相関の算出と因子分析を行った。因子分析の結果から文法，語彙，予見課題，プランのある遊び（遊びのなかでないものを探す，遊びを行う前に何をするかをあらかじめ考える，人形を行為者とした遊びを行う）に高く負荷する「階層シンボル」因子と，言語理解，身振り，事物への慣用的操作，事物の永続性（隠された事物の記憶），手段―目的関係の理解に高く負荷する「前シンボル」因子（事物間の関係理解の因子）を抽出した。先の小椋（1999）の縦断研究の時間的対応づけの方法で見出された文法，語彙の急増と認知測度の関係は「階層シンボル」因子にまとめられ，意図的コミュニケーション，初語，指示語と認知測度の関係は「前シンボル」因子として抽出された。意図的コミュニケーションと指示語は分離した因子としては抽出されなった。12ヵ月から27ヵ月という広い年齢幅で収集した言語と認知測度の偏相関（年齢一定）や因子分析では両者間の関係の程度やおおよその傾向を明らかにすることはできたが，言語と認知の相互の詳細な関係を明らかにすることはできなかった。言語と認知の関係の構造的，時間的関係を明らかにするには縦断研究が必須である。小椋の研究では，言語と同時期に出現する認知能力を見ているので，言語獲得に先行

する前提条件は明らかにできていない。最近の村井ら（2002）による89名を対象とした6ヵ月から1歳まで1ヵ月毎，1歳から1歳半まで2ヵ月間隔（さらに，3歳，6歳時点）の新版K式発達検査と質問紙での縦断研究で，生後6ヵ月の基本的な対象操作に関係する因子と9ヵ月期のより技能的な対象操作因子が生後12ヵ月の言語，表象因子と関連があるなど，認知発達にかかわる特定の因子が言語獲得につながることが予想されるなどの結果が見出されている。大量データでの縦断研究から得られる成果は大きい。また，言語獲得でつまずいている子どもの言語と認知の関係を事例的に詳細に明らかにすることにより，言語獲得でどのような能力が必要かが明らかとなる。特に対人関係のむずかしい自閉症児は社会的要因と認知的要因の両者が言語獲得の基盤であることを明瞭に示してくれる。

(3) 自閉症児の言語と認知

西村ら（1980）やカーシオ（Curcio, 1978）による話しことばのない自閉症児の感覚運動技能の遂行で，最も低かったのは動作模倣で，最もよい遂行は手段－目的，事物の永続性であった。シグマンとアンゲラー（Sigman & Ungerer, 1984）も，精神年齢（平均24.6 - 26.6ヵ月）でマッチした健常児，発達遅滞児，自閉症児のうち，自閉症児では感覚運動技能に欠陥はなかったが，言語理解，身振りの模倣，象徴遊びに欠陥があったことを報告している。自閉症児の象徴機能の欠陥についてはたくさんの報告がなされ，最近の研究では自閉症児の象徴機能の欠陥が基底にある社会－情緒発達に起因するとの考えが提起されている。

筆者が2歳から4歳半頃まで観察した3名の自閉症児の言語と認知の関係をみると（小椋，1999），3名とも話しことばがない時期においても手段－目的，因果性（人が関与する課題は失敗），事物の永続性課題で感覚運動段階のⅥ段階の課題，結合遊びの課題に通過し，感覚運動技能に欠陥はなかった。しかし身振り，言語，象徴遊びに欠陥があった。身振りは相互交渉機能のGiving, Showing, Pointingの原叙述の身振りの出現が遅れ，また原命令の身振りでは健常児での出現の少ない人の手を使うクレーン行動や統御機能のGiving（自分の要求をかなえるために人に物を渡して，目的を達成する。たとえば，お菓子を

包んでいる紙があけられないときに大人に渡す）が用いられていた。一児（A児）においてのみ3歳7ヵ月時に，対象指示語と原叙述の身振りが出現した。しかし健常児でことばの出始めに発せられた幼児語，擬音語の出現はわずかで，成人語の形式の対象指示語が出現した。他の2名ではこの観察期間中には対象指示語の獲得はなされなかった。象徴遊びは代置のみたて遊びや人形遊びの出現がないか，遅れての出現であった。また言語獲得がなされたA児で人形へのふり遊びが代置の出現の半年後に出現し，健常児の象徴遊びの発達の順序性と異なっていた。A児の言語と象徴遊びの関係をみると，幼児語の出現と慣用的身振り・自己へのふり遊びの出現時期の対応，対象指示語と代置のみたて遊びの出現時期の対応，語連鎖の出現と系列をなしたみたて遊びの出現時期が対応していた。一事例であるが自閉症児でも健常児と類似の言語と遊びの平行発達がみられた。A児で象徴能力の出現を可能にしたのは特定の人への愛着であった。シグマンとアンゲラー（1981）によれば表象機能は感覚運動技能のシステムと，シンボルを形造り，操作する二つに現れ，自閉症児は後者に欠陥があり，後者のシステムの発達は社会的な相互交渉により発達する。象徴機能出現の基盤は注意の共有であり，子どもの側からの意図的コミュニケーションである。先に述べたA児で，意図的コミュニケーションの出現と，象徴機能の出現が同時期であった。A児からの意図的コミュニケーションを可能としたのは，子どもからの大人への愛着であった。子どもは愛着のできた大人とのコミュニケーションのなかで音声や事物の意味を学び，象徴機能を発達させていく。

　先に述べた模倣セラピーで，大人が子どもの行動を模倣することが，子どもの大人へのアイコンタクトを増大させ，子どもと大人がともに同じ事物を眺める共同注視へと発展し，社会的交流が促進され，玩具遊びにも良い影響を与えたことが示されていた。このような事実から，象徴機能出現の基盤は注意の共有であり，社会性の発達が基盤にあり，言語，象徴機能，社会性が相互に連関していると考えられる。象徴機能形成のためには，その土台となる子どもと大人の間で相互に伝え合う経験を積み重ねるなかで意味の共有，伝達が行われることが不可欠である。自閉症児は言語を獲得できた場合でも，語用面や音声のイントネーションで特異であるが，社会－情緒面の障害がこれらの領域に障害をもたらしていると考えられる。

4. おわりに

　園原（1980）は，心理学における発達研究は，今日，もっぱら個体の行動の成長過程に現れる心理的諸機能の発生的変容とその連関に向けられているが，もっと広く人間精神の形成の基盤的構造を探求することにあるとしている。

　人間精神の形成における基盤的構造の解明にむけて，言語獲得研究の領域で今後の研究で重要と考えられることを以下に述べておく。

　第一は障害児研究の重要性である。本稿で取り上げた自閉症児だけでなく，障害をもつ子どもの言語はいろいろなことをわれわれに教えてくれる。障害が言語獲得にさまざまな影響を与える。たとえば，筆者が経験した事例をいくつかあげてみる。発達遅滞を伴う視覚障害幼児の例では，バーバリズムといわれる現象を呈し，概念を伴わないことばを発した。このような言語はコミュニケーションとして使用できないし，思考や行動調整の役割ももっていなかった。聴覚障害幼児ではアイコンタクトの頻度が語彙数と相関し，また，3歳の聴覚障害幼児では直示的身振り，動作，視線の非言語コミュニケーション手段での伝達がほとんどで，母親も非言語コミュニケーションを音声言語と併用した方が，母子のやりとりの相互作用の水準は高かった。聴覚障害児では，音声言語でのやりとりを補償するために視線での確認や非言語的コミュニケーションでのやりとりが重要であることが示されていた。ダウン症幼児では言語理解に比べ言語表出が遅れ，認知の発達に比べ言語表出が遅れていた。言語表出と言語理解のギャップの原因については，彼らの視覚，聴覚の障害，構音器官の構造的変形，運動コントロールの問題，受動性などが考えられるが，その解明は今後の課題である。このように，非定型的な子どもを対象とした言語，非言語領域についての指導を含めた追跡研究は言語獲得に関連する要因をより明確にしてくれるであろう。

　第二は比較認知心理学研究の重要性である。最近のチンパンジーの言語・認知に関する京都大学霊長類研究所のプロジェクトはヒトの発達との共通性，差異を明らかにしてきた。チンパンジーはヒトのことばの「語」に相当する身振りサインや文字を覚えることが示されているが，チンパンジーは構造的規則性

をもった文法に従い，語を無限につなぎ合わせて文を産出することはない。彼らの認知能力の限界を示していると考えられる。彼らのコミュニケーションやサイン，シンボルの獲得は，かかわる人との社会 – 情緒関係を基盤として可能になっていると予想される。今後，チンパンジーや鳥類などの比較認知心理学からの資料が積み重ねられ，人間精神の形成の基盤的構造を探求することに貢献するであろう。

　第三は脳科学の研究の重要性である。発達事象の脳的基盤を解明したり，障害や療育による発達的な変化を脳レベルで解明できるならば，飛躍的に発達研究は進歩するであろう。

　発達心理学は人間の行動の発生的側面の理解にある。心理学の基本ともいうべき学問であると考える。

文　献

American Psychiatric Association　1994　*Diagnostic and statistical manual of mental disorders*: DSM-IV. (4th ed.) Washington, DC. : American Psychiatric Association（高橋三郎・大野裕・染矢俊幸訳　1996　DSM-IV: 精神疾患の診断・統計マニュアル　医学書院）

Bates, E., Benigni, L., Bretherton, I., Camaioni, L., & Volterra, V.　1979　*The emergence of symbols: Cognition and communication in infancy.* New York: Academic press.

Curcio, F.　1978　Sensorimotor functioning and communication in mute autistic children. *Journal of Autism and Childhood Schizophrenia*, **8**, 281-292.

Dawson, G. & Adams, A.　1984　Imitation and social responsiveness in autistic children. *Journal of Abnormal Child Psychology*, **12**, 209-226.

Dawson, G. & Lewy, A.　1989　Arousal, attention, and the socioemotional impairments of individuals with autism. 自閉症児の覚醒と注意と社会情緒的障害　In G. Dawson（Ed.）*Autism, Nature, Diagnosis, and Treatment.* New York: Guilford Press. 野村東助・清水康夫（監訳）1994，自閉症：その本態，診断および治療　日本文化科学社　pp.47-69.

Dawson, G., & Galpert, L.　1990　Mother's use of imitative play for facilitating social responsiveness and toy play in young autistic children. *Development and Psychopathology*, **2**, 151-162.

Fisher, K.　1980　A theory of cognitive development: The control and construction of hierarchies of skill. *Psychological Review*, **87**, 477-526.

Gopnik, A., & Meltzoff, A. N.　1997　*Words, thoughts and theories.* Cambridge, MA.: MIT Press.

Kanner, L.　1943　Autistic disturbances of affective contact. *Nervous Child*, **2**, 227-250.

Klinger, L. G., & Dawson, G.　1992　Facilitating early social and communicative development in children with autism. In S.Warren & J. Reichle（Eds.）, *Perspectives on Commnunication and Langauge Intervention: Development, Assessment, and Remediation.* Baltimore: Brookes. pp. 157-180.

Malatesta, C. Z., Grigoryev., P. Lamb, C., Albin, M., & Culver, C. 1986 Emotion socialization and expressive development in preterm and full-term infants. *Child Development*, **57**, 316-330.

Meltzoff, A. N., & Moor, K. 1999 Persons and representation: Why infant imitation is important for theories of human development. In J. Nadel & G. Butterworth (Eds.), *Imitaiton in Infancy*. Cambridge: Cambridge University Press. pp. 9-35.

Mundy, P. & Sigman, M 1989 Specifying the nature of social impairment in autism. 自閉症児の覚醒と注意と社会情緒的障害 In G. Dawson (Ed.) *Autism, Nature, Diagnosis, and Treatment*. New York: Guilford Press. 野村東助・清水康夫(監訳) 1994, 自閉症：その本態，診断および治療 日本文化科学社 pp.3-19.

村井潤一 1980 乳児の行動発達連関 園原太郎（編） 認知の発達 培風館 pp.92-99.

村井潤一 1987 言語と言語障害を考える ミネルヴァ書房

村井潤一 2002 乳幼児の言語・行動発達 風間書房

村田哲 2001 ミラーニューロンとボディイメージ 数理科学, No.459, 69-77.

西村辨作；水野真由美；若林慎一郎 1980 前言語段階にある自閉症児の伝達行動．児童精神医学とその近接領域, **21** (5), 267-275.

小椋たみ子 1999 初期言語発達と認知発達の関係 風間書房

Ogura,T. Yamashita Y., Murase, T., & Mahieu, A. & Dale,P. 1997 The relationship between early language development and cognition for Japanese children. The paper presented at the Conference of the Language and Cognition in Language Acquisition held at Odense, Denmark.

Piaget, J. 1962 *Play, dreams and imitation*. New York: Norton.

Rizzolatti, G., Fadiga, L. Fogassi, L., & Gallese, V. 1999 Resonance behaviors and mirror neurons. *Archives Italiennes de Biologie*, **137**, 85-100.

Sigman, M., & Ungerer, J. 1981 Sensorimotor skills and language comprehension in autistic children. *Journal of Abnormal Psychology*, **9**, 149-165.

Sigman, M., & Ungerer, J. 1984 Cognitive and language skills in autistic, mentally retarded, and normal children. *Developmental Psychology*, **20**, 293-302.

園原太郎 1980 心理学における発達研究の意義と課題 園原太郎（編） 認知の発達 培風館 pp.1-35.

Trevarthen,C. 1979 Communication and cooperation in early infancy: A description of primary intersubjectivity. In M. Bullowa (Eds.), *Before speech: The beginning of interpersonal communication*. New York: Cambridge University Press. pp.321-347.

Werner, H., & Kaplan, B. 1963 *Symbol formation: An organismic-developmental approach to language and the expression of thought*. New York: Wiley. (柿崎祐一監訳 1974 シンボルの形成：言葉と表現への有機‐発達論的アプローチ ミネルヴァ書房)

第5章

言語と思考
ピアジェの形式的操作再考

藪内 稔

> 思考の可動性の獲得は,「固定形式からの遊離を可能にし,抽象化された個別的状況へのかかわりを可能ならしめる」(園原, 1966)

1. はじめに

　ピアジェ (Piaget, 1950 ; 1957) によれば,子どもの心的発達は常に単純な構造から,それを再構成することによってさらに複雑な構造へと移行する。発達とは,先行する構造を,より広い新しい構造のなかに下部構造として統合していく過程なのである。このような観点から,ピアジェは人の発達を,感覚 − 運動期 (0歳〜2歳),前操作期 (2歳〜6歳),具体的操作期 (6歳〜11歳),形式的操作期 (11歳〜成人) の4つの段階に区分した。第4段階の形式的操作期に至って,人は初めて具体的事象の諸側面から開放されて,現実を思惟可能な変換の形式体系によってとらえる思考のパースペクティブを獲得するのである。

　具体的操作期の段階にある子どもの思考を支える論理的操作の体系,群性体 (仏: groupment ; 英: grouping) に関する解説と議論については,Kの会のメンバーでもある杉田・島・鳥山が編集したテキストにおいて,すでに詳細に述

べている（藪内，1989）ので，ここでは形式的操作の理論的展開が日常的な場面での思考・言語表現発達の問題に関与する意義について，以下の観点から考えてみることにする。

a) 日常言語表現における双対性
b) ピアジェの形式的操作：*INRC* 変換群
c) 言語表現の双対性と *INRC* 変換構造の関連性
　：ピアジェ理論の問題点とその展望

2. 日常言語における双対性

(1) 時間継続副詞（durative adverbial）の双対構造

以下は，Kの会の幹事であり，本書の編集の労をとっておられた中瀬兄との実際の電話でのやり取りであった。

(N1) もう原稿は書けた？
　　 Have you *already* written your manuscript?
(Y1) いいえ，まだです。まだ書いているところです。
　　 No, I have *not yet*. I am *still* writing.
(N2) えっ，まだ書いていないの！　すでに，皆，書いてしまっているよ。
　　 Oh, you have *not yet* written! Everybody except you has *already* written his own manuscript.
(N3) もはや書いているときではないよ。遅すぎるよ。
　　 You are *no longer* writing. It is too late.
(Y2) すみません。もうしばらくご猶予を。
　　 I am very sorry, but please give me some more time.

今回に限らず，このようなやり取りを重ねている自分が情けなくなるが，それはさておき，この会話でみられる，すでに *already,* まだ…でない *not yet,* まだ *still,* もはや…でない *no longer* の用法は，ワンセットとしてそれぞれが密接な有機的連関をもっていることがうかがえる。

ここでは，このような「書く」という動詞との結合における時間経緯を表現する副詞的語法がどのような構造的関係を有しているかを検討し，このような

構造的関係はその他の言語表現においても広くみられる日常言語における基本的特徴であることを示す。

(2) すでに (already), まだ (still), まだ…ない (not yet), もはや…でない (no longer) の双対関係

まず, (N1), (Y1) の前文, (N2) 前文の関係から, 文 p に対して次の同値関係が成り立つことが認められる。

$$\sim (already\ p) \equiv not\ yet\ p$$

ここで～は否定を表す記号である。同様に, (Y1) の後文と (N3) との関係から,

$$\sim (still\ p) \equiv no\ longer\ p$$

が成り立つ。

表1は英語, ドイツ語, フランス語, 日本語における時間副詞の対応関係を示している。これら4つの言語とも上の同値関係を満たしている。言い換えれば, "already p" の否定表現は "not already p" ではなく, "still p" の否定表現は "not still p" でないということが少なくともこれらの言語において共通してみられる。

ところで, already と still はどのような関係があるのか。ドイツの言語学者ロェープナー (Löbner, 1987, 1989) は, noch nicht が schon の否定であることから, 次の関係を導いた。

表1 継続的時間副詞の4カ国語対応の関係

(英)	already	not yet
(独)	schon	noch nicht
(仏)	dejá	ne…pas encore
(日)	すでに	まだ…でない
(英)	no longer	still
(独)	nicht mehr	noch
(仏)	ne…plus	encore
(日)	もはや（もう）…でない	いまなお；まだ

$$\sim (schon\ p) \equiv noch\text{-}nicht\ p$$
$$\equiv noch\ (\sim p)$$

上の式の（外部）否定は

$$schon\ (\sim p) \equiv \sim (noch\ p)$$

上の2つの同値関係は, schon と noch が双対の関係にあることを示している（ド・モルガンの法則；後述）。すなわち, 一方の内部否定 internal negation （外部否定 external negation）が他方の外部否定（内部否定）に同値であると

きかつそのときに限って，2つは双対の関係にあるという。

ロェープナーは，4つの時間経緯を表す副詞的表現 *schon, noch-nicht, noch, nicht-mehr* が互いに内部否定と外部否定を通して密接に関連しあっていることを強調した。この関係は，双対の四角形として示すことができる（図1）。

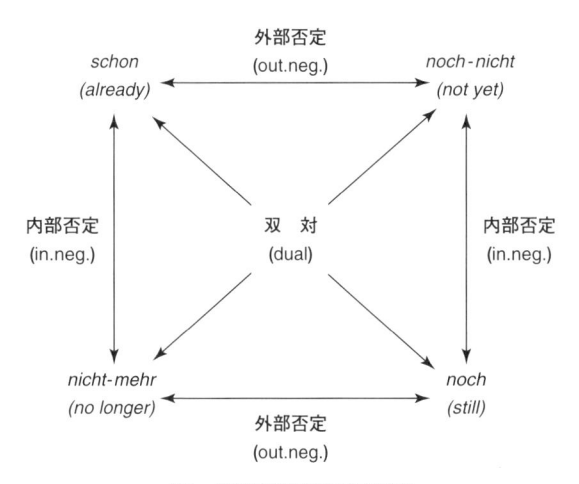

```
                    外部否定
       schon       (out.neg.)      noch-nicht
      (already) ←――――――――――→     (not yet)
          ↑  ╲                  ╱  ↑
          │    ╲              ╱    │
   内部否定 │      ╲   双 対   ╱     │ 内部否定
   (in.neg.)│       ╲(dual) ╱      │ (in.neg.)
          │      ╱   ╲             │
          │    ╱       ╲           │
          ↓  ╱            ╲        ↓
      nicht-mehr   ←―――――――→    noch
      (no longer)   外部否定      (still)
                   (out.neg.)
```

図1　継続時間副詞の双対関係

たとえば，次の文aと文bにおいて
a. Das Light ist *schon* an.　（灯はすでに灯っている）
b. Das Licht ist *noch* an.　（灯はまだ灯っている）
文aの外部否定，文bの内部否定はともに文cとなる。
また，文aの内部否定，文bの外部否定はともに文dとなる。
c. Das Licht ist *noch* aus.
d. Das Licht ist *schon* aus.
同様に，*noch-nicht* と *nicht-mehr* についても双対の関係にあることが認められる。

筆者（Yabuuchi, 1993）は，1992から1993年にかけて英国ランカスター大学滞在中，10の言語：中国語，ドイツ語，ギリシャ語，フランス語，日本語，韓国語，ムーア語，ポーランド語，ポルトガル語，トルコ語について，継続時

間副詞の双対性に関する調査をおこなう機会を得たが，いずれの言語においても双対性が成立し，それには3つのタイプがあることを見出した。

(3) 様相表現： 可能と必然の双対性
***possible, necessary, not possible, not necessary, possible not, necessary not** の関係*

法(助)動詞や文副詞を伴って表現される日常言語の語法について，次のような文を例に検討しよう。

(a) He can't be diligent. （彼は勤勉なはずはない）
 (It is *not* possible [that he is diligent].)
(b) He may not be diligent. （彼は勤勉でないかもしれない）
 (It is possible [that he is *not* diligent].)

一つの法(助)動詞を含む文の意味は，様相的・法的陳述自体（可能性，必然性などの陳述）と，その法的陳述がコメントを加える陳述部分に分割することができる。

法(助)動詞のあとに挿入されたnotは法的陳述を否定する場合と，法的陳述がコメントを加える陳述を否定する場合とがある。前者が外部否定であり，後者が内部否定である。文(a)は外部否定を，文(b)は内部否定を示している。外部否定および内部否定は，後述の様相論理で述べる言表の否定および事象の否定に対応している。

ところで，様相概念を含む様相論理は，法(助)動詞や法の文副詞を伴って表現される日常言語の語法と極めて密接な関係にある。次に様相論理の基本的事項を簡単に説明し，日常言語との対応を検討する。

論理体系が"可能 possible"あるいは"必然 necessary"といった様相概念を含むとき，その体系を様相論理という。pが可能であることを$\Diamond p$, 必然であることを$\Box p$で表す。$\Diamond$と$\Box$は様相演算子である。

ポーランドの論理学者ウカシェビッチ（Łukasiewicz, 1953）は，様相論理の体系を構成するにあたって，8つの要請：成立する命題として，$p \to \Diamond p, \Box p \to p$; 成立しない命題として，$\Diamond p \to p, p \to \Box p, \Diamond p, \sim \Box p$; さらに，$\Diamond$と$\Box$

2. 日常言語における双対性

```
~◇~p≡□p              contrary              ~◇p≡□~p
            ┌─────────────────────────┐
            │ contra          dictory │
            │      ╲        ╱         │
   subaltern│       ╲      ╱          │subaltern
            │        ╲    ╱           │
            │         ╲  ╱            │
            │          ╲╱             │
            │          ╱╲             │
            │         ╱  ╲            │
            │ contra╱      ╲dictory   │
            └─────────────────────────┘
◇p≡~□~p            subcontrary            ◇~p≡~□p
```

図2　様相の四角形
(cf. Łukasiewicz, 1953)

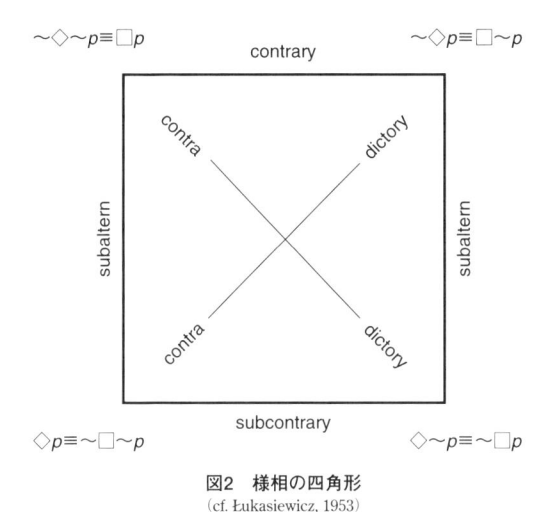

の間に成立する同値関係，$\diamond p \equiv \sim\square\sim p, \square p \equiv \sim\diamond\sim p$ を設けた。これらの要請の関係は様相の四角形で表される（図2）。図2から，$\diamond p$ と $\sim\diamond p, \square p$ と $\sim\square p$ はそれぞれ矛盾対当（contradictory），すなわち，両命題の一方が真ならば他方は偽，一方が偽ならば他方は真という関係にある。$\sim\diamond p, \sim\square p$ はそれぞれ肯定命題 $\diamond p, \square p$ の言表（de dicto）の否定である。

また，$\square p$ と $\square\sim p$ とは，反対対当（contrary），すなわち，両命題のうち一方が真ならば他方は偽，一方が偽ならば他方は真偽不定という関係にあり，$\diamond p$ と $\diamond\sim p$ とは小反対対当（subcontrary），すなわち，両命題のうち一方が偽ならば他方は真，一方が真ならば他方は真偽不定という関係にある。$\diamond\sim p$ と $\square\sim p$ はそれぞれ肯定命題の事象（de re）の否定である。

さらに，$\square p$ と $\diamond p, \square\sim p$ と $\diamond\sim p$ はそれぞれ大小対当（subaltern），すなわち，$\square$ が真ならば $\diamond$ は真，$\diamond$ が偽ならば $\square$ は偽という関係にある。ウカシェビッチはこれらの要請を満足する基本様相論理の公理化を行った。

図2からみて，矛盾対当（contradictory）は外部否定，反対対当（contrary）および小反対対当（subcontrary）は内部否定に相当するから，大小対当（subaltern）は双対を示し，したがって，$\diamond$ と $\square$ は互いに双対の関係にあることがみてとれる。

さて，文（a）と文（b）の文の論理構造を生成意味論的に表現したものが図

3 (Ⅰ) と図3 (Ⅱ)′ である (Lakoff, 1972)。様相論理の同値関係

$$\sim \Diamond p \equiv \Box \sim p$$
$$\sim \Box p \equiv \Diamond \sim p$$

を日常言語に対応させると，それぞれ，

$$\sim possible\ (S) \equiv necessary \sim (S)$$
$$\sim necessary\ (S) \equiv possible \sim (S)$$

であるから，文 (a) の構造 (Ⅰ) は (Ⅱ) に，文 (b) の構造 (Ⅱ)′ は (Ⅰ)′ に同値である。

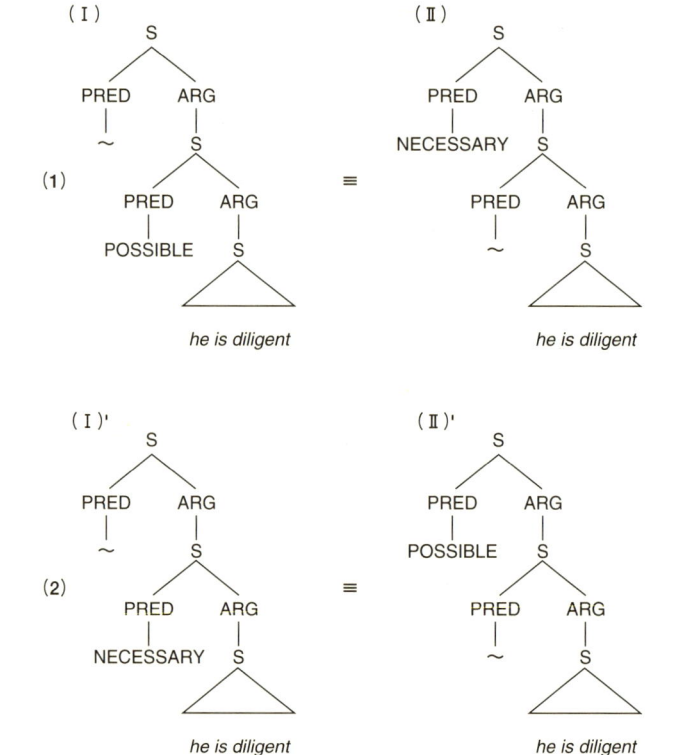

図3 様相表現の文構造

(4) 数量詞（quantifier）の相互連関性
all, a(n), not all, no の双対性

同様に，数量を表す all, a(n), not all, no の4つの数量詞の関係は，図4で示すように双対の四角形で表現される（Gamut, 1991）。また，all, some, not some, no についても同様の関係としてみることができる。

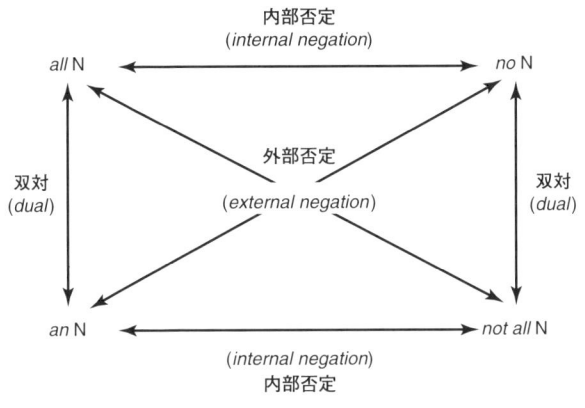

図4　数量詞の双対関係

3. 形式的操作：INRC変換群

　形式的操作の系は束（lattice）の構造をもつ4つの変換の群（group）として定義される。この4変換群は INRC 群と呼ばれる。INRC 群は，恒等変換 I (identity)，逆変換 N (negation)，相反変換 R (reciprocity)，および相関変換 C (correlation) を元とする位数4の基本アーベル群（クラインの4元群）である。ピアジェは形式操作の段階に至って，INRC 群の構造が形成され，このことによって発達の前段階において獲得されていた逆変換操作と相反変換操作の2つの可逆性（reversibility）の系が統合されて，新たな可動性（mobility）をもった認知構造が獲得されるとした。彼は INRC 群によって論理変換，とりわけ2項命題演算 Γ_2 における論理変換の関係を展開した。

INRC群

Φ を論理演算子で結合された基本命題 $P, Q, R, \cdots$ を含む命題変数であるとする。Φ は $\Phi = f(P, Q, R, \cdots)$ と表現される論理式である。

INRC群における4つの変換はΦに対して定義される：

(1) 恒等変換： $I(\Phi) = \Phi$;
(2) 逆変換 ： $N(\Phi) = \neg \Phi$;
(3) 相反変換： $R(\Phi) = f(\neg P, \neg Q, \neg R, \cdots)$;
(4) 相関変換： $C(\Phi) = \neg R(\Phi)$;

ここで $\neg$ は命題の否定を表す単項演算子である。これらの変換は，結合則に対して，クライン群の構造：$N^2 = I, R^2 = I, NR = C$ をもつ（表2）。

表3は16個の2項命題演算の記号とそれらの真理値表を示す。ここで・はトートロジー，∨は論理和，→は含意，↔は同値，∧は論理積，| はシェーファー（Sheffer）の記法（$P \mid Q = \neg P \vee \neg Q$），ex は排他的論理和（環和）($P \text{ ex } Q = (P \wedge \neg Q) \vee (\neg P \wedge Q)$)，↓はパース（Peirce）の演算子（$P \downarrow Q = \neg P \wedge \neg Q$），°は矛盾を表す。

また⇝は，それぞれ，$Q \rightsquigarrow P = P \wedge \neg Q, P \rightsquigarrow Q = \neg P \wedge Q$ と定義されるが，

表2　INRC変換構造

	I	N	R	C
I	I	N	R	C
N	N	I	C	R
R	R	C	I	N
C	C	R	N	I

表3　2項命題演算の真理値

P	Q	$P\dot{Q}$	P∨Q	Q→P	P	P→Q	Q	P↔Q	P∧Q
1	1	1	1	1	1	1	1	1	1
1	0	1	1	1	1	0	0	0	0
0	1	1	1	0	0	1	1	0	0
0	0	1	0	1	0	1	0	1	0

P	Q	P|Q	PexQ	¬Q	Q⇝P	¬P	P⇝Q	P↓Q	$\overset{\circ}{P Q}$
1	1	0	0	0	0	0	0	0	0
1	0	1	1	1	1	0	0	0	0
0	1	1	1	0	0	1	1	0	0
0	0	1	0	1	0	1	0	1	0

特定の名称は存在しない。これら16の2項命題演算は *I, N, R, C* によって変換され，図5で表されるような *INRC* 変換の構造をもつ（cf. Bart, 1971; 藪内, 1988）。この図5が示すように16個の2項命題演算がすべて *INRC* 変換によって相互連関しているのではなく，それぞれ独立した6つの組の内部において INRC 変換が可能であることがわかる。

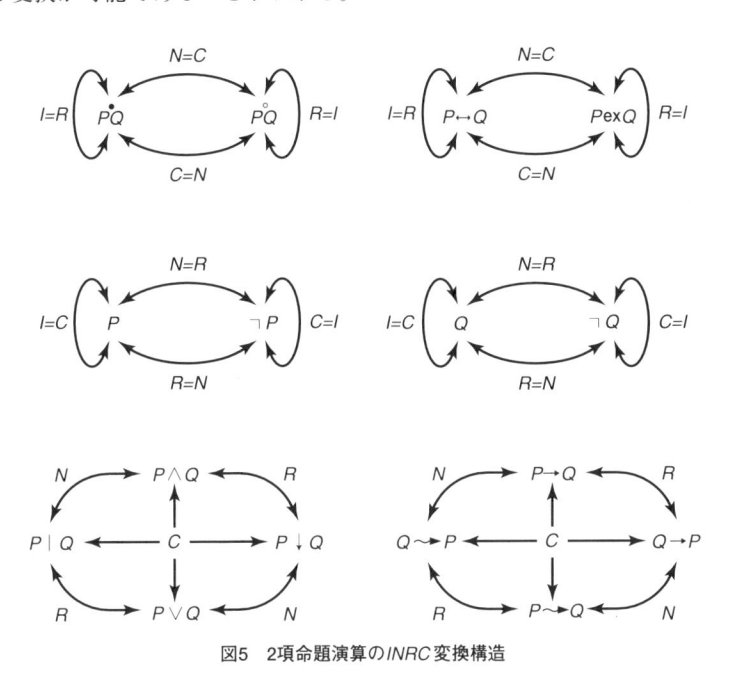

図5 2項命題演算の*INRC*変換構造

4. 言語表現の双対性と *INRC* 変換構造：ピアジェ理論の問題点とその展望

a. ピアジェの *INRC* 群におけるそれぞれの変換操作において，逆変換 N は外部否定に，相反変換 R は内部否定に，相関変換 C は双対に対応している。

そしてピアジェの *INRC* 変換群の基本的特徴は，図5が示すように，ド・モルガンの法則

$$\neg (P \lor Q) = P \downarrow Q = \neg P \land \neg Q,$$
$$\neg (P \land Q) = P \mid Q = \neg P \lor \neg Q$$

から導かれる双対性の関係にある。

　日常言語にみられるこのような双対構造は，ピアジェの提議した INRC 変換群の基本的特徴に対応するものである。

　ところで，実際にピアジェが研究のうえで取り上げた実験課題は，整合的で，明確に呈示された数学的課題や物理実験の領域にほぼ限定されていて，われわれの実生活における曖昧さを含む日常言語による推論や認識を取り扱ってはいない。この点にピアジェの操作変換系による思考研究上の問題点があるとの指摘が多々あった。

　しかしながら，先にみてきたように，時間継続副詞的表現である *already, still, not yet, no longer* や，様相表現，たとえば，可能と必然を表す *possible, necessary, not possible, not necessary* や，数量詞，たとえば *all, a, not all, no; all, some, not any, no* 等々は，相互に密接な双対性の変換構造を有しているのである。日常言語にみられるこのような双対構造は，ピアジェの提議した INRC 変換群に基本的に対応するものである。とすれば，過去に実際になされた研究領域上のドメインでもって評価をするのは早急にすぎる。言語表現の変換構造や曖昧情報を含む人の日常的推論に適合したモデルとしてピアジェの変換構造はなお一層注目されてよい。ピアジェの INRC 群の変換構造を満たす様相論理やファジィ論理の拡張は，そのような発展的展開を志向している（Pieraut-Le Bonniec, 1980；藪内 1993）。また，推論の自然演繹論理によるアプローチも形式的思考における操作的スキーマの発展的展開であるとみなせよう。

　b. ピアジェの INRC 変換群においては，16個の2項命題演算すべてが有機的に相互連関しているのでなく，それぞれ独立した6つの組の内部においてであった。

　16個の2項命題演算間のすべての可動性を説明するための理論的拡張は可能か。

　一般に，n-項演算の集合は，束の構造をもつ自由ブール代数 Γ_n である。このような観点から，形式的操作期における組み合わせ思考や仮説演繹思考を適切に記述するためのピアジェモデルの一般化への取り組みが試みられている（Ascher, 1984；Bart, 1971；Leresche, 1976）。

c. 発達段階という概念は広く用いられているにもかかわらず,認知発達に明確な段階が存在するということに60年代から80年代にかけて多くの疑義が投げかけられてきた。加えて,異なった発達段階を統合的に捉えるための一般的理論が構築されていないのが実情であった。ピアジェにおいても,具体的操作期は,群性体による定式化であり,形式的操作期は組み合わせ命題の INRC 変換群による定式化であって,逆変換と相反変換という2つの操作の可逆性とそれらの可動性という視点を共通にしながらも,理論的には必ずしも,2つの操作期を統合的に捉える一般理論の構成とはなっていない。

この点に関して,主に70年代に,ピアジェ自身が提議しているように,圏論（category theory）による定式化のアプローチが注目されてよい（ex., Piaget, 1987 ; cf. Halford & Wilson, 1980)。一般には,このピアジェの提案は発達心理学者の関心をひくところとはならず,デビッドソン（Davidson, 1988）の指摘するように,neglected contribution の様相を呈していた。

圏とは,構造をもつ数学的体系間の構造写像の理論を抽象化したもので,従来,数学の各分野で演繹的に展開していた理論,たとえば,代数系間の準同型写像,位相空間の連続写像,測度空間の保測写像といった数学的体系を統一化する数学理論である（Lawvere & Schanuel, 1997 ; MacLane, 1975 ; 大熊 1979 ; cf. 藪内 1985)。

認知発達段階の統一理論化に圏論的アプローチの果たす意義については稿を改めて論じたい。

文　献

Ascher, E.　1984　The case of Piaget's group INRC. *Journal of Mathematical Psychology*, **28**, 282-316.
Bart, W. B.　1971　A generalization of Piaget's logical-mathematical model for the stage of formal operations. *Journal of Mathematical Psychology*, **5**, 539-553.
Davidson, P. M.　1988　Piaget's category-theoretic interpretation of cognitive development : A neglected contribution. *Human Development*, **31**, 225-244.
Gamut, L.T.F.　1991　Logic, Language, and Meaning. Vol., II : *Intensional Logic and Logical Grammar*. The University of Chicago Press.
Halford, G. S., & Wilson, W. H.　1980　A category theory approach to cognitive development. *Cognitive Psychology*, **12**, 356-411.
Lakoff, G.　1972　Linguistics and natural logic. In D. Davidson. & G. Harman（Eds.）, *Semantics*

of Natural Language. D. Reidel.
Lawvere, F. W., & Schanuel, S. H. 1997 *Conceptual Mathematics: A First Introductions to Categories*. Cambridge University Press.
Leresche, G. 1976 INRC et groupes de transformations: Des operations logiques. *Revue Européenne des Sciences Sociales*, **14**, 219-241.
Löbner, S. 1984 Quantification as a major module of natural language semantics. In J. A. G Groenendijk & M. B. J. Stokhof (Eds.), *Studies in Discourse Representation and the Generalized Quantifiers*, Foris, Dordrecht.
Löbner, S. 1989 German *Schon – Erst – Noch: An integrated analysis*. Linguistics and Philosophy, **12**, 167-212.
Łukasiewicz, J. 1953 A system of modal logic. *Journal of Computing Systems*, **1**, 111-149, (In L.Borkowski (Ed.)1970, *Jan Lukasiewicz Selected Works*. North-Holland.)
MacLane, S. 1998 *Categories for the Working Mathematician, 2nd Edition*, Springer.
大熊　正　1979　圏論（カテゴリー）槇書店
Piaget, J. 1949 *Traité de logique*. Colin.
Piaget, J. 1950 *The Psychology of Intelligence*. Routlegde & Kegan Paul.
Piaget, J. 1957 *Logic and Psychology*. Basic Books.
Piaget, J. 1987 *Possibility and Necessity. Vol. 1; The Role of Possibility in Cognitive Development. Vol. 2; The Role of Necessity in Cognitive Development*. The University of Minnesota Press.
Pieraut-Le Bonniec. 1980 *The Development of Modal Reasoning: Genesis of Necessity and Possibility Notions*, Academic Press.
園原太郎　1966　行動主義と意識の問題　哲学研究　**43**, 569-585
藪内稔　1989　思考・論理の発達　杉田・島・鳥山（編）教えと育ちの心理学　ミネルヴァ書店
藪内稔　1985　『古今集』とアナロジーの圏論的解釈　学習院大学言語共同研究所紀要
藪内稔　1988　ピアジェのINRC群とファジィ論理　学習院大学文学部研究年報　第35輯
藪内稔　1993　ファジィ心理論　石川昭（編）社会・人文系のためのあいまいとファジィ　オーム社
Yabuuchi, M. 1993 A comparative study on duality of durative adverbials. *The Annual collection of Essays and Studies, Faculty of Letters, Gakushuin University*, Vol. XL.

第6章

理解と思考
学習をとらえる視点から

米澤好史

1. はじめに

(1) Kの会という知的体験

　筆者の専門は認知心理学であり，特に，文章理解などの理解過程，思考・推論過程，知識獲得と知識利用過程，学習指導・学習支援のあり方について研究してきた。さらには，教育的支援・発達支援のあり方についても関心を向けている。筆者とKの会との出会いは，同じ教室の植田千晶先生に誘っていただいたもので，同教室の森下正康先生も参加されていた。そこで，多くの先生，先輩とお会いし，和気藹々かつ真剣な知の体験の醍醐味を味わうことができた。何より，園原先生の愛蔵書を，京都大学文学部に寄贈されるさい（清水御代明先生の研究室に設置），欧文蔵書の目録を作成したことが，強く思い出として残っている。時間的，労力的に大変な作業であったが，先達とともに知の蔵へと探検した思いがあり，また直接お会いする機会のなかった園原先生の知の世界をのぞき見させていただいたような興奮を覚えた。

(2) 研究の原点と現時点

　手元に，一つの文書がある。Kの会で発表した際のレジュメである。1989年

7月22日の日付がある。当時，筆者は和歌山大学に助手として赴任して2年目であった。「文章理解の機構—意味の処理を手がかりとして—」というタイトルの下に，主題として，"意味の処理における，意味の意味"という同語反復的な文が書かれている。これは当時，自分の研究のシンボルとして標榜したものである。理解過程の研究はいろいろな文脈において意味がどんな意味をもっているのかの研究ともいえる。その原点に立ち返って，そこからもう一度，自分の研究を振り返ってみたいと思っている。

　ここにもう一つの文書がある。2002年度，京都大学大学院文学研究科の心理学特殊講義「思考心理学」のシラバスの文言である。「日常生活における"考える"行動の特徴とそれを規定している要因について探究する。教育現場における学習と思考の関係，日常における思考停止現象，概念理解，論理的思考，直観的判断等の研究における理解・記憶・学習・思考の不可分性，相互依存性などについて分析する。さらに，思考力を育成し，生きる力につなげる援助のあり方について，思考の相互作用，思考の評価，思考の場の重要性の観点から言及する」と書いた。随分，肩に力の入ったわかりにくい文章である（そういえば清水先生から，いつも「君の文章は難しい」と間接的にわかりにくさを指摘されたものである）。しかし，この文書は，現地点の筆者自身の研究スタンスを示すものといえる。

　本論では，筆者の研究が，「意味の意味」研究から，「思考・学習・教育」研究へつながってきた流れを概観してみよう。研究の将来の方向性について，新たなる問題意識も提案してみたい。

2. 理解過程という研究視点

(1) 文章理解過程における概念表象

　筆者が本格的に行った最初の研究は，文章理解過程の研究，特に文理解における概念表象の研究であった（米澤, 1987, 1989, 1990）。例示化効果に焦点をあてて，たとえば，「魚は人を襲った」という文理解で，魚という概念語は，より詳細な例示化されたサメという事例情報で理解されているのかを検証した。そして，意味は必ず一般から特殊へ進行する形でのみ処理されるのではないこと，

概念語の機能は事例語への詳細化処理を前提とした単なる未処理の入れ物ではないことを示した。また文章理解時の概念属性の処理についても，属性喚起情報から例示化と似た属性詳細化処理が行われるのではなく，属性語を実際に読んだときに属性喚起情報への関連づけ推論が起こることを示した（米澤・田中, 1993）。道具格推論も読解時に自動的に起こるのではないことを示し，道具格情報と行為語，道具語間の意味的な関連性構造について解明した（米澤・金森, 1990）。これらは，間接照応関係の理解における先行詞と照応詞の知識上の関連性と推論の方向性としてとらえられ，照応関係理解パラダイムとして位置づけられた（米澤, 1992a, 1992b）。たとえば，概念語を先行詞，事例語を照応詞とする連続二文の後文理解時間が先行詞，照応詞とも事例語の場合のそれより遅いこと等（たとえば，「魚は人を襲った。サメは飢えていた。」と「サメは人を襲った。サメは飢えていた。」の比較）から，概念語が事例に例示化されていないことを示した。

(2) 理解過程をとらえることで見えてくるもの

日本心理学会第63回大会ワークショップ「典型性評定値の性質とその利用」で，筆者は，一連の研究を総括して，概念表象の構造には，文脈依存的な典型性があるわけでも，文脈独立的な典型性しかないわけでもなく，概念は文脈適合性的意味構造ももっていることを示したと述べた。概念語は処理可能だが処理されていないという実態を，意味評定と理解時間との比較で明らかにしたといえる。前者が処理可能性を後者が処理実態を反映した測度である。概念には，そこで処理を留保し，一般的な意味で理解し，後続の詳細情報を統合する拠点となる機能，すなわち処理保留機能と意味統合機能があるといえる。概念，カテゴリーという中途半端な存在が必要な理由がそこにある。関連づけの対象として後から処理可能であるために，処理を保留しても何らかの具体的意味をもつ，いろいろな処理を許す存在が概念である。文脈情報に応じてその形を変えるのではなく，いろいろな文脈情報と結合する柔軟性があるのである。また推論の機能について，スキーマ理論に再考を迫る分析を行った。文章理解において，枠組み情報を基に情報詳細化処理を行い，読みの方向と同一方向に働く順向推論（forward inference）だけでなく，関連づけ情報を基に情報統合化処理

を行い，読みの方向と逆方向に働く逆向推論（backward inference）が関与するメカニズムをより明らかにしたといえる。文章理解機構において，順向推論よりむしろ逆向推論が機能していることが多いことを示した。知識利用と推論の方向性の関係はさまざまな認知活動を説明する手かがりとなるのである。

(3) 理解過程研究の方法論的問題

一連の研究のもう一つの大切な視点は，方法論に関するものである。理解過程のメカニズムを研究するためには，理解過程をそのまま測るオンライン法，たとえば，理解時間の測定が肝要であるということである。例示化効果も最初は手がかり再生というオフライン法による手法から主張されたものであった。「魚は人を襲った」という文の手がかり再生は，手がかり語が「サメ」という事例語の方が「魚」というカテゴリー語より再生率がよいという結果から文理解時の例示化を想定したものである（Anderson, et al., 1976）。しかし，道具格推論に関するコーベットとドッシャー（Corbett & Dosher, 1978）の研究によると「釘を打った」という文を再生する際には「金槌」という道具語を手がかり語として呈示した方が再生がよく，また「金槌で釘を打った」という道具語付加文が誤って再認される。しかしこれは，「釘を打った」という文を理解するさいに道具格の「金槌で」を推論したことを意味しない。なぜなら，「石で釘を打った」という文の再生にも「金槌」がよい手がかり語になるからである。手がかり語としての有効性が文理解時の道具格推論の証拠とはならないのである（米澤, 1987 ; 米澤・金森, 1990 参照）。

フォールス・メモリに関する最近の議論（高橋, 2001 参照）もこの観点から見直すと興味深い。心理療法家はトラウマとなる性的虐待などの出来事の記憶が抑圧されているのを心理療法によって回復できるとする。しかし記憶心理学者はこの記憶は実際に起こっていない偽りの記憶であるとした論争である。フォールス・メモリを出現させるパラダイムが DRM と呼ばれるもので，学習時には呈示しないクリティカル語を連想させる語を学習して，再生再認させるとクリティカル語は非呈示にもかかわらず想起されるのである。その理由として，学習時にクリティカル語が潜在活性化するという説，学習時に記銘された逐語的情報と要旨情報のうち前者は早くに忘却され想起時には要旨情報のみに基づ

いて想起するというファジィ痕跡説，記憶の情報源を同定するソース・モニタリングのさいにクリティカル語の外的呈示，内的生成の区別を失敗するとの説などがある。学習が意図的でないかぎり，少なくとも学習時に潜在活性化するという説は，道具格推論での議論から可能性は低いといえる。検索時の手かかりが記憶構成の拠点として使われうるという視点からさらに検討してみるべきだろう。その記憶は，どんな文脈でどういう動機で何を手がかりに想起されようとしたのかという検索状況から，どんな記憶が作られやすいのかを考察する必要がある。現在のDRM法では，検索時の状況が心理療法と合致しているとはいいがたいのではないか。

いずれにしても理解過程を直接測るオンライン法が妥当であるが，欠点としては，処理内容を明確にできない点があげられる。理解時間が長かったとして，処理が多いことはわかっても処理内容まではわからない。この欠点を補うため，米澤（1987）以来，多重方略の重要性を強調してきた。オンライン法に，記憶等のオフライン法を組み合わせ，多角的に処理内容を明らかにしようとするものである。たとえば，「人を襲った魚はサメだ」という文の文検証課題の反応時間を「人を襲った魚はタイだ」という文のそれと比較したり（米澤, 1990），間接照応関係にある文の理解時間を説明できる測度として，先行詞語からの照応詞語の連想予測，先行詞語が既呈示時に照応詞語が呈示された時の関連づけ強度，先行詞語が既呈示時に照応詞語が呈示された時の受入れ確認判断のいずれが説明力が高いかを検討したり，その痕跡を文記憶に求めたりした（米澤, 1992b）。理解過程を特定するには多重方略が不可欠である。

3. 思考と理解の不可分性を示す研究

(1) 問題解決と視点効果

思考，問題解決過程の解明は，ともすれば解法過程に注目しやすいが，実は問題の理解に依存していることを示した筆者の一連の研究がある。米澤（1996b）は，パラドックスの問題解決において，クイズ解決視点群では，非現実的な論理の遊びや頓知的解決を促進し，現実視点群では，門前払い，一事不再理，判断保留などの極めて現実的解決が図られるという問題解決の視点効果

を見出した。理解は視点によって規定され，その範囲で問題解決される傾向があるといえる。

(2) 条件文推理や定言的三段論法を規定する日常的解釈

　日常的思考における非論理性を示す 4 枚カード（Wason, 1968）は，正答率が異常に低い（3.91％）。これは「もし p ならば q である」というような条件命題を含む条件文推理が正しい推理ルールに則って行われないことを意味する。「p」「not-p」「q」「not-q」のカードのうち，「p」と「not-q」を正しく確かめないのである。この理由を，「p」と「q」を選ぶ確証バイアスやマッチングバイアスというような方略に求めたり，現実的文脈や適切な視点等の主題性効果が指摘され，思考の領域固有性の証拠とされた。思考の領域固有性とは，一般的普遍的な形式論理によるものではなく，問題領域に依存してその場に応じた適切な思考が行われるという考えである。しかしまったく抽象的規則を使用しないわけでも，具体的で経験があればいつでも正解するのでもない。実用的推理スキーマ理論（Cheng & Holyoak, 1985）や社会契約論（Cosmides, 1989）等の説明があるが決定的なものはまだない（米澤，2001a 参照）。

　そもそも条件文の解釈が推理を規定している可能性が指摘できる。坂原（1985）は「18 歳以上ならば，成人映画館に入れる」という条件文を読んで，「18 歳以上なら，お金を払わなくても入れるのか」とは誰も思わないと指摘している。日常的条件文の解釈においては，「入場料金を払えば」という暗黙の前提条件は，明示されていなくても当然意識されている。糸井・須賀（1982）の指摘する「切迫状況下のナラバ」もその好例である。強盗に「金を出せ，出さないと撃つぞ」と言われたとき，「出すと撃たない」という裏の言明を含むからこそ，言われた人は，金を出す。金を出したのに殺されると「だまされた」と誰もが思うだろう。しかし，形式論理からは，それは誤った推理になる。4枚カード問題での被験者のさまざまな選択行動は，推理そのものより，具体的な条件文での文脈や知識に依存したさまざまな非論理学的解釈・理解の違いに起因する部分が多いのではないか。因果推論には，代替要因（alternative cause：p 以外に q を引き起こすもの），不能条件（disabling condition：p なのに q を引き起こさないもの）があるとの指摘がある（Fairley *et.al.*, 1999；山, 2001）。米澤（1996a）は，条件文の解釈が，「逆・裏・対偶すべて妥当判断」，

「対偶妥当判断」,「対偶非妥当判断」の三つに分類されることを示している。すべて妥当と判断するのは「only if p then q」「p＝q」の想定，対偶妥当判断は「p⊂q」の想定，対偶非妥当判断は「p⊄q」の想定が主因となる。条件文の理解を規定する要因としては，使用概念の理解が文脈依存的であること，解釈時の限定条件となる暗黙の前提の想定も文脈依存的であること，時間軸上の因果関係等の関与があること，条件文叙述のもっともらしさも文脈依存的に影響することも併せて指摘された。たとえば，「ひざをたたけば音がなる」の逆命題の「音がなればひざをたたいた」では，「音」は「いろんな場合の音」の意味ではなくて，「ひざをたたいたときの音」として文脈依存的に理解される。したがって，真と判断されやすい。しかも時間的因果関係も加味される。文脈依存的な概念理解の好例である。「使うとき使わなくて，使わないとき使うもの何？」というなぞなぞの構造と同じである。答えは「風呂のふた」だが，ここで「使う」の意味は，状況認識によって二通りに解釈しないと答えは出ない。いずれにしても条件文の理解に世界知識が限定的条件を付与する形（暗黙の推論）で関与し，そのことが条件文推理を規定していることが伺える。論理的手続きのエラーというよりも理解表象の違いが「見かけの推理エラー」を引き起こしていると考えるべきであろう。

　米澤（1999）は，定言的三段論法での論理的限量詞の日常的解釈も文脈依存的で，全称命題は控えめに特称的に，特称命題は完全部分集合的に解釈されやすいことを示した。たとえば「みんな悪魔だ」という叙述は，形式論理上は「悪魔でないものはない」ことを意味しているが，日常的には，「自分が知っている範囲のみんなに悪魔的なものを感じた」程度の意味で，悪魔でないものを意識しての発言ではないのである。日常的概念理解は，定義的ではなく，見え方，特徴的コントラストに基づいていて，日常的推理もそうした解釈に依存していることが指摘される。

(3)　直観的判断を規定する日常的解釈

　——リンダは31歳の独身。ものをはっきり言うタイプで，頭がよい。大学では哲学を専攻した。学生として，差別問題や社会正義の問題に強い関心をもっ

ていた。また，反核デモにも参加していた。さて，次の二つの文のうち，どちらがより可能性があるか。
T　　：彼女は現在，銀行の現金出納係である。
T＆F：彼女は現在，銀行の現金出納係であり，女性解放運動に熱心である。

　上記は，トゥベルスキーとカーネマン（Tversky & Kahneman, 1982）による「リンダ問題」である。実に85％がT＆Fの方がTより可能性が高いと答えたのである。T＆Fは連言事象で，確率論的にはTより高確率になることはありえない。人間の知識や経験において，もっともらしい原因は結果の事象と強烈に結びついて因果スキーマ（schema）を形成しており，それを基にリンダのプロフィールから判断が行われたと解釈できる。こうした現象は代表性判断に基づく連言錯誤と呼ばれ，直観的判断の特徴とされている。
　米澤・寺尾（1994）は，T＆Fの可能性を高く判断する理由に「過去の経歴からして，きっと運動に熱心だろう」「積極的な性格だから」というのが多く，逆にTの方を可能性が高いと答えた者も「学生時代に活動家だった者は得てして就職後はおとなしく銀行員しているもんだ」「銀行員は忙しいから社会運動をする余裕などない」という理由が多いことを見出した。Tを選んだからといって，論理的判断をしたとはいえないのである。
　この直観的判断にも，問題理解が影響している。「リンダ問題」において，米澤・寺尾（1995）は，選択肢のTを選択肢T＆Fと背反的解釈すること（「銀行の出納係をしている」を「銀行の出納係で，女性解放運動に熱心でない」と解釈）が，連言錯誤の主要因になっていることを示した。約40％の被験者が誤解釈し，そのうち正解したものはいない。また，問題表現内容をベン図に正しく［P（T）がP（T&F）より大きく］書けても問題に正解しないものが相当数いるのは，この問題を数学的な問題と思わず，日常での知識で解決するためであることを示した。
　一方，寺澤・米澤（1994）は，「リンダ問題」では「銀行の出納係である」ことがプロフィールからみてもっともらしくないことの影響が強いと考え，次のような「リンゴ問題」を作成した。

——Aさんは農園を営んでいる。ある日倉庫を掃除していたら，片隅から作物出荷用の箱が出てきた。その箱は，Aさんが1年前に作物の出荷に用いた箱であった。出荷するのを忘れてしまっていたらしい。箱の中身が作物だとすれば，その作物はおそらく腐っているだろう。さて，次の二つの文のうちどちらがより可能性があるか。
　　a. 箱の中身はリンゴである。
　　b. 箱の中身はリンゴであり，そのリンゴは腐っている。

「リンゴ問題」では，箱の中身がリンゴであることはもっともらしい。しかし，それだけでは正しい判断はできない。a選択率でリンダ問題13％，リンゴ問題8％，選択理由が論理的である真の正解率で双方とも4％である。しかし，「リンダ問題」では「彼女の現在の仕事は，ある人からの情報によれば，銀行の現金出納係であるらしい。」，「リンゴ問題」では，「Aさんの農園はリンゴ農園であり，リンゴ以外の作物は作っていない。」の一文を挿入して，a記述の余事象が小さいことを意識させたり，選択肢の誤解を修正したり，問題モードを数学的問題に設定したりすることで，「リンゴ問題」は真の正解率が70％近くまで上昇したが，「リンダ問題」は17％程度にしか上昇しないという違いがみられた。「リンダ問題」は「銀行員」と「女性解放運動に熱心」という二つの事象が結びつくことの不自然さが日常知識にアクセスすることを喚起し，その理由を説明しようとする説明意欲を促すという問題特性があるといえる。これも問題理解効果といえるだろう。

　さらに，寺尾・米澤(1996)は，「リンダ問題」を未来予想問題にすると，「予測をするなら言い過ぎない方が当たりやすい」と気づいて，見かけ上，連言錯誤がかなり減少することを示した。もちろん論理的な判断をしたのではなく，予測問題として理解したことがその後の解法を規定したのである。問題文の表現そのものの理解(問題理解内容効果)と問題文全体を何の問題として解くか(問題理解モード効果)が，問題解決の正否に強く影響し，問題解決過程を規定していることを示したことになる。

（4） 認知活動と理解

　村上・米澤（2002）は，歌の記憶について研究したが，数年間一度も再生していなくても覚えている不思議と，メロディ等に依存してはいるがそのなかでさまざまな構成的記憶が生じていることを明らかにした。チーら（Chi, *et.al.*, 1981）は，物理の問題を初心者は表面的構造により分類するが（滑車の問題など），熟達者は物理法則により構造分類する（エネルギー保存法則の問題など）と報告している。初心者と熟達者の問題理解表象に違いがあり，問題解決において，その問題をどの観点から受け止めたのかいう問題理解の位置づけが重要なのである。米澤・磯濱（1998）における物理的現象の素朴概念を克服する試みにおいても，理解の視点意識・概念意識・状況操作・思考単位が思考を規定し，それらを意識することが思考の規定性を乗り越えて素朴概念克服につながることを見出している。問題解決は問題理解に依存する面が多い。視点，状況認識，典型的解釈，アクセスされた知識，問題意識のレベル・モードなどが強く思考に関与している。しかし，こうした現象を単に理解依存的思考と呼ぶべきではない。その点を次項で検討しよう。

4. 日常的認知機構の解明

（1） 理解依存性と理解拠点性

　前節でとり上げた思考の理解依存性は限られた情報，処理容量において理解，記憶，思考するシステムを考えると，極めて合理的といえる。しかし，逆に，そうした依存性は，まったく固定的，枠組み的に終始するわけでもない。概念機能の研究でみたように，思考の枠組みやバイアス現象にみられる枠組み的知識と順向推論という知識利用形態に対して，アクセスされる知識としての関連づけ知識と逆向推論という知識利用形態を想定することは，外界という現実世界に理解と思考の拠点を構築するという意味でも大切だといえるのではないか（米澤，1992a）。枠組みとして働いた知識も再度アクセスされることで違った働きが可能である。認知的枠組み効果もアクセス可能性，利用可能性としてとらえ直す必要がある。しかし，これは知識を理解拠点として用いるという意識があって初めて可能になる。その意味で，思考の理解依存性とみられている現象

も，実は理解拠点性といえる。確かに，理解は知識に依存し，思考は理解に依存しているようにみえる。しかし，それは修正不可能なものではなく，理解したものを保留し相対化することでいろいろな解釈や思考を保証するものなのに，それをしないことが思考を理解依存的に短絡化していたのではないか。

　われわれとわれわれの思考を取り巻く世界との関係を考えてみよう。理解依存性は「世界に縛られる」という関係であるとすると，理解拠点性は，「世界に浸る」と意識することである。「世界に浸る」とはそのなかに固定的に縛りつけることではない。邪魔するものがない一面の世界という意味でもない。さまざまな窓口を通して世界を見る，何度も見直すということである。窓口が一つしかなければそこから見える世界は限られている。窓口がないまま世界をぼんやり眺めても，いろいろなものがただ利用できないまま雑然と見えるだけである。適切な窓口を理解の拠点として意識し，その向こうに世界を見ることが大切であり，このように適切な拠点性を意識できると，この窓口という枠組みは依存的，バイアス的にではなく，合理的になるといえるのではないか。こうした理解拠点はいくつも想定され，またそれによってアクセスされる知識もさまざまなものが考えられる。こうしたアクセスされる知識とその拠点の複層的機能を思考機構ととらえ，既存の理解拠点を選定する力，新たに理解拠点を構築する力，理解拠点を意識する力，知識を再構成をする力などを基に，思考機構をきちんと記述することがこれからの筆者の研究目標であると考えている。

(2) 思考停止現象と理解拠点性

　米澤（2002）では，学力低下論（たとえば岡部ら，1999；苅谷ら，2002）の学習過程への無理解を批判し，短絡的に「できる（計算や漢字等）」ことや学習量を学力ととらえて，その意味をわかることを軽視していることを指摘し，その実証的データを提供した。たとえば，分数の割り算はなぜ逆数をかけるか言える学生は実に1.58％にすぎない点を問題視せず，計算力が落ちたことばかり問題にして反復学習を推奨するのは問題であることを指摘した。そして，「反復練習するうちに計算方法の意味もわかってくる」という主張も，メタ認知の観点からみてもデータからも誤りであることを明らかにした。むしろ問題点としてあげられたのは，血液型性格や超常現象を確証バイアス的に信じる思

考停止現象であり，対象によって一貫しない恣意的な判断しかできない点である。たとえば，血液型性格を信じる人の63.4％は迷信・霊を信じ，26.8％は信じないが，血液型性格を信じない人の52.9％も迷信・霊を信じ，35.3％は信じていない。4枚カード問題の一つに正答しても，別の4枚カード問題に正答できるようにはならない，つまり転移が生じず領域固定的であったことと相通じるものがある。血液型性格や迷信等を信じている理由も信じない理由も，感覚的であったり，身近な具体的経験のみを基にして当たっているかを判定するだけで，どちらも非論理的である。科学教育が思考力を育てることを標榜しながら，このような日常的における非論理的思考にまったく関与も修正もできずにきた「閉じた学習」にこそ問題がある（米澤，2001b）。こうした思考停止現象や非論理的思考も情報を統合化する理解拠点のなさが原因ともいえるかもしれない。

(3) 思考の場，学習の場を構築し乗り越える

心理学的なものの見方を育てるために，筆者は心理学の授業において，さまざまな実践をしている。日常経験を理解する視点に気づく経験を大切にするために，体験を分析し発表しあったり，「言葉当てゲーム」や「認知パズル」などで，視点的理解や認知の特徴について実感できるようにしている。また，同一論文をみんなで読み，そのさまざまに違う要約レジュメを分類，比較検討し，さらに深く広く読む力や問題意識を養ったりしている。

思考力を育てるというよりも，思考する現在の状況であるその場をしっかり意識し，その場を越える状況を創造していくことが求められている。そのために，理解拠点の重要性を指摘した。そして，それは，学習遂行力を育てるというより，学習の場を越えて，学習の場を構築していく力を育てることが大切であることを意味している。必要なのは，状況に依存することの意味を再吟味することである。状況をまったく排除すれば学習は成り立たない。しかしいつまでも状況に依存しそのなかで振る舞うことに終始していたのでは，その状況とは違う状況に対応できず思考力は育たない。状況に対して意識しつつそれを乗り越える態度が次の学習につながるのである。そのためには，異なる考え方をする他者を理解することによる自己の再理解，立ち止まって自分を振り返るこ

とが大切になる（米澤, 2001b 参照）。状況を構築し乗り越えるという力は心理学研究にとってもっとも大切なことであり，心理学の学びを通してこそできる学習といえるかもしれない。今，こうして筆者の研究を振り返り，その場を乗り越えようとしている試みをこうして共有していただくことで，読者の方にも，現在の学びの場をさらに学び越えていただけるなら望外の喜びである。

文 献

Anderson, R. C., Pichert, J.M., Goetz, E. T., Schallert, D. L., Stevens, K. V., & Trollip, S. R. 1976 Instantiation of general terms. Journal of Verbal Learning & Verbal Behavior, **15**, 667-679.
Cheng, P. W. & Holyoak, K. J. 1985 Pragmatic reasoning schemas. Cognitive Psychology, **17**, 391-416.
Chi, M. T. H., Feltovich, P. J. & Glaser, R. 1981 Categorization and representation of physics problems by experts and novices. Cognitive Science, **5**, 121-152.
Corbett, A. T. & Dosher, B. A. 1978 Instrument inferences in sentence encoding, Journal of Verbal Learning and Verbal Behavior, **17**, 479-491.
Cosmides, L. 1989 The logic of social exchange: Has natural selection shaped how humans reason? Studies with the Wason selection task. Cognition, **31**（3），187-276.
Fairley, N., Manktelow, K., & Over,D. 1999 Necessity, sufficiency, and perspective effects in causal conditional reasoning. The Quarterly Journal of Experimental Psychology, **52A**（3），771-790.
糸井尚子・須賀哲夫 1982 「4枚カード問題」の問題 サイコロジー, **24**, 68-73.
苅谷剛彦・志水宏吉・清水睦美・諸田裕子 2002 「学力低下」の実態に迫る（上） 論座，6月号，42-58.
村上晴美・米澤好史 2002 日本人の歌の記憶－質問紙を用いたタイトルからの再生－ 認知科学，**9**,（NO2, 230-243.）.
岡部恒治・戸瀬信之・西村和雄 1999 分数ができない大学生 東洋経済新報社
坂原茂 1985 日常言語の推論（認知科学選書2）東京大学出版会
高橋雅延 2001 フォールス・メモリ研究の最前線 基礎心理学研究，**20**, 159-163.
寺尾敦・米澤好史 1994 連言錯誤が起こるとき－リンダ問題とリンゴ問題の比較－ 日本教育心理学会第36回総会発表論文集，421.
寺尾敦・米澤好史 1996 連言錯誤の生起率を規定する要因の検討－比較すべき確率はすりかえられたのか－ 日本教育心理学会第38回総会発表論文集，464.
Trevsky, A & Kahneman, D. 1982 Judgments of and by representativeness. In D. Kahneman, P. slovic & A. Tversky（Eds.）*Judgment under uncertainty : Heuristics and biases*. Cambridge Uuiversity Press.
山 祐嗣 2001 直説法的 Wason 選択課題における因果性視点効果 日本心理学会第65回大会発表論文集，455.
米澤好史 1987 文章理解における概念表象 心理学評論，**30**, 311-331.
米澤好史 1989 文章理解において例示化は生じるか 心理学研究，**60**, 275-2 82.

米澤好史　1990　例示情報がカテゴリー・事例間関連付けに及ぼす効果　心理学研究, **61**, 87-93.
米澤好史　1992a　世界知識における近接性に基づくスキーマ構造　和歌山大学教育学部紀要（教育科学）, **41**, 115-147.
米澤好史　1992b　連続二文の理解における情報統合過程－間接照応関係を理解するメカニズム－　ディスコースプロセス研究, **3**, 72-77.
米澤好史　1996a　条件文推理を規定する条件文の文脈依存的理解　和歌山大学教育学部紀要（教育科学）, **46**, 89-105.
米澤好史　1996b　学習指導に認知心理学を生かす（3）－現実感と視点－　和歌山大学教育学部教育実践研究指導センター紀要, **6**, 77-87.
米澤好史　1999　論理的限量詞を含む命題表現の日常的解釈－定言的三段論法の演繹的推理を規定するもの－　和歌山大学教育学部紀要（教育科学）, **49**, 11-25.
米澤好史　2001a　思考　米谷淳・米澤好史（編著）行動科学への招待－現代心理学のアプローチ－　福村出版　pp.192-207.
米澤好史　2001b　生きる力を育てる子育て環境と学習環境の構築　和歌山大学教育学部教育実践研究指導センター紀要, **11**, 101-110.
米澤好史　2002　論理的思考力と非科学的信念の連関－学力低下論を批判する－和歌山大学教育学部教育実践研究指導センター紀要, **12**, 75-88.
米澤好史・磯濱彰子　1998　物理現象に関する素朴概念の強固さの分析　和歌山大学教育学部紀要（教育科学）, **48**, 31-44.
米澤好史・金森由希子　1990　文記憶における推論処理の機構－道具格推論・因果関係推論情報の記憶混入現象について－　和歌山大学教育学部紀要（教育科学）, **39**, 51-67.
米澤好史・田中靖和　1993　文章理解における概念属性の処理と推論機構　和歌山大学教育学部紀要（教育科学）, **43**, 69-93.
米澤好史・寺尾敦　1994　連言錯誤はなぜ起こるのか－代表性判断の働く推論過程の考察－　日本心理学会第58回大会発表論文集, 865.
米澤好史・寺尾敦　1995　問題理解と連言錯誤の生起との関係について－日常的・数学的思考と問題特性－　日本教育心理学会第37回総会発表論文集, 212.
Wason, P. C. 1968 Reasoning about a rule. Quarterly Journal of Experimental Psychology, **20**, 273-281.

第7章

動物ばんざい
比較認知科学のすすめ

藤田和生

1. はじめに

　先日，とある住宅展示場を冷やかしでのぞいてみた。フラッと入った家の玄関でおじさんがこっちを見ている。無視して上がり込み，左右に眼をやっていると，いきなり，「学校の先生ですか」と聞かれてしまった。どうもサラリーマンには見えなかったらしい。「どこの学校ですか？」と聞くので，「いや私は大学でして……」と答えると，「へえ，ご専門は？」としつこく聞いてくる。そういうところから入るのが，向こうにしてみれば戦術なのだろうから仕方がない。うっとうしいなあと思いながらも，「心理学です」というと，「へえ，心理学ですか」とびっくりしたようにいう（心理学者には見えなかったということか）。「ええ，でも私は動物の心を研究しているんです」とさらに付け加えると，「えーっ，動物の心理学ですか？　わけがわかりまへんなあ……」。

　買う気がないのはまるわかりとはいえ，なんて失礼なおっさん。でも，これはごく普通の反応かもしれない。まず心理学という言葉の意味するものが，世間一般と学問の世界ではまるで違う。心理学概論を教えるときには，この誤解を解くことから始めなければならないし，うちの文学部の心理学の講義を希望する聴講生たちも，ほとんどは世間でいう心理学を期待して試験を受けにくる。

夢判断や性格判断，相性判断の心理テストのたぐいをイメージすれば，動物を対象にそんなことをやってるのは，よっぽどのヒマ人か変人だと思っても仕方あるまい。

　世間の人はまあ我慢しよう。しかし，学問としての心理学を生業としている人たちの間でも，「動物心理学」は本来の心理学から 2SD か 3SD はずれたところにある小領域だと考えられているようだ。私にしてみれば，これはとても悲しむべきことであり，心理学の健全な発展を阻害する偏見なのである。

　一つ考えてみてほしい。ヒトの行動を決定する最大の要因は何だろうか。すぐに答えるのは難しいかもしれない。実際，この質問を講義などで学生に問いかけると，みんな考え込んでしまって，なかなか答えが返ってこない。しばらくたつと，「過去の経験じゃないですか」「現在の環境だと思います」「願望や欲求です」「動機づけだと思います」などといった答えが返ってくる。もちろんどれも大切な要因だ。ある意味ではどれも正しい。しかし，みんなもっと大切な要因を忘れている。それは，ヒトの行動を決定する多様なパラメータの中の「種」の値が「ヒト」に設定されていることである。つまり，

　　ヒトの行動 = $f\;(X_1, X_2, \ldots\ldots, Homo\;sapiens, \cdots, X_n)$

となっていることなのである。心理学者は，独立変数と呼ばれるこれらのパラメータの値を操作して，従属変数と呼ばれる行動の変化を調べ，そのパラメータの効果を同定する作業をしている。しかし，当然のことながら，パラメータ X_i の効果と X_j の効果は独立とは限らない。分散分析でいえば，交互作用があるかもしれないのである。だからこそ，同時に複数の変数を「要因計画」と称して系統的に変化させて実験するわけだ。ところが，ほとんどの心理学者は，「種」パラメータを変えようとはしない。あらゆるパラメータの効果は「種」パラメータの値と交互作用をもつ可能性がある。こういった交互作用は，「種」の値をヒト以外に変えてみるまでわからない。「種」パラメータを変えない限り，このパラメータの主効果だけではなく，それと交互作用するあらゆる要因の効果は同定できないのである。

　「種」パラメータとの交互作用などわからなくてもよい，と開き直る人もいるかもしれない。そうだろうか。行動は常に変化する。経験により短期的にも

変化するし，発達過程を通じて長期的にも変化する。さらには地球的時間のなかで進化的にも変化してきたはずである。したがって，行動を説明する科学的モデルや理論は，これらの発生過程をも説明できるものであるべきである。私はこれを「発生的妥当性」と呼んでいる。心理学が必要としているのは，発生的妥当性をもったモデルや理論なのではないだろうか。それらの構築のためには，「発生段階」のパラメータを変えるしかない。発達心理学者や学習心理学者は，「発生的妥当性」を明瞭に認識しているか否かは別にして，みなそういう作業をしている。進化的時間において発生段階にあたるものは，「種」パラメータなのである。本来この「種」は，過去に存在した種であるべきだが，タイムマシンが発明されない限り，残念ながら現時点では現生の種をそれに当てはめることが唯一の解決策である。

たぶん心理学の究極の目的は，行動の分析を通じて「ヒトとはどのような存在か」に対する客観的な答えを提供することにあると思う。単純に考えても，ヒトだけを分析することから十分な答えが得られるとは思えない。WindowsはどんなOSですか，どんな特徴があるのですか，という問いに対する答えは，MacOSやLinuxなどの他のOSと比較しなければ見つからない。同様にヒトはどんな存在ですか，どんな特徴があるのですか，という問いには，ヒトをヒト以外の動物と比較しなければ答えられない。

このように考えれば，心理学において「種」をヒト以外に設定することの重要さと意義は自明であろう。ヒト以外の動物の研究は，心理学において，2SDや3SD離れた場所ではなく，もっと中核に位置づけられるべきものだと思う。

昔の動物心理学を知っている先生方は，「ネズミにレバーを押させて，ヒトの何がわかるのか？」と詰問するかもしれない。確かに，どこの心理学研究室にも「動物心理学」の実験室が珍しくなかった行動主義全盛の時代には，ヒトにも通じる学習の普遍的原理を求めて，動物の訓練を行うのが当たり前だった。しかし一方で認知革命が起こり，他方で学習には種特異的な生物学的制約が常に存在することが明らかになった時点では，すでにそのような研究は，その意義の多くを失ってしまったのである。現在でも同様の方向性をもった研究を続けている研究者もいる。しかしながら，現代の動物心理学は，行動主義の時代に蓄積した行動訓練の技術と，認知科学の知見や考え方や手法を融合させて，

比較認知科学あるいは比較認知論などと呼ばれるまったく新しい学問へと発展したのである。

私は，比較認知科学を，「ヒトを含めた種々の動物の認知機能を分析し比較することにより，認知機能の系統発生を明らかにしようとする行動科学」と定義している（藤田, 1998）。過去10年ないし20年ほどの間に，この領域の研究は飛躍的に発展し，ヒト以外の動物が，従来考えられていた以上に優れた，かつ多様な知性をもっていることが明らかにされてきた。これはヒトとヒト以外の動物を峻別する西洋的生命観に，一大転回を迫るものとなっている。以下では，最近のいくつかのトピック，特に内省や読心に関わるような研究を簡単に紹介し，動物たちの豊かな心を実感してもらいたいと思う。なお，筆者の最近の研究については，哲学研究に掲載予定の別稿をお読みいただければ幸いである（藤田, 2002, 印刷中）。

2. メタ記憶

喉元まで出かかっているのに出てこない，というのはよく経験することである。いわゆるど忘れ，などというものは，中年になれば日常的に起こる。これらはいずれもわれわれヒトが，自身が答えを知っていることを知っているから生じる現象である。このような記憶に関する記憶のことをメタ記憶，より一般に認知に関する認知のことをメタ認知と呼んでいる。

こういったメタ記憶は自身の記憶を意識的に探索しようとする内省的活動の現れである。ヒト以外の動物にはこのような働きはあるのだろうか。

つい最近になって，ハンプトン（Hampton, 2001）は，アカゲザルが自身の記憶状態をモニターできることを証明した。

すでに見本あわせ課題に習熟した2頭のアカゲザルが実験に参加した。この実験では，カラー図形パターンを用いた変形版遅延見本あわせが訓練された（図1参照）。刺激は毎日新奇な4種類が使われる。

まず，タッチパネル付きのコンピュータディスプレイ中央に見本刺激が提示される。サルがそれに3回触れると見本は消え，遅延時間後に，2/3の試行では二つのカラー図形が左右に提示される。サルが左の図形に触れると，二つ

2. メタ記憶　93

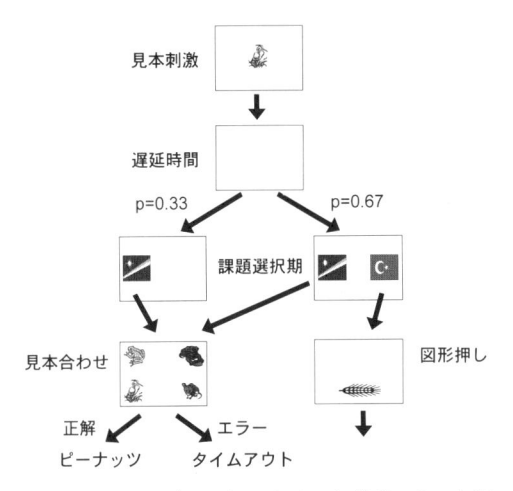

図1. Hampton (2001) によるアカゲザルのメタ記憶を調べる実験の課題。
(原著をもとに描く。刺激図形は毎試行異なる。)

の図形は消え，そのかわりに記憶テストとしてディスプレイの四隅に4種類のカラー図形が提示される。サルはその中から最初に見た見本図形と同じ図形に触れることで，大好きなピーナツを手に入れることができた。間違えると15秒間のタイムアウトが与えられた。

遅延時間後に提示される上記二つのカラー図形のうち，右側の図形に触れると，二つの図形は消え，画面下部にムギの穂の形をした図形が提示された。ここでは難しいことは何もない。サルはムギ図形に触れるだけでごほうびを手に入れることができる。ただし，もらえるのは，あまり好きではない固形飼料である。

残る1／3の試行では遅延時間後に左側の図形だけが提示され，サルは強制的に記憶テストへと入れられた。

自由選択場面と強制記憶テストとはでたらめな順に出現する。もしサルが自身の記憶の強さをモニターできるのであれば，自由選択場面では記憶が確かなときだけ記憶テストを選ぶだろうから，自由選択場面における記憶テストの成績は強制記憶テストに比べて良くなるだろうと考えられる。

実験1では遅延時間が固定され（サル1：34秒，サル2：38秒），自由選択場

面と強制選択場面の正答率が比較された。2頭のサルの正答率は強制選択場面ではおよそ70％程度だったが，自由選択場面では80～85％であり，いずれも自由選択場面の方で有意に高い正答率を示したのである。自由選択場面で記憶テストを回避した割合は，サル1では51％，サル2では36％だった。これらから，サルが記憶テストを回避した試行で，もし記憶テストを行っていたとしたら予想される正答率は，サル1では58％，サル2では47％程度と計算される。これはかなり低い。したがってサルは，記憶テストを受けるかどうか選択を求められたとき，自身の記憶の確かさをもとに選択をしていたのではないかと思われる。

　しかし，サルの選択は，たとえば外部ノイズや自身のグルーミング，動機づけの変化などの記憶以外の要因によって生じたものである可能性も捨てきれない。そこで第2実験で，Hampton は，見本が提示されないプローブ試行を通常の試行の中に混ぜてテストした。もし記憶の強さに基づいてサルが課題を選択しているのであれば，このような記憶痕跡が存在しない試行ではテストを回避するだろうが，それ以外の要因であれば，通常の試行と選択率は変わらないはずである。このテスト中，サル1は見本あり試行では54％の割合で記憶テストを回避したが，見本なし試行では回避率は100％だった。サル2の回避率は見本あり試行で19％と低くなったが，見本なし試行では60％だった。つまりサルは，記憶痕跡が存在しないときには，確かに高い割合で記憶テストを回避したのである。

　第3実験では，遅延の長さを15秒から200秒（サル1）あるいは240秒（サル2）の間の5種類にしてテストした。遅延が長ければ記憶痕跡は薄れるだろうから，これを手がかりにして選択をしているのなら，遅延時間が長いほど記憶テスト回避率は高くなるだろう。実験の結果，サル1，サル2とも，そのような傾向を見せた。特にサル1では最長遅延時の記憶テスト回避率は100％だった。このサルでは，記憶テストを選択したときの正答率が強制選択の時に比べると高く，50秒以上の遅延では，その差は20～30％に達した。サル2では，回避率の上昇はゆるやかで，正答率の差もわずかなものであったが，傾向はサル1と同じだった。

　これらの実験の結果は，アカゲザルが自身の記憶痕跡の確かさをモニターす

ることができることを明らかに示している。メタ記憶はヒトだけの特徴ではないのである。Inman & Shettleworth (1999) は，ハトを用いて同様の実験を行っている。この実験でも，記憶テスト中に課題の選択をさせる——つまり比較刺激提示期に，テストの回避を許可する刺激が同時に提示されている——と，サルと同様に記憶テストを選択した場合の正答率は強制記憶テストよりも高くなった。しかし，記憶テスト前に選択をさせると，ハトの成績は選択の如何にかかわらず変化がなくなった。したがって，ハトがメタ記憶をもつということは例証されなかった。これが霊長類と鳥類の一般的な違いなのかどうかについては，今後の検討が必要である。

3. エピソード記憶

　ヒトの記憶は手続き的記憶と宣言的記憶に分けられている。手続き的記憶は自転車の乗り方，車の運転のように，主に動作的な技能の記憶である。宣言的記憶は，言語を用いてその記憶の内容を記述することができるものであり，意味記憶とエピソード記憶に分けられている。意味記憶は，ヒトはサルの仲間であるとか，車はガソリンで動く，などといった一般的な知識である。それに対しエピソード記憶とは，過去のある時点の出来事に関する個別の記憶であり，いつ，どこで，何が起きたかを，セットにして記憶しているものであり，これを引き出すには，意識的な記憶の引き出し操作が必要と考えられている。

　Clayton & Dickinson (1998) は，カラスの仲間であるアメリカカケスが，エピソード記憶的な記憶をもつことを示した。

　アメリカカケスは貯食をする鳥である。貯食をする鳥類には，単純な記憶保持時間や記憶量に関していうとヒトをはるかに凌駕するものもいる。たとえば北アメリカに住むハイイロホシガラスは，初秋に最大3万個ものマツの実を，地面に掘った6000−8000カ所もの隠し場所に貯蔵し，次の年の初夏まで，それを掘り出して食べるのである。貯食鳥類の行動は，記憶や認知に関するヒトの一般的優越性に疑問を投げかける格好の材料を提供している。

　Clayton らは，冷蔵庫の製氷皿に種々のレゴブロックを貼り付けたトレイを複数個用意した。製氷皿に砂を入れ，まず予備訓練として，アメリカカケスに，

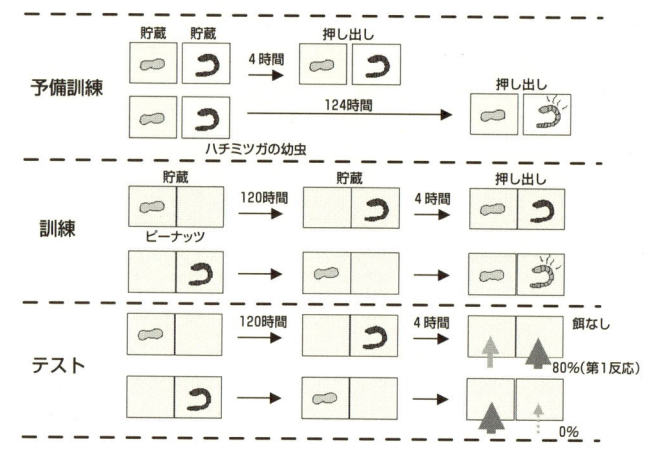

図2. Clayton & Dickinson（1998）によるアメリカカケスのエピソード記憶的な記憶を調べる実験の課題（品質劣化群）。
（原著をもとに描く。）

1つのトレイにはピーナッツを，他方のトレイにはハチミツガの幼虫を隠させ，4時間後，あるいは124時間後に取り出させた。4時間後であれば，両方とも問題なく食べられる。しかし124時間後では，ピーナッツは食べられても，幼虫の方は腐ってしまい，食べられなくなる。このことを教え込んでおく（「品質劣化」群：図2参照）。

次に，1つのトレイを左右に仕切り，片方にはフタをして，空いている方にピーナッツあるいは幼虫を隠させ，120時間後にフタの位置を逆にして，最初に隠さなかった方のエサを隠させる。そして4時間後に取り出させた。先にピーナッツを隠した場合はどちらのエサもおいしく食べられる。しかし，幼虫を先に隠した場合には，幼虫は腐り，ピーナッツしか食べられない。この訓練をそれぞれ一度だけ行う。

そしてテストに入る。テストでは，直前の条件とまったく同じように，一方にフタをして幼虫とピーナッツを順次隠させるが，隠した直後にエサは回収しておく。つまり取り出させるときには，エサはそこにはないので，腐敗臭といった手がかりを使うことはできない。

カケスが最初の探索行動をどちらに向けるかを調べると，ピーナッツ→幼虫，

の順に隠した場合には，80％の個体は幼虫が入っているはずの隠し場所を探った。幼虫の方が好きなのである。ところが，幼虫→ピーナッツ，の順に隠した場合には，すべての個体がピーナッツの隠された方の場所を探索したのである。つまり，アメリカカケスは，いつ，どこに，何を隠したのかをセットにして記憶しているように思われた。

　しかし，腐りやすいものはいつまでも憶えていても意味がない。むしろ早く忘れてしまった方が記憶負荷が小さく適応的とも考えられる。ひょっとするとカケスは，幼虫を早く忘れるように遺伝的に仕組まれているかもしれない。

　これを確かめるためにClaytonらは，統制条件として，「新品交換」群を設けた。予備訓練で，取り出す直前に新品の幼虫と交換して，虫が腐ることを経験させないようにしたのである。訓練とテストの方法はまったく同じである。するとテストにおいて，この群のカケスは，隠した順序とは無関係に，常に幼虫の方に最初の探索を向けたのである。つまり，幼虫は早く忘れ去るように遺伝的に組み込まれているわけではない。

　第3の群には，幼虫が腐ることを学習させるのではなく，時間が経つと虫は盗難その他の理由で消失することを学習させた（「盗難逸失」群）。予備訓練において，124時間後に取り出させるときにだけ，幼虫は除去されたのである。訓練においても，同様に幼虫→ピーナッツの順に隠させたときには，取り出すとき幼虫を除去した。その後テストが行われた。

　するとこの群では，ピーナッツ→幼虫の順で隠したときには100％，幼虫→ピーナッツの順で隠したときにも71％の割合で，幼虫を探索に行ったのである。つまり，腐って食べられない場合以外には，盗まれずに残っている可能性に賭けて，幼虫を取り出しにいったのである。

　これらの事実を総合すると，アメリカカケスは，いつ，どこに，何を隠したのかを記憶しているということが強く示唆される。

　もっとも，これが自身の経験した行動エピソードを取り出したものであると考えてよいかどうかは少し問題があるかもしれない。いつ，どこに，何を，という情報は，いずれも外部環境に関する記憶とも考えられる。

　最近Zentallらは，ハトが自身の行動を必要に応じて思い出すことができることを示す実験を行っている（Zentall *et al.*, 2001）。

実験箱内に三つのキーがある。第1フェーズでは，一種の象徴見本あわせが訓練された。まず中央のキーに縦じまか横じまの模様が提示された。縦じまの場合には，刺激が提示されてから4秒経過後の最初の反応があった時点で次の場面に進む（固定間隔［FI］4秒）。一方横じまが提示されたときには，4秒間何も反応しなければ次の場面に進んだ（他反応分化強化［DRO］4秒）。次の場面に進むと中央の刺激は消え，両端のキーに赤あるいは緑の色光が提示される。中央の刺激が縦じまであったとき（つまりハトがキーをつついたとき）には一方の色のキー，横じまであったとき（つまりキーをつつかなかったとき）には他方の色のキーを1回つつくと，ハトは報酬を手に入れることができた。ハトにより，色の設定は異なる。

十分な訓練後，次のフェーズに入る。第2フェーズでは，中央のキーに黄色あるいは青色の色光が4秒間提示された。黄色の場合には4秒経過後，自動的に報酬が提示された。青色の場合には，刺激は単に消えるだけである。キーをつつくことは別に要求されていない。しかしこのようにすると，ハトは自動的に黄色の色光だけをつつくようになる（弁別的自動反応形成）。

ハトが黄色の色光をつつくようになった段階で，テストとして，中央キーの色光が消えた後，いきなり両端のキーに赤と緑の色光が提示された。するとハトは，最初の試行から，70％近くの割合で，黄色が提示された後には，第1フェーズで縦じまのあとにつついた方の色光，青色が提示された後には，横じまの後につついた方の色光をつついたのである。縦じまと黄色，横じまと青色の間に，何か刺激属性で共通するものはない。あるのは前2者はいずれもハトがつついた刺激，後2者はつつかなかった刺激だということだけである。つまり，ハトは，赤と緑が提示されたときに，直前に自身がキーをつついたか否かを思い出して選択をしていたと思われるのである。

第3フェーズでは，中央キーに白色光を提示する場合と，何も提示しない場合を比較している。ハトは白色光には反応するが，刺激が提示されなければ反応しない。これを確認した後，フェーズ2と同じように，いきなり両端のキーに赤と緑の色光が提示された。するとハトは，70％以上の割合で，やはり最初から白色光の後には縦じまに対応した色のキー，無刺激の後には横じまに対応した色のキーをつついたのである。

第2フェーズと第3フェーズでは，ハトは色選択テストをするとは教えられていない。すなわちハトは，突然与えられた色選択テストで，いかに選択すべきかを，自身の直前の行動を思い出して決定していたと考えられる。つまり，時間経過は短いものの，ハトが自身の行動に関する記憶をもちうるのだということを，この実験は示している。

　水族館のショーなどでおなじみのハンドウイルカも，自身の行動をより長時間経過後に回顧できることが示されている。ハワイ大学のイルカは，種々の手旗信号のようなサインの組み合わせに従って，多様な動作を行う訓練を受けている。たとえば，ボールを浮き輪の下にもぐらせろ，というような命令を見ると，イルカはその動作を行うのである。Mercadoら（1998）は，HiapoとEleleという2頭のイルカに二つの新しいサインを独立に教えた。一つは，直前に行った行動を反復しろ，という命令である。もう一つは，最近行っていない行動を実行しろ，という命令である。

　これらの命令に従うことを訓練した後，この二つの命令を，2試行連続して与えた。つまり「最近行っていない行動」を要求した次の試行で，「反復しろ」という命令を出したのである。この場合，「最近行っていない行動」を要求するサインは何も特定の行動を示すものではないから，イルカは次の「反復しろ」の命令を実行するとき，一つ前の試行の命令サインを思い出して実行するわけにはいかない。イルカは自身が自発的に行った行動を思い出して，反復するしかないのである。

　四つの行動を使った実験の結果，Eleleは14試行中11試行（79％），Hiapoは16試行中8試行で，自身が選んだ最近行っていない行動を反復することができた。さらにEleleは，連続する「反復」命令にも，16試行全部正しく従うことができた。イルカは自身が前の試行で自発的に行った行動を思い出して，それを繰り返していたと考えられる。

　もっとも，われわれが通常問題にするエピソード記憶は，はるかに長期的に保持されたものなので，このような短期的なエピソード記憶的記憶をヒトのエピソード記憶と同列に論じていいのかどうかには疑問はある。しかしながら，上記のアメリカカケスの実験は，鳥がエピソード記憶に必要な，いつ，何を，どこに，という要素を組み合わせて長期的に記憶でき，ハトの実験やイルカの

実験は，短期的なものであれば，動物が自身の行動を内省的に回顧することができることを示している。

ヒトとまったく同じようなエピソード記憶はいまだヒト以外の動物では例証されていないが，上記の諸事実は，彼らもそれをもつ可能性を強く示唆している。

4. 自身の経験の他者への応用

われわれは，自身が経験したことから，他個体も同じように行動するだろうということを推理することができる。たとえば，夜間こっそりと開いている裏口から建物に入れることを知ると，この裏口を知っている人間は，自分と同じように裏口から建物に入るだろうと推理することができる。

Emery & Clayton（2001）は，アメリカカケスがそのような推理を行えることを示している。

野外観察によれば，ワタリガラスやヨーロッパカケス，アメリカカケスなどの貯食性のカラス科の鳥は，同種の他個体のいるところでエサを貯蔵した場合には，見物人がいなくなった後に，しばしばエサを隠し直すことが知られている。おそらくこれは，他個体に盗まれないための行動であろうと考えられる。

Emery らは，まず他個体がエサを隠しているのを見たことがあり，かつ他個体の隠したエサを盗み出した経験をもつアメリカカケス 7 羽に，前出のレゴつき製氷皿にガの幼虫を 50 匹隠させた。その際に，隣のケージに他個体がいて，窓からこちらの様子が見える場合と，タオルで覆って見えないようにした場合との 2 条件を設けた。3 時間後に取り出しセッションが与えられるが，このときには新しいレゴつき製氷皿が一緒にケージのなかに入れられた。

カケスは，他者に見られていない条件で隠したときには，ほとんど隠し直すことはなかったが，見られていた場合には，新しいトレイへの隠し直し行動が多く生じたのである。

ひょっとすると，カケスは，見られていたらそのあと隠し直すという一般的な傾向があるだけかもしれない。そこで第 2 実験で Emery らは，同じ 7 羽の鳥に 2 回続けてエサを隠させることにした。うち一度は他個体に見られている条

件，もう一度は他個体に見られていない条件である。二度のエサ隠しに使われるトレイは区別がつくように異なったレゴが貼り付けられている。3時間後の取り出しセッションではこれら2つのトレイの他に第3の新しいトレイがケージ内に入れられた。

その結果，カケスは，見られていない時のトレイよりも，見られていた時のトレイから，より多くのエサを取り出した。また，見られていないトレイから取り出したエサよりも，見られていたトレイから取り出したエサの方を，多く隠し直した。さらに，見られていたトレイから取りだした餌を隠し直す場所は，新しいトレイと見られていないトレイの間で差が見られなかった。つまり，カケスは見られていたかどうかを憶えているだけではなく，見られていたトレイをも憶えていたのである。見られた後はともかく隠し直すという，単純な方法をとっているのではなかったのである。

第3実験では，他個体のエサを盗んだ経験をもたない7羽のカケスを，実験1と同じ方法でテストをした。すると，これらの鳥では，見られていた場合とそうでない場合の間で，まったく行動の違いは見られなかった。つまり，見られていた場合に隠し直しをするためには，自身が他者のエサを盗むという経験をしていることが必要だったように思われる。自身の経験から他者のとりうる行動を予測しているように思われた

これをさらに確かめるために，最後の実験で，他個体が隠すのは見たことがないが，他個体が隠している音を聞いたことはあり，盗みを働いたことがある鳥7羽をテストした。すると，この7羽は，最初の実験と同じように隠し直しをしたのである。つまり，隠し直しをするのには，他個体が隠しているのを見る経験は不要だが，自身が他個体のエサを盗むという経験が必要なのである。

自身の経験を他個体に当てはめてその行動や知識を推測し，自身の行動を調整するという高度な知性が，アメリカカケスには備わっているように思われる。

5. 欺き行動

他人の研究を紹介するばかりなのも気が引けるので，最後にわれわれの研究室で最近行われた研究に少し触れておきたい。

われわれは，しばしば他個体に対して情報を隠蔽したり，誤った情報を与えたりすることにより，他者を操作する。よく感情をすぐ表に出す人をつかまえて，あの人は社会的訓練ができていない，などと非難するが，よく考えれば，これは欺き行動である。われわれは社会的訓練と称して，他者を欺く術を身につける。ヒトの社会的交渉では，欺き行動はそれほどに日常茶飯事である。

欺き行動は，霊長類を中心としてさまざまな動物種でエピソード的な報告がなされている。たとえば，いじめられたかのように装って母親に他個体を追い払ってもらい，食物を奪ったヒヒの事例，チンパンジーの子どもが何か恐いものを見たかのように悲鳴を上げて母親に抱き上げてもらった事例，エサがあるのにそ知らぬふりをする個体のそばを何食わぬ顔で通り過ぎたあと，その個体を監視し，安心して食べ始めたところにやってきてエサを奪ってしまったチンパンジーの事例など，枚挙にいとまがないほどである。これらについては，Byrne（1995）の本，あるいは Byrne & Whiten（1988），Whiten & Byrne（1997）の本を参照していただきたい。

しかしこれらはあくまでエピソードであって，観察者の見落としや過剰解釈の危険性を完全に否定するわけにはいかない。実験室において，よく統制された環境で欺き行動を分析することも必要である。

そこでわれわれは，フサオマキザルが2頭で対面し，エサをめぐって対立する場面を実験的に設定し，サル間で生じる自発的な欺き行動を分析した（Fujita, *et al*., 2002）（図3参照）。

優位個体，劣位個体の2頭のサルをケージに入れて対面させ，中央のテーブル上に二つのエサ箱を置く。エサ箱には仕掛けがあって，劣位個体からは中が見え，かつフタを開けることができる。優位個体からは中が見えず，フタを開けることもできない。まず2頭の間に仕切りを2枚入れる。優位個体の側には不透明の仕切り，劣位個体の側には透明の仕切りを入れる。実験者が，優位個体にわからないようにしながら二つのエサ箱の一方にエサを入れる。その直後，優位個体側の仕切り板を取り外す。約5秒後，劣位個体側の透明の仕切り板を取り外した。

劣位個体からはエサが見え，箱の操作もできるので，素直にエサの入った箱を開けに行ってもよい。しかし，優位個体にはフタの開いたエサ箱をまさぐっ

てエサを手に入れる訓練を行っているので，箱が開けられた瞬間，優位個体はエサを強奪に行くことができる。劣位個体は，その危険を回避するために，空のエサ箱を先に空け，優位個体の注意をそらしておいたうえで，エサの入った箱を開けるという戦術をとることができる。これを逆開けと呼ぶことにする。

図3. Fujita, Kuroshima, & Masuda (2002) によるフサオマキザルの自発的欺き行動を調べる実験の様子。右側の劣位個体 (Theta) が箱を開けているところ。左側は優位個体 (Heiji)。

　Heijiというオスが優位個体，残る4頭のサル（Zilla：♀，Kiki：♀，Theta：♀，Pigmon：♂）が劣位個体の役割をした。ZillaとKikiは，試行を繰り返してもほとんど，あるいはまったく逆開け戦術をとらなかった。しかし，ThetaとPigmonは，数十試行のうち，10％以上の試行で逆開けをするようになった。

　ThetaとPigmonは，Heijiを欺いていたのだろうか。より単純な解釈の一つは，Heijiが向かい側にいることによって，確実に手に入っていたエサがときどき奪われてしまうようになったため，反応が不安定になったというものである。

　これを確かめるため，エサ箱にさらに仕掛けを施し，実験者の設定次第では，フタを開けた瞬間にエサが自動的に落下するようにした。このエサ箱を置き，向かいにHeijiを入れずに，Heijiがいたとしたらエサが強奪される試行の割合に合わせて，時々エサが自動落下するようにした。エサを手に入れられる割合の減少が逆開けの原因であれば，この場合にも逆開けは同じように生じるはずである。しかし，実験の結果，このような条件では2頭のサルはほとんど逆開けをしなかった。

　最後にHeijiを向かい側に入れて再び対戦場面に入れた。すると，Thetaの

逆開けは復活したが，Pigmon はまったく逆開けをしなくなった。

　これらの結果から，Theta は Heiji を欺いていたと解釈することも可能である。しかし，慎重にビデオを観察すると，そうとも言い切れないことがわかった。逆開けが有効な欺き行動であるためには，サルは逆開けをしたあと，急いでエサ入りの箱を開けるという行動に出るべきである。しかし，Theta の行動は必ずしもそうではなく，Heiji がエサを強奪するのを呆然と見ていることも多かった。また逆開けによって，エサの獲得率が上昇するということも見られなかった。

　一方，最後のステージでまったく逆開けをしなくなった Pigmon は，別の戦術をとっていた可能性があることがビデオ解析からわかった。Heiji の仕切りが取り去られてから自身の仕切りが取り去られるまでの 5 秒間の Pigmon のケージ内での滞在場所を見ると，Pigmon はエサの入った箱とは反対側に滞在していることが多かったのである。実験に使われたサルは，ホームケージでは全個体集団で飼育されている。Pigmon はホームケージ内での報復を恐れて，よりマイルドな欺き行動をとろうとしていた可能性もある。

　これらの結果は，フサオマキザルが他者を自発的に欺く可能性を示している。データは少しばかり曖昧であるが，とくに欺き行動を訓練しなくとも，それに近い行動をとるよう，サルは自発的に行動を調整する力をもっていることは確かである。

　欺き行動が生じるためには，相手が何を知っているかを認識していなければならない。相手が真実を知っているのに虚偽の情報を与えてだまそうとしても，それは無駄である。ではサルは他者の知識を認識できるのだろうか。

　知識を認識するためには，どのような場合に知識が変わるのかを理解している必要がある。ヒトの場合，大きな要因の一つは視覚的経験である。何かを見ることは，それについて何かを知ることである。このような見ることと知ることの関係は，これまでサルには理解することが難しいとされてきた。

　フサオマキザルの前に三つの箱を伏せて並べる。サルに見せないよう衝立てを置いてその背後で一つの箱だけにエサを隠し，衝立てを外す。第 2 の人物がやってきて，箱の手前を持ち上げて中を覗いていく。三つ全部覗いたところで，第 3 の人物がやってきて第 2 の人物とともに 2 人同時に，「この箱」というよ

うにどれかの箱を指で示す。サルは三つの箱のどれかを手で示す。その箱をあけて，エサが入っていればサルに与える。

ここで，第2の人物は箱を覗いたのでどこにえさがあるのか知っているが，第3の人物は覗かないので知らない。したがってサルは，第2の人物（「知っている」人）の指示に従うことにより，確実にエサを手に入れることができる。第3の人物（「知らない」人）はでたらめを指しているので，1／3の割合でしか当たらない。

数十セッションの訓練で4頭のサルはこの課題で高い正答率を示すようになった。その後，「知らない」人が箱にさわっていく条件，「知っている」人と「知らない」人の順序を入れ替えた条件にしても，すべてのサルが高い正答率を示すようになった。したがって，フサオマキザルは，見ることと知ることの関係を理解していることが示された（Kuroshima et al., 2002）。

しかし，この結果だけでは，サルは「知っている」人と「知らない」人の特定の行動の違いを手がかりにして単純な動作の弁別学習をしただけだ，という可能性を完全に排除することはできない。

そこで，サルの前に提示する物体を種々の形状や色をもったもの，フタ付きの入れ物，つつ，引き出しなど多様なものに変え，中を見る動作を，フタを取る，つつを覗く，引き出しを引く，などの多様な行動に変えた。この段階のテストを受けた2頭のサルのうち1頭（Kiki）は，どのような行動であっても正しく「知っている」人の行動に従ったのである。

しかし，「知っている」人の行動が多様化しても，ここまでの段階では，「知らない」人は箱などに触れるだけである。つまり動作が「知っている」人に比べると一貫して小さい。本当に「見ること」が手がかりになっていることを示すためには，両者が同じ大きさの動作をするにもかかわらず，一方は内容を知り，他方は知らない場面を工夫して調べることが必要である。

そこで，つつと引き出しの二つの物体を使って，「知っている」人はつつをのぞき込むが，「知らない」人は横に向かって3回お辞儀をする条件，及び，「知っている」人は引き出しを引いてその中をのぞき込むが，「知らない」人は，引き出しは引くが，関係のない方向をのぞき込む，という条件の2つのテストをした。Kikiはいずれの条件でも，正しく「知っている」人の指示に従ったの

である。

　したがって，少なくとも1頭のフサオマキザルは，見ることと知ることの関係を，本当に理解していることが示された（Kuroshima, et al., submitted）。

6. まとめ

　本稿では，ヒト以外の動物を対象とした内省や読心に関するいくつかの研究を紹介した。おそらく四半世紀ほど前まではヒトに特有だと考えられてきた種々の高度な情報の処理が，このように多様な動物にも備わっている可能性が現在注目されるところとなっている。動物たちはこれまで考えられていた以上に複雑な情報処理をしている。その意味で，ヒトの情報処理過程は明らかにヒト以外の動物たちのそれと連続したものである。

　その一方で，本稿では割愛したが，視覚探索（Allan & Blough, 1989），錯視知覚（Fujita, 1996, 1997, 2001b），知覚的補間（Fujita, 2001a, 2001b; Ushitani, Fujita & Yamanaka, 2001），大域優先処理（Fagot & Tomonaga, 1999），などの基本的な知覚過程であっても，種によって大きな違いがあることも見出されてきている。こういった事実は，心的機能の多様性と動物界全体におけるその可塑性を如実に示しているといえよう。

　われわれはヒトという動物である。ヒトはヒトらしく，ヒトとして環境を知覚し，ヒトとして社会的交渉を行う。同じようにサルはサルらしく，ハトはハトらしく環境を知覚し，社会的交渉を行っている。これらそれぞれが多様な情報処理過程の1事例に過ぎないのだということを，われわれは知るべきだと思う。ヒトの心だけが心なのではない。十種の動物がいれば十色の心があるのだ。

文　献

Allan, S. E., & Blough, D. S.　1989　Feature-based search assymmetries in pigeons and humans. *Perception & Psychophysics*, **46**, 456-464.

Byrne, R.　1995　*The thinking ape: Evolutionary origins of intelligence.* Oxford: Oxford University Press.（小山高正・伊藤紀子訳　考えるサル－知能の進化論－　大月書店，1998）

Byrne, R. W., & Whiten, A.（eds.）1988　*Machiavellian intelligence: Social expertise and the evolution of intellect in monkeys, apes, and humans.* Oxford: Clarendon Press.（藤田和生・友永雅己・山下博志監訳　マキャベリ的知性と心の理論の進化論－ヒトはなぜ賢くなったか－　ナカニシヤ出版より近日出版予定）

Clayton, N. S., & Dickinson, A.　1998　Episodic-like memory during cache recovery by scrub jays. *Nature*, **395**, 272-274.

Emery, N. J., & Clayton, N. S.　2001　Effects of experience and social context on prospective caching strategies by scrub jays. *Nature*, **414**, 443-446.

Fagot, J., & Tomonaga, M.　1999　Global and local processing in humans (*Homo sapiens*) and chimpanzees (*Pan troglodytes*): Use of a visual search task with compound stimuli. *Journal of Comparative Psychology*, **113**, 3-12.

Fujita, K.　1996　Linear perspective and the Ponzo illusion: a comparison between rhesus monkeys and humans. *Japanese Psychological Research*, **38**, 136-145.

Fujita, K.　1997　Perception of the Ponzo illusion by rhesus monkeys, chimpanzees, and humans: Similarity and difference in the three primate species. *Perception & Psychophysics*, **59**, 284-292.

藤田和生　1998　比較認知科学への招待－「こころ」の進化学－　ナカニシヤ出版．

Fujita, K.　2001a.　Perceptual completion in rhesus monkeys (*Macaca mulatta*) and pigeons (*Columba livia*). *Perception & Psychophysics*, **63**, 115-125.

Fujita, K.　2001b.　What you see is different from what I see: Species differences in visual perception. In Matsuzawa, T.(ed.), *Primate origins of human cognition and behavior*. Springer Verlag, pp.29-54.

藤田和生　2002　動物の心を探る－見えないものの認識を通して－　哲学研究，印刷中

Fujita, K., Kuroshima, H., & Masuda, T.　2002　Do tufted capuchin monkeys (*Cebus apella*) spontaneously deceive opponents? A preliminary analysis of an experimental food-competition contest between monkeys. *Animal Cognition*, **5**, 19-25.

Hampton, R. R.　2001　Rhesus monkeys know when they remember. *Proceedings of the National Academy of Sciences, U.S.A.*, **98**, 5359-5362.

Inman, A., & Shettleworth, S. J.　1999　Detecting metamemory in nonverbal subjects: A test with pigeons. *Journal of Experimental Psychology: Animal Behavior Processes*, **25**, 389-395.

Kuroshima, H. Fujita, K., & Masuda, T.　2002　Understanding of the relationship between seeing and knowing by capuchin monkeys (*Cebus apella*). *Animal Cognition*, 5, 41-48.

Mercado, E., III, Murray, S. O., Uyeyama, R. K., Pack, A. A., & Herman, L. M.　1998　Memory for recent actions in the bottlenosed dolphin (*Tursiops truncatus*): Repetition of arbitrary behaviors using an abstract rule. *Animal Learning & Behavior*, **26**, 210-218.

Ushitani, T., Fujita, K., & Yamanaka, R.　2001　Do pigeons (*Columba livia*) perceive object unity? *Animal Cognition*, **4**, 153-161.

Whiten, A., & Byrne, R. W. (eds.)　1997　*Machiavellian intelligence II: Extensions and evaluations.* Cambridge: Cambridge University Press.　藤田和生・友永雅己・山下博志監訳　マキャベリ的知性と心の理論の進化論　－ヒトはなぜ賢くなったか－　ナカニシヤ出版より近日出版予定

Zentall, T. R., Clement, T. S., Bhatt, R. S., & Allen, J.　2001　Episodic-like memory in pigeons. *Psychonomic Bulletin & Review*, **8**, 685-690.

第8章

視覚的対象認知
形と意味の関係

松川順子

1. はじめに

　私たちが毎日目に触れている世界は，どのように私に受け入れられ理解されているのだろうか。すでに経験してきた事柄が，目の前に広がるさまざまな刺激事象を私にとっての対象として受け止めることにどのように関わっているのだろうか。その心理過程はどのように説明されるのだろうか。またそのとき，私にとっての経験はどのように表現され利用されるのだろうか。
　筆者が心理学研究に関わるようになったきっかけとその後の研究テーマは上記のようにまとめられる。いろいろな研究上の方法や小さいテーマの変遷はあったものの，結局のところあまりにも当たり前すぎることに逆にとまどいを感じながら，最初の疑問への確たる答えを探して研究を続けているようだ。近年行ってきた不完全画像を用いたプライミング実験や視覚的探索課題による対象認知に関する研究（松川, 1999, 2000b, 2001b）について簡単に紹介しながら，形と意味の関係について考えてみたい。

2. 形と意味

　日常的に目にするさまざまな意味のある対象物をどのようにとらえるのか，その時にはどういった事柄が影響を与えるのかという問題は，視覚的対象認知過程に関する問題であろう。ここには，少なくとも対象物の視覚的な形（または色）の処理があり，形という二次元的な素材から三次元物体への認知に至る過程と，さらに対象の意味的な理解とが含まれている。目の前にある「リンゴ」を「リンゴ」と認める過程には，少なくとも「リンゴ」としての形や色を処理する過程と，その形や色によって見つけ出された対象物が「リンゴ」という果物であると理解する過程が含まれている。

　形がどのような単位や仕組みで処理されるかは，いまだに答えが出ない難しい問題であるようだ。そのなかで，ビーダーマン（Biederman, 1987）のRBCモデルは，さまざまな物の形は基本的な立体的表現素（volumetric primitives）とそれらの関係から記述することができると考えているもので，上記のような対象物の理解過程を考える際に手がかりになると思われる。基本的な表現素とは，図1のようなジオン（geon）として表されるもので，部品としてのジオンを組み立てることで，さまざまな対象物を描き出すことができるという（図1参照）。これは必要な部品を失えば，その対象としての理解が困難になるということにつながる。

　たとえば，彼らは図2に示すような不完全画像を用いた実験を行っている。図2a，b共に，左右の画像を重ねると，「ピアノ」の形が完成する。左右の画像はそれぞれ互いを相補っている画像である。各画像の不完全さは50％である。aとbでは，aが画像の不完全さが各領域に渡っているのに

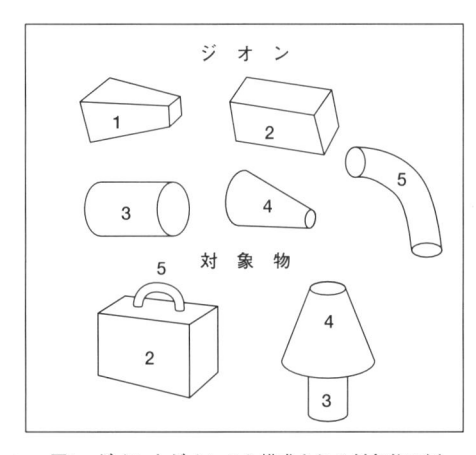

図1　ジオンとジオンから構成される対象物の例

対し，bではジオンとなる各部分を単位に不完全な部分が描かれている。左の各画像を短時間呈示をした後，右側にある相補的画像を命名させたところ，命名に至る時間はaでは早くなるが，bでは早くならないという結果を示した。図2aではピアノを示す各部品が不完全ながら呈示されているのに対し，bでは部分的にそれがない。そのため，ピアノを構成する中間表現が形成されないので反応が遅くなるとビーダーマンらは考えている（Biederman & Cooper, 1991）。

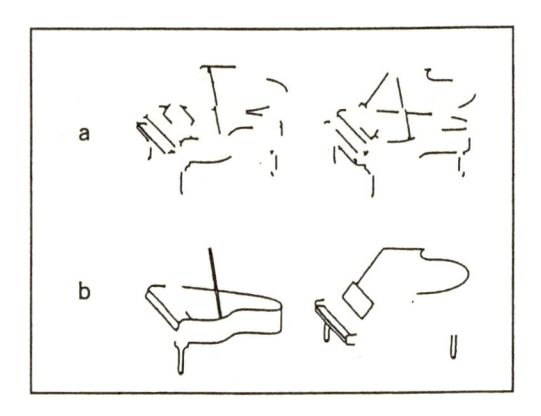

図2 Biederman & Cooper（1991）の実験で使用された刺激パターン
　　　a：プライミング効果を引き起こす相補パターン
　　　b：プライミング効果を引き起こさない相補パターン

　ところで，私たちは日常経験するさまざまな物や出来事についての知識をもっており，その知識を介して現実の場面や出来事に対している。目の前のカップをそれとしてとらえているなかに，そうしたカップに関する知識が反映されている。その知識の中身はなんだろうか。まず思い浮かぶのが，カップとはどういうものか，それをカップとしてとらえるのはカップとして知っている形がそれを示しているからか，などの，カテゴリーに関わる事柄であろう。これらの知識が表象としてどのように表現されるかという問題も，なかなか答えの出ない問題である。そのなかで，コリンズとロフタス（Collins & Loftus, 1976）が示した意味活性化拡散理論は，その後の意味処理に関する多くの研究で考えの基礎になっているものである。さまざまな意味はノードとリンクで表現され，一つの意味の活性化はリンクを通して近接の関連するノードへと伝播していくという考え方である。ノードとノードの関係は意味的な近さで表現されている。また，ロッシュらの日常概念に関する研究も手がかりになるだろう（Rosch *et al.*, 1976）。彼らは，日常概念が基礎水準を中心として，その上位と下位の水準をもつ構造であることと，それぞれの水準がもつ特徴を実験的に示している。

果物という上位水準にあるカテゴリーには，その成員として基礎水準にある「リンゴ」や「みかん」がある．リンゴとみかんは，互いに意味的な関連性をもっていると考えられる．このような意味的な関連性は，たとえば「リンゴ」が目の前にあるとき，それを「リンゴ」と認め理解することにどのように関わるのだろうか．

たとえば，少し前に「みかん」を見た人は，「リンゴ」を見つけやすいのだろうか．活性化拡散理論からは，そうした先行経験の効果が認められることになる．

図3の画像は，そのまま見続けていても何が描かれているか答えることは難しい．しかし，「騎士が馬に乗ったところ」と教えられると，多くの人がそのように見ることができると答える．このとき，正答を先行的に与えられることは，画像の部分部分の不足分を補い知覚的に補完して，「馬に乗った人」のように形処理してとらえることを促進しているようにみえる．概念的な先行呈示があると不完全な画像の形の処理と対象同定は促進されるのだろうか．

図3　不完全画像例

レイノールド（Reynolds, 1985）は，図3のような不完全画像を用いて概念的な教示の効果を調べている．被験者は画像がどのカテゴリーに属しているか，意味のある画像であるかどうかといったことをあらかじめ教えられた．画像は1分呈示されたが，先行呈示のなかった統制条件では，正答がほとんどなかったのに対し，概念的な先行呈示の条件では画像が何であるかを正しく答えることを促進した．

視覚と概念的な先行処理の関係は，古くはニュールック心理学にさかのぼることができよう．ブルーナー（Bruner, 1951, 1957）は知覚過程が一種の思考過程であるとし，仮説による知覚とその検証という循環理論を提唱した．この考

えは後に，ナイサー（Neisser, 1976）によって，新たに知覚循環理論として展開された。また，柿崎（1993）は初期の感覚過程と判断過程の相互作用として，知覚過程を論じた。一方，ピリシン（Pylyshyn, 1997）は知覚的体制化も含めた形の処理の過程を初期の視覚過程と位置づけ，この過程には概念的な処理の影響は及ばないと，視覚への認知的侵入の不可能性（cognitive impenetrability）を強く主張している。そして，レイノールド（1985）の実験結果は，形の体制化を促進したわけではなく，判断に関わる認知的操作への効果であると述べている。ピリシンの主張は，上記の循環論的な認知論と相容れないものに思われる。また，初期の視覚過程を独立的に考えるにしても，概念的な先行処理が初期の視覚に及ぼす影響については，なお多くの異なった議論があり（Farah, 1989 ; Rhodes & Tremewan, 1993 など），引き続き検討されるべき問題である。

3. 不完全画像における対象認知

　これまで述べてきた概念的な先行処理の影響とは別に，形そのものの処理の影響はどのように考えたらよいだろうか。丸い形を先行的に処理することが不完全画像における対象認知を促進するだろうか。
　松川とスノッドグラス（Matsukawa & Snodgrass, 2000）は，漸次的に完全画像へと変化する不完全画像を用いて，いろいろな種類の先行呈示が画像に描かれた対象が何であるかわかることに与える影響を調べた。図4は漸次的に変化する不完全画像を部分的に示したものである。被験者はディスプレイの前に座り，画面上に最初に短く呈示される画像または単語を見る。その後，図4の最下部から最上部へと不完全画像が次第に完全な形に変えていくのを観察し，その画像が何を表しているかわかった時点で，キーボードのスペースキーを押し，それからキーボードにその名称を打ち込んだ。被験者の反応は，スペースキーを押したときの画像の不完全の程度（ビット数）によって求められた。先行呈示される画像や単語は，カテゴリー名であったり，同一カテゴリーに属する他の成員の名称や画像であったり，形が似ている・似ていない成員の名称や画像であったりした。先行呈示の効果は，先行呈示のない統制条件との比較によって検討した。

3. 不完全画像における対象認知　113

　まず，カテゴリー名の先行呈示によって対象同定は早くなった。これは，レイノールドの実験結果と同様であった。先行呈示が画像である方が単語である条件より促進の程度が大きく，また，不完全画像と同一の画像（完全画像，図4の最上部画像）または名称を先行呈示した方が，異なる画像やその名称を呈示するより促進効果が大きいという結果になった。統制条件の結果は不完全画像がどのくらいの不完全水準で対象と認められるかを示すものである。先行研究では，完全画像の約50％の水準で命名可能であることが見出されている（たとえば，Spitz & Borland，1971）。松川とスノッドグラスの実験では，平均すると50％より少ない画像の不完全水準で認知が可能だった。

　形の効果は，異なるカテゴリーで形の類似している画像の先行呈示の効果があるかどうかで検討した。詳細な検討の結果，同一カテゴリーの方が相異カテゴリーより促進効果が大きく，また，視覚的類似の先行呈示の促進効果

図4　漸次的に変化する不完全画像例

は，この同一カテゴリーで見られたが，形処理の効果を独立に取り出すことはできなかった。同一画像を先行呈示した場合に見られた促進効果は，形の効果なのか意味の効果なのか，それぞれを独立で取り出すことができないからである。

　不完全画像を用いた上記の実験では，形の効果は明らかにならなかった。

4. 視覚的探索課題における形と意味

　そこで，視覚的探索課題を用いて同じように問題設定をしてみることができないだろうかと考えた。日常の視覚的場面でいろいろな対象を見るということは，その対象を他のさまざまな対象から区別してそれと認めることである。部屋にある鍵を探し出す，本棚から必要な本を探し出す，人混みから友人を探し出す，など日常生活のなかに多くの探索行動は含まれている。複雑な視覚的事象のなかからどのようにして必要な対象を見つけ出すのかという問題は，私たちの日常行動全般に関わっている。この視覚的探索にも，これまで述べてきた形と意味の問題が関わっている。周囲にある本と類似の形をしていたり背表紙の色が似通っているとき，特定の本を探し出すのは難しくなる。一方，ジャンルの同じ本が揃えて置いてあると，本は探し出しやすくなりそうだ。ジャンルが同じという判断は，意味的な処理に関わるものである。このとき，形と意味の関係はどのように説明されるだろうか。

　探し出す対象物の周囲にあるさまざまな物や背景は，探索にとっては妨害ともなりまた探索を促進することもありそうだ。日常的な情景を用いて，周囲の背景やさまざまな物が置かれている位置などが，目標となる対象物（ターゲット）を探し出すのにどのような影響を与えるかを調べた研究として，ビーダーマンらの行ったものがある（Biederman, 1972；Biederman *et al*., 1973；Biederman, 1988）。日常的には，ターゲットとしてのさまざまな対象物は，周囲の対象や情景のある経験的な位置に存在する。被験者はでたらめに配置された画像より，通常の情景画像において，ターゲットを正しく検出する比率が高かった。この結果は，空間的な配置関係が整っていることがターゲットの検出に促進的な効果をもつことを示していると考えられる。一方，ビーダーマンの実験では，背景がなく対象物だけが並んでいる統制群は，意味的に関連した対象物が周囲にあるときと（台所道具のなかの「やかん」）関連のない対象物のなかから探し出すとき（勉強道具のなかの「やかん」）では変わりがなく，周囲に意味的に関連した対象物があることが，文脈としてはきかないことを示唆

するものであった。
　たとえば野菜を思い浮かべてみると，例外があるにしても，それぞれの野菜は他のカテゴリーの動物達より互いによく似た形をしているようだ（松川，1995；Rosch et al., 1976）。また，ハンフリーズらは動物や野菜などのような自然的なカテゴリーは，衣類や家具などの人工的なカテゴリーよりも視覚的に類似した対象が多いと示唆している（Humphreys, et al., 1988）。したがって，動物や野菜などのカテゴリーに属する成員としての対象が同じ空間に文脈として存在するときには，形と意味の効果が混在していることになる。
　仲間どうしのものが互いに形も似ているとすれば，周囲にある対象物が探し出す目標となる対象物との間にある意味的関連性と形の類似性が，探し出すということにどのような影響を与えると考えるとよいのだろうか。松川（2000a, 2001a）は視覚的探索課題を用いて，形と意味の文脈効果を単語と画像の相対的比較によって検討した。この実験では，ハンフリーズらと同様，自然カテゴリーと人工カテゴリーという分類を用い，自然カテゴリーのなかから自然カテゴリーの成員である対象物（たとえば，「リンゴ」）を探し出す場合と，人工カテゴリーの成員である対象物（たとえば，「花瓶」）を探し出す場合を，画像と単語条件によって比較したのである。
　ここでは，自然カテゴリーと人工カテゴリーでは，その成員としての画像対象は互いに形と意味が似ていると考えた（Rosch et al., 1976）。さらにハンフリーズらによれば，その視覚的類似性は，自然カテゴリーで高く，人工カテゴリーでは低い。他方，単語による対象は意味的にのみ類似していると考えられる（Humphreys et al., 1988）。さらにルロイドージョーンズとハンフリーズは，動物・野菜の自然カテゴリーと衣類・家具の人工物カテゴリーを用いて，視覚的に類似している自然カテゴリーのなかでの命名は遅くなるという結果を得ており，自分たちの考えが支持されるとしている（Lloyd-Jones, & Humphreys, 1997）。したがって，探索刺激が同じカテゴリーにあるものはお互いに形の特徴が類似しているとすれば，探すべき対象物の形の探索は，類似性の高い妨害項目で困難になる。その結果，同一カテゴリーのなかにある対象物の探索は，異なるカテゴリーのなかにある探索に比べると遅くなると予想できる。
　ターゲットを正しく検出した結果の概要は，図5・6の通りである。画像で

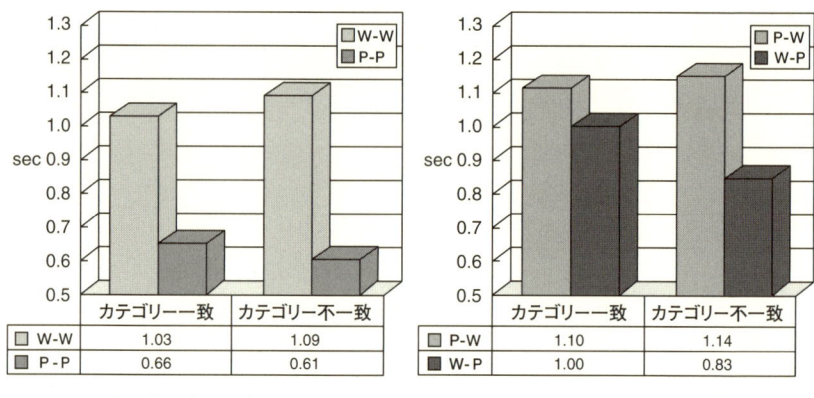

図5 松川(2000a)の結果
（W-W:単語－単語，P-P:線画－線画条件）

	カテゴリー一致	カテゴリー不一致
W-W	1.03	1.09
P-P	0.66	0.61

図6 松川(2001a)の結果
（P-W:線画－単語，W-P:単語－線画条件）

	カテゴリー一致	カテゴリー不一致
P-W	1.10	1.14
W-P	1.00	0.83

は同じカテゴリーのなかからターゲットを探す方（一致条件）が異なるターゲットを探す（不一致条件）より時間がかかったが，わずかだが単語では逆の結果をみることができる。またこの結果は，ターゲットと探索刺激の形態が同じである画像－画像，単語－単語の条件で顕著だった。画像では単語に比べて，形の処理が探索自体を促進する一方，カテゴリー内の形の類似性が探索を妨害したと考えられる。また，単語の探索課題でカテゴリー一致条件の方が不一致条件よりターゲットの正しい検出が速かったことから，意味的文脈効果のあることが示唆された。これらの結果より，相対的に形と意味の効果を分離できたと考えられるが，自然と人工カテゴリーの分類が妥当かどうかということや，単語の表記に関わる熟知性などの問題が検討すべき課題として残っている。

5. おわりに

最近経験したことであるが，子どもの頃に親しんでいた菓子袋を故郷近くの場所で見つけて，非常に懐かしく感じた。よくよく考えてみると，その菓子袋はそれまでにも他の地域で見かけていた可能性が高い。また，よく知っているもので，たまにこんなお菓子があったと思い出すこともあった。それにもかかわらず，その経験は，まさにその菓子袋を菓子袋として認識するという，かな

り強烈な体験であった。菓子袋をそれと認めることは,受動的な視覚的探索課題でのターゲットの検出にも似ている。また,記憶課題と考えれば,再認の事態である。一般的にいえば,ここで述べてきた視覚的な対象の認知の場面である。これは個人的な一回の経験であるが,すでに知っている対象物をそれと認めるあるいは同定するということに,幼い頃の経験が強く影響し,故郷近くの物理的環境ということが関わっており,また同時に想起そのものが感情を伴って生じるという経験であり,とても興味深かった。視覚的な対象認知過程にこのような事柄が互いに連動しあい連関しあっているという,これも当たり前といえば当たり前のことを,モデルとしてどのように表現し説明していくとよいのか,今後の研究の大きな課題である。

文　献

Biederman, I. 1972 Perceiving real-world scenes. *Science*, **177**, 77-80.
Biederman, I. 1987 Recognition-by-components: A theory of human image understanding. *Psychological Review*, **94**, 115-147.
Biederman, I., Blickel,T.W., Teitelbaum,R.C., & Klatsky,G.J. 1988 Object search in nonscene displays. *Journal of Experimental Psychology: Learning, Memory, and Cognition*, **14**, 456-467.
Biederman, I., & Cooper, E. E. 1991 Priming contour-deleted images: Evidence for intermediate representations in visual object priming. *Cognitive Psychology*, **23**, 393-419.
Biederman, I., Glass, A. L., & Stacy, E. W. 1973 Searching for objects in real-world scenes. *Journal of Experimental Psychology*, **97**, 22-27.
Bruner,J. S. 1951 Personality dynamics and the process of perceiving. In R.R.Blake & G.V.Ramsey (Eds.) *Perception: An approach to personality*. New York: Ronald Press. pp.121-147.
Bruner,J.S. 1957 On perceptual readiness. *Psychological Review*, **64**, 123-152.
Farah, M. J. 1989 Semantic and perceptual priming: How similar are the underlying mechanisms? *Journal of Experimental Psychology: Human Perception and Performance*, **15**, 188-194.
Collins, A. M. & Loftus, E. F. 1975 A spreading-activation theory of semantic processing. *Psychological Review*, **82**, 407-428.
Humphreys, G. W., Riddoch, M. J., & Quinlan, P. T. 1988 Cascade processes in picture identification. *Cognitive Neuropsychology*, **5**, 67-103.
柿崎祐一　1993　心理学的知覚論序説　培風館
Lloyd-Jones, T. J. & Humphreys, G. W. 1997 Categorizing chairs and naming pears: Category differences in object processing as a function task and priming. *Memory and Cognition*, **25**, 606-624.
松川順子　1995　絵の視覚的類似性がカテゴリー判断と対象同定に及ぼす効果．心理学研究,

65, 437-445.
松川順子 1999 画像認知における視覚閉合効果 島根大学法文学部紀要社会システム論集, 第4号, 69-80.
松川順子 2000a 線画と単語における視覚的探索課題 日本基礎心理学会第19回大会（基礎心理学研究, **19**, 134）.
松川順子 2000b 不完全画像における対象同定と命名反応 島根大学法文学部紀要社会システム論集, 第5号, 59-73.
松川順子 2001a 線画と単語による視覚的探索（2） 日本基礎心理学会第20回大会（基礎心理学研究, **20**, 234）
松川順子 2001b 視覚的探索課題における意味的・視覚的文脈効果の検討 島根大学法文学部紀要社会システム論集, 第6号, 65-77.
Matsukawa, J., & Snodgrass, J. G. 2000 Conceptual versus perceptual influences in picture completion. *International Journal of Psychology*, **35**, 329.
Neisser, U. 1976 *Cognition and Reality: Principles and Implications of Cognitive Psychology.* W.H.Freeman and Company. （古崎敬・村瀬旻訳 1978 認知の構図－人間は現実をどのようにとらえるか── サイエンス社）
Pylyshyn, Z. 1997 Is vision continuous with cognition? - The case for cognitive impenetrability of visual perception. *Technical Reports of the Rutgers Center for Cognitive Science*, **38**.
Reynolds, R. I. 1985 The role of object-hypotheses in the organization of fragmented figures. *Perception*, **14**, 49-52.
Rhodes, G. & Tremewan, A.J. 1993 The Simon then Garfunkel effect: Semantic priming, sensitivity, and the modularity of face recognition. *Cognitive Psychology*, **25**, 147-187.
Rosch, E., Mervis, C. B., Gray, W. D., Johnson, D. M., & Boyes-Bream,P. 1976 Basic objects in natural categories. *Cognitive Psychology*, **8**, 382-439.
Spitz, H. H. & Borland, M. D. 1971 Redundancy in line drawings of familiar objects: Effects of age and intelligence. *Cognitive Psychology*, **2**, 196-205.

第9章

色とこころ
知覚の心理学

秋田宗平

1. 芸術と科学

(1) 絵画と色彩

　空間は一色に塗りつぶすわけにはいかない。空間はさまざまな色で彩られていて，それぞれの色，色彩が空間を区切り，占有する箇所を明確にして，三次元の世界を構成する役割を果たしている。色彩の本質は純粋に感じることの訓練によってとらえられるといわれている。絵画は二次元平面上における色彩と線の集合であるが，何よりもまず色彩で構成された平面であり，そこに絵画の本質がある（Denis, 1890）。絵画の精神は，色彩それ自体の音楽を自由に創造し，人を感動させる（Mattise, 1908）。これらのことを理解するのには，特に抽象絵画の色彩やフォルムの鑑賞が役に立つ。

　色彩の本質は色彩体験のなかにあると唱道したシュタイナー（Steiner, 1929；高橋訳, 1986）の影響を受けた画家に色彩の魔術師と呼ばれるカンディンスキー（V. Kandinsky）があげられる。カンディンスキーは美術に二つの様式を区別した。一つは自然に従った「技巧的様式」であり，肖像画を作例とする自然に即した様式である。これに対して，もう一つは，一定の時空のなかに限定された事物の形象を全く離れて，さまざまな線や色彩を構成し，視覚上の作曲と

して具体化する「作曲的様式」である。カンディンスキーは，抽象絵画はこの作曲的様式において音楽と同調するものであり，ともどもに抽象のなかの芸術性を具体化した自律的な「芸術家それ自身に由来する」芸術として特徴づけられると考え，絵画における抽象的表現主義と呼ばれる新領域を開いた（河本，1973）。

　20世紀初頭の芸術のモニュメントと考えられている1913年の彼の作品《コンポジション Ⅶ》は，色彩とフォルムの乱舞する抽象画で，図と地が激しく入れ替わり，正反対のもの同士の恒常的な闘いのうえに成立する調和を表現しているといわれている（Sarabianov, 小林訳, 2002）。対立する色彩や線描の根底に存在する内的必然性を共通の生命と感じさせる空間を造り出し，芸術の自律性を主張した「絵画は自然にたよらず色と線との交響楽により魂の感動を純粋に表現すべきである」という思想が力強く表現されている。この作品の与える色彩の影響は人さまざまに表現されるであろう。その一例として，「青は見るものを別の世界に連れ出すのに対し，黄色は世俗的なものを表している。青と黄の相互作用の内から緑が浮上し，時に疎外感や無関心を表す。勝ち誇ったような赤と，無重力の白は「大いなる沈黙」としてこころに作用している。そして致命的な黒（Sarabianov, 小林訳, 2002）」がある。カンディンスキーがゲーテの色彩論や，ゲシュタルト心理学の影響を受けているらしいことも興味ある点である（江藤，1998）。

(2) 生活と色彩

　あるテレビ局の記者から私に電話があった。「子どもにはどんな色がよいのでしょうか」，「黒い色をたくさん使った絵を描く子どもはおかしいのでしょうか」，「赤い色の服を着ると元気が出るのでしょうか」などについて，記者は何冊かの色彩心理関係の本を読んで興味をもったが，このような質問に答える形で色彩心理について話して欲しいという依頼である。このような質問には考えられる答が条件によって多様で，答え方に窮するのが常である。しかし，日頃から，「色は一人ひとりの生活に大きな影響を与えている」とか，「色は力」などと考えている私は，その事を次のような一般論で述べることになった。

　「どんな人にも，いつでも，どこにでも通用する万能的な答えはありません。

しかし，その人の希望や場所が特定できれば，ある程度，こうしたら良いだろうとか，こうなるだろうとかいうことはできるでしょう。私は，色はカリスマ的な主役になることはなく，主役である何かを引き立たせる偉大な脇役として真価を発揮するものと考えています。一人ひとり顔が違い，個性的であるように，色とのつきあいも一人ひとり違った関わり方をしてきていますので，色についての感じ方も，色の与える影響も人によって違うと考えるのが自然でしょう。色の問題は個別的に具体的な状況と結びついて初めて解決の糸口が得られます。

　色彩心理という言葉が出てきたので個人差について少し話しておきたいと思います。一人ひとりの違いの理解に関心をもつ心理学にとっては，個人差の研究は重要です。色彩心理の研究は色に対する個人差の研究といってもよいでしょう。個人差があるということは，誰もが日常的に自然に観察し経験して知っていることですが，心理学では，観察，面接，調査，検査，実験などの科学的方法による測定データを基礎に個人差を考えます。心理学における研究対象としての個人差は，これらの方法で測定可能な個人差に限定されてくるわけですが，ある集団の個人に共通する一般法則が発見されることがあります。このような法則は，視知覚に関するものだけでも150近くありますが，これらが知覚の個人差を科学的に理解する出発点になります。

　色彩心理の理解とその応用には，個人的で主観的な色彩経験に共通する一般法則を学ぶことと，今まで発見された法則に基づいて，個人差を取り扱う豊かな経験的知識が基礎となります。

　冒頭の質問に対しては，たとえば教科書に書かれているように"赤は興奮を，黒は不安や力強さを，青は沈静を導く色である"と答えましょう。しかし，応用に当たっては，赤が気分を高揚させる場合もあれば，混乱を生じさせる場合もあることを知ることが大切でしょう。静かな環境を必要とする生まれて数カ月の赤ちゃんには赤は強すぎて，落ちつくことができず好まれませんが，生後6カ月もすれば好まれるようになり，発育を助ける豊かな環境の一部になるでしょう。このような知識を平均的な目安として，よく行動を観察し個人差に正しく対応することが必要です。色の効果が個体の発達段階で異なるだけではなく，同一の個人であっても，日によって反対の作用を示す場合のあることは経

験的によく知られたところです。色についての専門的知識と経験を積んだカラーコンサルタントはあなたにとっての快適空間を作るうえで良き相談相手となってくれるでしょうが，心理学の知識も必要になるでしょう。

色彩心理学は人間と色の関係についての一般法則を発見しようとする学問であって，実務的な問題を解決しようとする人にとっては基礎を学ぶ入り口にすぎませんが，出発点としては重要です。あとは生活現場での経験を積み重ね，知識と感性を磨き，具体的な問題解決に当たっては，あなたに求められる創造性を発揮し，楽しんで取り組んでください」，というのが話しの要約である。

(3) 色彩研究の学際性

確実な基礎的知識と高度で熟した技術が問題解決の実現性を高めることは色彩の分野に限らないが，色彩には多くの分野が関係することに留意する必要がある。色彩の科学的研究は学際的で，光の物理学，生理学，精神物理学，心理学などと幅広く関係することが特色である。たとえば，物理学は光の電磁波エネルギー，生理学は光と生体反応，精神物理学は可視光の波長弁別，心理学は色名をそれぞれ研究対象とする。可視光が網膜に到達するまでは眼光学・物理学，到達した光が網膜刺激となり神経インパルスとして脳各部に送られ，興奮，反応するプロセスを神経生理解剖学，神経情報統合の結果として起こる行動反応と光刺激との関係を精神物理学，身体内外の変化に対して，記憶など貯蔵されている過去の情報も考慮しながら，意味のある出来事として解釈し，判断し，行動決定に至る一連の精神的作用を心理学が分担して取り扱う。それぞれの測定には，光のエネルギー測定法，生体反応の生理測定法，可視光の閾測定法，色彩知覚作用や行動分析の心理測定法などの測定技術が必要とされる。

(4) 色彩論—アルスとサイエンス—

色の技術と科学には直観的な判断と，それを支える知識の習得と経験的な教育が必要である。色彩の専門家は技術者であり，時には魔術師でもある。研究者は経験主義的な規則に従った研究に地道な努力を続けている。研究者の発見は研究室から外に出て人々の間へ知識として浸透し一般化されていく。色彩の技術者は個別のケースと取り組み，自分の直観を信じ顧客の意向との間で調整

を取りながら仕事を進める。色彩の科学者と実際家は，それぞれ互いに異なる仕事において得た知識や経験を交換，共有し，研究と現場での成功と失敗を互いにうまく取り入れることによって，感性を磨き，それぞれが科学的研究と実際的経験の融合に挑戦することになる。現代の色彩科学，測色学（Wyszecki & Stiles, 1967）や科学的色彩理論（Graham, 1959）の実体は基本的に精神物理学的な混色理論であり，色彩全般にわたる色彩理論ではない。色彩の芸術と科学及び工学・技術の融合を目指し（Committee on Colorimetry, 1953 ; Nassau, 1998），アルスとサイエンスの統一を基盤とする学際的な真の色彩理論の確立が期待される所以である。

2. 神経科学

(1) 色感覚と色名

　光に色はついていないが，光の波長は色感覚の刺激となる。色の弁別実験は物理的には，波長弁別の実験である。可視波長光（380〜780nm）による網膜刺激は色感覚に対応する3種類の視細胞と明るさ感覚に対応する1種類の視細胞を興奮させ，視神経インパルスとなり脳中枢へ送られ，脳細胞の興奮により感覚が生じる。興奮の強弱はインパルス頻度の多少に対応する。光の波長の違いによる感覚の違いは，行動反応や色名の違いに反映される。刺激としての波長と，それに対する反応や色名呼称は客観的に測定可能な対象であり，刺激－反応法則の発見が可能である。

　650nmの波長に対して赤感覚はどのようにして生じるのか。波長の違いによる感覚の違いは，異なる色名によって言語化される。言語化された色名で赤と呼称する感覚は，色名で青と呼ぶ感覚とは，質的に異なるが，脳の興奮の量的な違いがどのようにして質的に異なる感覚の違いに変わり，言語化されるのであろうか。これらのプロセスについて，現在の所われわれは答えられないでいる。

　物理的には光の性質が同じ色紙（分光反射率曲線が同じ）であるからといって，色名が同じになるというわけではなく，経験や職業の違いによって異なることはよく見られる。色名に個人差が殆ど見られない色紙は無彩色の白，灰色，

黒の他に，いわゆる心理的四原色，赤，緑，黄，青であり，それ以外の色紙につけられる色名はさまざまである。また，色名は色の感覚空間の分節化を示し，分節による色情報を共有する文化集団の形成に関与する。ここから色名による文化人類学的な研究視点も生まれる。バーリンとケイ（Berlin & Kay, 1969）は，90以上の言語を調査し，殆どすべての言語に見られる11の色名を見出し，これを基本色語（basic color terms）と名づけた。英語では，black, white, red, yellow, green, blue, brown, purple, pink, orange, 及び greyである。その後，いくつかの研究を重ね，基本色語が色範疇の基本であり，全人類の生物学的に普遍的な知覚世界を示す可能性を結論としている（Kay *et. al.*, 1991）。

（2） 感覚，知覚，及び認知

われわれは知覚器官（或いは感覚器官）によって外界の対象や，身体の状況を知る。知覚器官の働きは客観的，すなわち物理・化学的な物的現象として研究できるが，又同時に感覚という主観的，すなわち心理的現象を伴う。心理的主観現象は物理・化学的客観現象との関連に注目して比較研究される。

要素論的感覚論では感覚受容器が刺激されて，インパルスが発生し，大脳皮質の感覚領に達し感覚を生じ，さらに感覚領から進んで，連合領に達した興奮は，記憶と結びつき，判断を生み知覚が成立する，と考える。しかしこれらは部分的理解に加えて，入力から出力にいたる一連の全体的なシステム制御過程として理解することが重要である。たとえば，体外にある一刺激物体（最終的に赤いリンゴと分かるがこの段階では無意味で，さまざまな態様の光刺激パターンが物理的に存在するのみである）の表面から反射して眼に入り，網膜を刺激する長波長の可視光により「感覚」が生じる。この感覚は，同時にこの物体表面や周辺から眼に入射する光の分光強度分布や，それらの光が生み出す形，奥行き，表面特性などの感覚情報に関連する光情報を統合し，"円形"の"赤い"，"立体物"として「知覚」する。さらに上位の大脳中枢の働きによりその知覚物体を果物と"判断"し，意味づけ，時には感情又は意志等の精神現象を伴い，"美味しそうな赤いリンゴ"と「認知」する。さらに，いくつかの諸段階を経て外的運動反応に至る。

体外に存在するさまざまな刺激物体の情報は，選択されて感覚器官に取り入

れられ刺激となる。生体にあらかじめ備わっていると考えられる刺激選択のメカニズムの基本は何か，進化の過程で，生体内外のさまざまな環境の制御を受けながら形成された刺激から認知に至る一連の情報採取・処理過程の基本は何か，これらの理解を求めて研究が続く。問題は複雑で，全容の解明にはほど遠いが，20世紀後半の1967年には，グラニット（R. A. Granit, スウェーデン），ハートライン（H. K. Hartline, 米），及びウォールド（G. Wald, 米）が「視覚の化学的生理的基礎過程に関する発見」，1981年には，スペリー（R. W. Sperry, 米）が「大脳半球の機能分化に関する研究」，ヒューベル（D. H. Hubel, 米）とウィーゼル（T. N. Wiesel, スウェーデン）が「大脳皮質視覚野における情報処理に関する研究」の業績でノーベル賞を受け，主観と関連する事柄の物質的基礎が徐々に明らかにされつつある。

(3) 神経信号と意識

可視光により発生した神経インパルス信号から，脳神経系がどのようにして刺激源を同定，反応し，意味を付与するのか，それらの間の一連の関係を含めて，研究は始まったばかりといえよう。Retinex理論をはじめとするE.H.ランドの一連の色覚研究はこの点で注目される（McCann, 1993）。現在まで，多くの研究により，帰納的，ボトムアップ的，データ駆動型処理の方法で，新しい重要な発見が，部分的に積み重ねられてきた。今後もこの方向でさらに新しい考え方による解析方法（図1）や機器の開発により，新しい発見の期待される研究が行われるが，これらを全体としての人間の働きのなかに位置づけ，人間理解を進めることが重要である。しかし，この全体が不分明な状態のなかで，発見した部分的事実・法則を全体のなかにどのように位置づけるのかは容易な問題ではない。この問題解決に心理学が貢献する。全体を分析により理解しようとするアプローチではなく，最初から有機体を全体として一体的に研究する視点から行動を研究対象としてきた心理学の知見は，生理学の知見とは正確性の次元を異にするが，生理学的手法ではとらえることが困難な生体の全体的理解を必要とする次元において重要な役割を果たす必要がある。

　心理学研究の特色を生理学のそれと比較していえば，演繹的，トップダウン的，概念駆動型処理といえよう。生理科学は一方において益々精密に現象を分

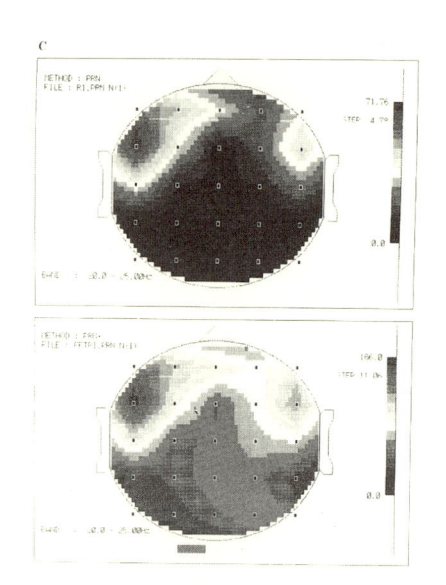

図1 FFT（Fast Fourier Transform，高速フーリエ変換）及び MEM（Maximum Entropy Method；最大エントロピー法）分析による脳波トポグラム
FFTはたんなる数学的変換の手続きであって，現実のデータ長の有限性と時間経過に伴う基底変動を考慮した分析ではない。MEMは情報エントロピーの普遍的性質に基づく最大エントロピー原理によるスペクトル推定法であり，短いデータ長の時系列のスペクトルを求めることができる。FFTによる脳波分析が広く使用されているが，有限時系列データである脳波を無限時系列に拡張し，その影響を打ち消すため各種のウインドウ関数によるフィルターの導入など人為的操作を必要とする。このため実際には存在しないスペクトル・ピークが現れたり，分解能の低下などの問題が生じる。図1で上はMEM，下はFFTによる同一脳波記録の分析結果であり，MEMの分解能がより優れていることが分かる。暗室，開眼時のβ波，60秒記録，100サンプル／秒，計6,000サンプルの脳波データに基づく一例（Akita & Miyahara,1994）。

析する方向で進歩するが，精密になるほど全体から離れ，一般適用性が低下する。これに対して，心理科学も精密ではあるが，全体としての理解を目的とするゆえに測定の精密度の追求をある程度犠牲にせざるを得ない場合が多い。生理学も心理学も結果に基づく予測において，正確性と一般適用性の背馳という矛盾を内包している。分析の精度の向上と全体的視野の堅持への努力を続けながらこの矛盾を止揚し，現象の統合的，普遍的理解を目指すことが大切と考える。色の研究においては，単独では不完全な生理学と心理学の知見のもつ相補性に注目し，この二つを切り離すことなく一体としてアプローチできる融合的な研究視点を構築することによって，新しい発展が期待できよう。

(4) 視覚領 V4

　知覚の基本的な機能である恒常性の生理学的基礎はどこにあるのか。最近の大脳生理学の研究では，視覚領 V4 が注目されている。大脳後頭葉第一次視覚領 V1 と呼ばれる場所にある細胞は照射光が変わり，色紙からの反射光が変わると反応しなくなるのに対して，より中枢にある V4 と呼ばれている視覚領には，照射光を変えても同じ色紙には常に同じように反応する細胞の在ることが発見されている（Zeki, 1976 ; Zeki et al., 1991）。種々の物の色が隣接，混在している日常の色彩空間では，照明する光の色の変化により物体からの反射光の性質が物理的に変化しても，赤いリンゴは赤く，黄色のバナナは黄色いと答える色彩の恒常現象が一般に見られるが，V4 に網膜の物理的刺激である反射光にではなく，物体の色彩に反応している細胞があることから，色彩恒常現象の物理的基礎は V4 にあると考えられる。V4 の細胞には，周辺領域の色光からの影響を受ける細胞もあり，色対比現象との関連も示唆されている。V4 を削除された猿は，赤，黄緑，青の色相弁別が困難となる他，彩度弁別にも影響が見られるが，灰色弁別は影響されない，などのことから V4 は視覚像の色情報を処理し，色彩の知覚に関与する部位と考えられている。

3. 知覚の心理学

(1) 行動と色彩

　心理学的には，色の研究を行動レヴェルで感覚と知覚に分けて考える場合がある。二つを区別することは便宜的であるが，行動分析レヴェルの違いが示される点で意味がある。

　感覚器官の色刺激と行動反応の関係を，結果として直接的，一義的に定めることが可能である場合，その反応は，感覚器官の働きをより強く反映しているとみなし，これをより強く刺激条件に依存している反応，すなわち，感覚反応と呼ぶことにする。また一方，特定の色刺激に対して複数の反応が多義的に生じる場合は，感覚器官からの情報が中枢へ伝導される一連の過程のなかで受けた多くの変容，修飾を含む結果とみなし，より強く個体内の諸特性に依存する反応，すなわち，知覚反応と呼ぶことにする。

特定の刺激に対して必ず特定の反応が起こる場合には，刺激と反応の関係は確定し，両者の間に因果関係を見出すことができよう。心理学では，特定の単一刺激以外の変化が刺激とならないように実験状況を統制し，当該刺激によって起こされたと考えられる特定の反応を測定し，刺激と反応の測定値間に関数関係が成立した場合，所与の刺激によって引き起こされた感覚を測定できたと考える。精神物理学的手法で測定される種々の感覚閾値は感覚測定結果の一例である。色覚研究においては，たとえば，二色閾法（Stiles, 1978）による視感覚測定があげられる。

これに対して，性格検査に見られる投影法では，刺激として同一の図版を提示し，何に見えるか，どう解釈するかを尋ねて得られる種々の反応（回答）から，知覚世界の意味を推察し，個人の行動特性との関係を見出そうとする。この場合の反応は知覚反応といえる。色に対する反応を利用している検査にロールシャッハ検査や色彩象徴検査などがある。また絵画に見られる色彩使用を手がかりにして描いた人の性格診断や病状の臨床診断の参考にする場合もある。寒色，暖色などのもつ色の心理的特性を心理療法などに採り入れることもある。建物の色や室内の色が，街や部屋の印象を決めることは日常よく経験するところである。環境としての色彩が人間に与える心理的影響の研究は今後に残された魅力ある大きな問題である。

(2) 知覚の作用特性

知覚は時間的・空間的枠組みとの関係によって成立する。知覚は，それを可能にしている枠組みについての知識なしには，理解できない。知覚は注意している対象を図とし，それ以外の背景周辺を地とする枠組みをもつ図地構造によって成立している。知覚の図地構造を決める注意の研究は知覚内容の理解にとって重要である。

1）図地構造 知覚世界を造る基本の一つが図地構造である。網膜の像情報はどのようにして有効に活用されているのであろうか。個体はその具体的方法を，遺伝的に概略それぞれの種で用意されている機序を基盤に，それぞれ個別に環境との関わりを通して経験的に獲得していくと考えられる。われわれは常時，異なる感覚情報を取り入れているが，ある時はその違いを増幅し（対比

現象），ある時は，その違いを無視して知覚し（恒常現象），環境を全体的にとらえて生活している。対比，恒常のいずれの現象も注意している対象とその背景にある情報との関係についての知覚である。どのような状況で，注意し，感覚情報を増幅し，または，無視する行動をとるのかは次のような過程を経て決まると考えられる。すなわち，刺激に対して最初に確率的に無作為に反射的な複数の反応が起こり，結果が生じる。反応と結果の関係が注意され，満足できる結果を生じた反応は維持し，不満足な結果をもたらした反応は起こさず，あるいは消え，このような強化と消去の累積関係網によって，刺激－反応行動が形成される。反応は常に時間的に流れる状況を背景とする文脈と関係しながら起こるが，この場合，行動の図地構造は状況の流れの文脈を地，反応を図として構成される。

　熟知した空間，たとえば自分の部屋や自分の家のなどは，部分的に見えない所も，まったく見ることができない所も，意識のなかに明らかな存在として知覚できる。知覚は，現前の刺激からの感覚興奮を図とし，その状況的背景を地とする空間的図地構造と，興奮に関連する事象を図とし，記憶を核に現在，過去，時には未来の予測を含む時間的文脈を地とする時間的図地構造の二つを統合した時空間的図地構造をもって機能する。

　2）**文脈**　文章や会話は時間的に流れる単語，句，節の前後関係のなかで，すなわち文脈によって意味づけられ，理解される。時系列的に変化する事象を図とすると，その背景となる地が文脈である。時間的に変化する網膜像を全体として統合し，外界の環境を認知することも，文脈との関係のなかで成立する。文脈の違いによって，あるいは前後関係をどうとらえているかの文脈によって，同じ言葉であっても，同じ環境であっても，その意味する事柄が異なってくることはよく経験する。学習の汎化，分化，転移などは，前からの学習と現在の学習の間につくり出される文脈と関係づけて理解できる現象である。このように，文脈は，知覚，学習の時空間的図地構造における時間の働きを考える場合，重要な原理となる。

(3) 色彩知覚

知覚の働きを理解するうえで個別的に重要な現象として対比と恒常性及び錯

覚がある。これらの知覚現象と生理学的現象の関係を考察することは重要であり（秋田, 1968），ここでは色彩を例に各現象を図地構造と文脈の原理によって説明しよう。

1）対　比　同じ灰色を青みの灰色に見せたり，黄みの灰色に見せたりすることが，背景の色を黄や青に変えることでできる。われわれの周りにある色は，殆ど単独では存在せず，隣には必ず他の色がある。注目した色が図となり，他の色は地となり，この図地構造のなかで色が知覚されている。地は図の背景であり，図を知覚する時の文脈となっている。隣接する異なる色が互いに影響を与える現象を同時対比と呼ぶ。日常の生活のなかで見ている色彩は図地構造の中で知覚され，同時対比の影響を受けている色彩を知覚していることになる。

同時対比が空間的であるのに対し，前の色が後に続く色の見えに影響する時間的な対比として継時対比がある。前の色の色残像や，色順応による感度変化の影響が継時対比に働く。赤を見て，次に緑を見ると，緑を単独で見た場合に比べてより鮮やかに見える。赤への順応が赤感度の低下と，緑への感度を高めた結果と考えられている。ある色への順応はその反対色への感度を高めるように，順応は明暗にも見られる現象である。網膜は弱い光に対しては感度を上げ（暗順応），強い光に対しては感度を下げる（明順応）。感度の変化幅は極めて広く，照度（lx）で約1億の幅，すなわち，直射日光下での照度100,000lxから暗闇での0.0003lxの範囲で物を見ることができる。

同時対比と継時対比の生理学的機構は別々に分かれているのでないかいう報告もある（Daw, 1967）。知覚情報処理における空間と時間の問題はこれからも重要な課題である。

2）恒常性　隣接という局部的な時空間関係から生じる同時及び継時対比は色知覚を理解する基本の一つであるが，もう一つの基本に，大局的な空間の認知に基づく恒常現象がある（Purves *et al.*, 2002）。われわれが隣接する色を見ている時には，さらに三次元的な奥行きと広がりをもつ全体的な環境空間を背景として知覚している。隣接する色がおかれている空間の状態の知覚もまた色の見え方に影響を与える。背景色の違いにより，同じ灰色が違った色みの色に見える同時対比現象に対して，光環境が変化して物理的，感覚的に明るさ

や色の変化が予測される場合でも変化前と同じ明るさや色を知覚する現象を，明るさあるいは色の恒常現象と呼ぶ。

　白い洋服を着た人が建物の影のなかを歩き，白が感覚的に灰色に変化しても，白の洋服が灰色の洋服に変わったとは見えない，やはり白の洋服として知覚される。照らす光の色が変わり，花から反射する光の物理的性質が変わり，感覚的には色が変わって見えても，それは照明光の変化によるものであり，花の色が変化したのではなく，花の色は同じと知覚する。同じ物は同じであるという文脈で，明らかに感じられる変化の原因を状況の変化によるものと理解し，物自身の変化として知覚しない。物体の色は照射光の違いによって異なった色に感じるが，物は変化せず，したがってその物の属性としての色も変化せず，同じ色であると知覚する。知覚には推論が含まれている。

　同じという知覚は，空間に散在するさまざまな色の見えの間に観察される相対的関係が，状況の変化にかかわらず，全体として同じに保たれている時に成立し，この関係同一性の知覚が恒常現象の基礎にある。大きさや形を始め他のすべての知覚属性についても，同じように相対的関係の不変性の情報が恒常性を成立させるが，感覚的要因である局部的な対比や順応も対象間の関係同一性に関する知覚の手がかりとして働く。明るさ知覚について，明るさの恒常性が同時対比を前提として成立することを示す研究（Leibowitz, 1955）など，両現象の密接な関係は現在においても興味あるところである。

4. 知覚の原理

　物理的に強い光に照らされた物体が，常に明るく知覚されるというわけではない。周りとの関係の知覚がより重要である。物体の明るさ知覚は背景との間に生じる明るさ対比や順応の影響を受けるが，さらにこの影響は，奥行きなどの三次元空間知覚の幾何学的特性にも及ぶ（図2）。知覚現象における対比や順応などの概念は，行動や思考にも一般的に適応が可能であり，社会的偏見や，思いこみによる間違いなど，事故などの解釈にも関連する。知覚における対比や恒常性の研究から得られる背景や文脈効果の一般法則は，広く行動の理解に重要な役割を果たすことになる。

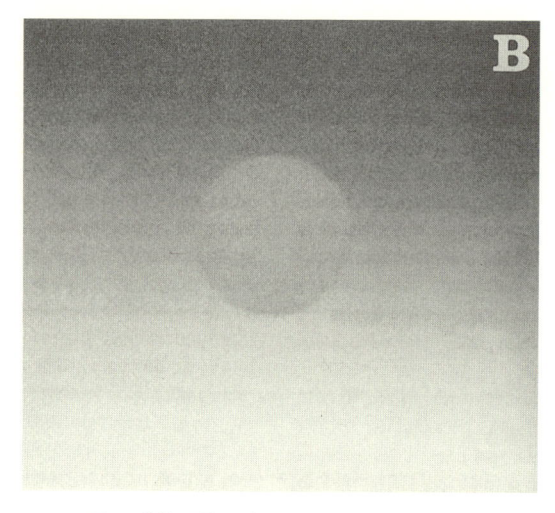

図2 背景の明るさ勾配による三次元性の導入
図の中心に円球が知覚される。背景に明度勾配を導入することで，中心にある明度一定の円形に背景と逆方向の明るさ対比勾配が生じ，中心から上に行くほど明るく，下になるほど暗く見える。背景との対比による明るさ勾配の変化が二次元の円形に奥行き感を与え，三次元の円球と知覚される（Miyahara & Akita,1995による）。

（1）錯　覚

　観察者は現在実際に見えている物ではなく，過去においてその状況を処理した記憶に基づいて見えている物を解釈し，知覚している。過去の経験的確率によって，視覚刺激の与える多義的な意味のもたらす曖昧さから生まれる葛藤をどのように解釈し最終的に知覚するのかを考えるうえで視知覚現象の理解は重要である。錯覚現象を例に考えてみよう。
　ミューラー・リヤー錯視やネオン効果（Van Tujil, 1957；Ejima at al., 1984）をはじめ多くの知覚錯視の現象は多くの人々を魅了し，多くの研究が現在も続行中であるが，錯視に見られる心理的世界と物理的世界とのギャップをどのように説明するかについては，諸説紛々である（苧阪，1985）。
　光度計や分光器による測定から予測される光や色の見え方は，実生活において人間が知覚する見え方と一致しない場合が多い。網膜上での色，形，空間に関する光情報は，外界の物理的世界の光情報を直接示しているものではないか

ら，実在の物理的世界と網膜刺激の物理的世界との関係は，もともと曖昧なものである。さらに，外界のエネルギー変化がすべて知覚刺激になるわけではなく，種の生存に必要で有効なエネルギー変化が，生物の長い進化の歴史のなかで，経験的に選択され，効率的に変容を受け，特別な知覚刺激として残り，種の知覚世界を創る生態刺激となる。

一般に，物理的な測定とギャップを示す感覚・知覚を錯覚と呼び，感覚器官のエラーと考えられる感覚錯覚，観念の失敗による認知錯覚と大別する場合もある。生物は進化を遂げてきたプロセスのなかで生き残りに役立つ多くの先入観を獲得してきたと考えられる。錯覚は進化してきた脳の働きであるが，基本にはこの様な先入観を据えることができよう（Carter, 1998；藤井訳, 1999）。

生物の環境への適応を考えるうえで，生物が物理的世界から情報を選び出し，脳内世界として造り出す知覚世界を知ることがより直接的に重要である。錯覚をエラーととらえることは物理的世界を正とし，これに対立させて知覚世界が曖昧であることを示すことに他ならないが，錯覚は動物が生き残るために選んだ知恵であるという本質的意味を見失ってはならない。生物の適応行動から見れば錯覚の充満する知覚世界こそ真実であり，基本である。物理的世界は実の知覚世界の前段階にあり，意識に取り入れられるまではわれわれとは無関係，無縁の未知の虚の世界である。

しかし，ここで忘れてはならないことがある。それは，理論物理学が示すように客観的な事実に基づく理論により，われわれは自己の実際経験とは無関係な世界を知ることができるということである。実験的裏付けが十分取れないでいる理論であっても，数学的，論理的に正しい理論から予測される矛盾のない事柄は信じることができる。経験を超えた世界であることを理由に正しい理論により予測できる事柄の存在を否定することはできない（Hawking, 佐藤訳, 2001）。

(2) 発　　達

複雑，煩雑な事柄を理解したい時，われわれはその事柄の経緯，歴史を調べる。人間の理解についても歴史的研究法は重要であり，心理学では発達研究に当たる。誕生から死へ，生成から消滅へ連続したプロセスを段階に分け行動の

一般法則を解明，理解しようとする発達研究における知覚発達の研究もあるが (Daw, 1995)，ここでは初期の特性を言語と色覚を例に考える。

1) 言語の始まり　認知発達の研究において，2歳の終わりに急激な能力の変化が見られることは今まで伝統的に仮定されてきた。最近では，これらの変化が突然の変換によるというより，2歳以前に，すでに現れている能力の力動的，連続的発達過程の出現であることを示す研究が多く見られるようになった (Courage & Howe, 2002)。乳幼児の発達研究において，知覚的と概念的範疇の発達順序の関係については，知覚が先 (Madole & Oakes, 1999) か，または並行して異なる軌道を進む (Mandler, 2000) かの二つの考えがあり，その統合は今後に残されているが，範疇化が知覚発達と深く結びついていることは確かであろう。漠然とした知覚的概念としてではあろうが，言語による表出以前にかなり早くから，知覚的範疇が形成されていることを推察させる行動がある。他人の視線や顔を意識する，触覚を通じて共通の世界をもつ，音声を介して他人の働きかけを知る，自分の反応が他人の反応を引き出すことに気づく，などの知覚的理解があり，知覚によって生じる自他の一体感から信頼関係が生まれる，などのことが言語表出のかなり前から言語獲得の過程に見られる。乳幼児は，理解した世界が発語により外在化することや，対人関係をより確かなものにできることを経験し，このことから言語的表出の意味を学ぶのであろう。言語によって内的知覚世界が外へ表出されるということは，表出できる物があり，表出したいものができていることであり，このことが言語の生成と発達促進の前提条件と考えられる。乳幼児は考えられているよりかなり早くから多くのことが分かり，誕生後の早い時期から言語表出の基礎をつくっているのではないかと考えられている。

2) 色覚の始まり　乳幼児の色覚研究の多くは視覚過程の初期段階を明らかにする目的でなされているものが多い (Knoblauch et al., 1998)。可視光の波長の違いに対する反応が何歳から見られるか，どのような色空間をもっているか，網膜視細胞がどのように機能しているかなどについての研究がある。これらの研究からは，少なくとも生後1ヵ月 (Volbrecht & Werner, 1987)　あるい

は 8 – 12 週間（Morrone *et al*.,1993）で網膜にある 3 種類の錐体及び杆体からなる色・光受容細胞のすべてが機能していることが明らかにされている。

3) **機能連関**　2 ヵ月で大まかな範疇がつくられていることを報告した研究がある（Quinn & Johnson, 2000）。これが，色知覚とどのように関係するのか，先述のバーリンとケイの人類学的研究（124 頁）や，個体発生は系統発生を繰り返すというテーゼと関連して興味ある問題である。発達の連続性，非連続性の問題は古くて，新しいテーマであるが，乳幼児が何時あることができるようになるのかを決める適切な基準を定める問題は今後の研究にゆだねられているといってよいだろう。最近多く発表されるようになった遺伝子学的（microgenetic）な研究方法と分析や，染色体に遺伝と環境の影響を見ようとする考え方（Ridley, 1999）などから，この問題の解決に有用な基準を新しく提言できる可能性がある。これによって園原太郎の機能連関理論の実証的研究も進むのではなかろうか。

5. こころの科学

(1)　こころの働き

「こころ」と「いろ」は，直接に知覚する，純粋に感じる精神の抽象作用である。「こころ」は意識の対象になると，具象化し「心（臓）」になる。「いろ」も「色」に具象化されると，物質的存在の属性となる。

般若心経の「色即是空，空即是色」にいう「色（しき）」は形あるもの，感覚でとらえることのできる物質的存在の総称であり，変化し，壊れ，一定の空間を占有し，他と相容れないものの意である。「空（くう）」は，本質を意味し，実体，本体がなく空しいことをいうが，虚空ではない。空を観じることは真実の価値の発見であるといわれている。こころの働きは，変化する色彩のなかに物の本質があり，物の本質は変化する色彩のなかにあることを自覚させる。

(2)　心と色

厳密に区別することは困難であるが，色は感覚に対し，色彩は知覚と認知に

用いることにする。色は色彩に含まれ，色彩は心に含まれる。いろはこころに含まれるとしておこう。

さて，色彩と感情の関係は古くから経験的に知られている。色彩は情緒を引き起こし，感性に訴える刺激である。直接的で強いインパクトをもつ。しかし，情と深い関係のある色は，知に対応する形や，意の働きである動機などとも当然関係してくる。色の心理的，生理的な働きを考える時には，色が感情状態にだけでなく，知的な判断や，意志的な動機づけなどにも影響を与えていることを常に念頭に置く必要がある。木の葉の色は感覚刺激として緑の反応を起こすだけでなく，風にそよぐ木の葉の緑はさまざまに色を変え，緑の色彩となり，緑豊かなふるさとの山野への連想を誘い，ふるさとのあれこれが脳裏に浮かぶ。色彩が時空を超えて故郷を思う認知反応を引き出す刺激となる。

最近，色彩の効果を生活の快適性の向上や，こころの癒しに利用できるとする，いわゆる色彩の効用についての情報が巷間に流布し，書物としても出版されている（Chiazzari, 1998）。これらは何れも経験的知識に基づくものが殆どで，示唆に富み，活用できる例も多いと思われるが（ギンベル，日原訳，1995），科学的研究の成果に乏しい。その一因は，感性の興奮を起こさせる色彩刺激による反応が，感覚器官への物理的光刺激による感覚興奮とは異なることによる。色彩の本質は精神の働きが一種の感覚器官として作用した時に初めてとらえられ，本質に基づく色彩の効果は，色彩に対する純粋感情により多く依存しているからである。感覚興奮に比べて，色彩に対する感性は色に対する神秘的，霊的経験を自覚できる深層心理を含む一種の興奮感情，「いろ」，である。この感性は個人差が大きく，これが快適性や，こころの癒しに色の力を利用する技術の一般化を困難にし，普及に後れをもたらしている理由と考えられる。今後は，色彩に対する感性，「いろ」への個別的訓練と個人差対応の方法開発により，信頼性，妥当性のある色彩効果の利用が可能になり，一般化の進むことが期待される。

(3) こころのゲシュタルト

恒常性が知覚の安定化に寄与しているように，それは感情の安定化にとっても重要である。「精神分裂病」が「統合失調症」に改名された（2002年8月，

日本精神神経学会，横浜）。そのいきさつはともかくとして，分かり易い表現になったと思う。精神が分裂する病気とは何のことかよく分からないが，統合がうまくいかなくなっている病気というのは何となく分かるような気がする。こころの働きを知情意で表し，これらの統合がこころのまとまりであるとすると，こころのまとまりは知のまとまり，情のまとまり，意志のまとまりであり，さらにこれらを全体として一体的にまとめるということになる。互いに矛盾する雑多な知識をもちながらこれらをまとめて考える，快・不快，好き・嫌いなど，互いに相反する感情が共存しながらもまとめる，夢や希望に我慢も含みながら，したいことをやり通す，などに見られるまとまりである。

　これらのまとまりは何があっても壊れないという堅固な物ではなく，まとまらなくなることも多いが，日常的になんとかバランスを取って生き抜いている。しかし，バランスを失って，こころにひびが入った，意欲をなくした，考えがまとまらないなどと感じる時がある。自分を見失い，自信を無くした時に多い。それなりに全体としてまとまっていた自己が，ばらばらに砕けようとしている，孤独になることへの恐れと不安を感じる時がある。このような時に，こころの平衡を回復するための一つの心理療法としてあげられるのが，ゲシュタルト療法である。自由な感情表出を助け，心（知情意の働き）の全体性を取り戻そうとする療法である。この療法の特色は，健康なこころがもっているゲシュタルト性が崩壊する危機を心の失調の危機ととらえ，感情のバランスを取り戻すことが，崩壊に至る亀裂を修復し，人格のまとまりや，ゲシュタルトの有する意味性を取り戻し，これらがこころのまとまりにつながると考えるところにある。自分の感情の激しい言語表出と，それを受けた他人の反応への想像力を働かせながら，その人になりきって感情を吐露し，自他の関係を思いのまま，恐れることなく遠慮なしに演じ切る。この過程のなかで，こころのまとまりを妨げていた自分のとらわれの感情に気づき，現在の認知構造の逆転，転換が起こり，知情意の再統合を容易にする"今，ここで"を重視する認知的図地構造が誕生する（Perls *et al.*, 1969）。あるがままの自分を受け入れることの重要性を説く森田療法（森田，1960）と目指すところは同じ方向にあると思われる。

(4) 21世紀の新しい潮流

　20世紀の抽象的，理論的，演繹的学問の重視から，21世紀は具体的，実際的，帰納的な学問の重視へ向かうのではないかと思われる．要素から全体重視に，還元主義から行動主義へ重心が移動するのではないかと思う．学問に対する考え方も変わるのではないか．これまでのように新発見の価値に止まることなく，その結果が人間に及ぼす影響への予測を踏まえて研究を評価することが必要と考えられることになろう．学問は無条件に真理を探究するのではなく，人間の存続を危うくする結果が予測される時，真理の探究は中止され，学問の独走は許されない時代が21世紀である．

　人間を深く観察し，人間とは何かの理解にどこまでも迫ろうとする姿勢を今まで以上に強めなければならない．この姿勢は研究経験から芽生えるものである．また，研究者と臨床家の二極化はある程度容認できるが，将来を展望する者はこの両面を備えた人物でなければならないであろう．

　新しい時代のエネルギーは「融合」か「破壊」の何れかにより生ずる．最近話題のクロスオーバークラシカルはポップスとクラシックの融合から生まれた新しい音楽であるが，心理学は破壊されて認知科学などに包含されることになるのであろうか．

　園原太郎先生から学んだことは何か．多くのことを教えていただいていたに違いない．今，学生時代のこととして意識的に思い出せるのは，乳児の吸綴反応や遠近知覚の実験的発達研究の方法に見られる実証的考え方や，喃語や仏書購読でのピアジェの言語や思考に関するものであり，個体発生と系統発生の問題など，発達の考え方の基本に関する事柄であった．長年にわたり講義テキストとして使用した『心理学初歩』第三章の「精神発達」（園原, 1962）からは今も学ぶべきことが多い．

　先生の蔵書はＫの会によって整理され目録も作成されていたが，最近，京都大学文学部図書室を訪ねた際，思い掛けず園原文庫（1409冊）として収蔵されていることを見出して嬉しく思った．近頃，特に進歩の著しい脳科学について，先生は早くから関心をもたれていたが，文庫のなかにある「Progress in Brain Research, 全54巻（1963〜1980），Elsevier」を見ながら，最近注目されている前頭葉の重要性を発達の座として先生がかなり前から指摘されていた

ことを思い出していた。園原文庫が，京都大学心理学教室における発達研究の拠点として活用され，伝統が継承され，新しい研究の出発点になることを願っている。

文　献

秋田宗平　1968　色彩の恒常性と最近の心理・生理学的研究．テレビジョンン学会誌，**22**，928-936．

Akita, M. & Miyahara, S. 1994 Application of the maximum entropy method to topographic electroencephalography stimulated by colored lights. In K.Saito (Ed.), *A recent advances in time series analysis by maximum entropy method:applications to medical and biological sciences.* Hokkaido University Press, pp.331-343.

Berlin, B. & Kay, P. 1969 *Basic color terms: their universality and evolution.* Berkeley and Los Angeles: University of California Press.

Carter, R. 1998 Mapping the mind. The Orion Publishing Group, the English Agenccy (Japan). (藤井留美訳　養老孟司監修　1999　脳と心の地形図　原書房)

Chiazzari, S. 1998　*The complete book of color.* New York : Barnes & Noble Books.

Committee on Colorimetry. 1953　*The science of color.* Washington, D. C. : Optical Society of America.

Courage, M. L., & Howe, M. L. 2002　From infant to child: the dynamics of cognitive change in the second year of life. *Psychological Bulletin*, **128**, 250-277.

Daw, N. W. 1967　Goldfish retina; organization for simultaneous color contrast. *Science*, **158**, 942-944.

Daw, N. W. 1955　*Visual development.* New York and London: Plenum Press.

Denis, M. 1913 Definition de neo-traditionisme 1890, in *Theories 1890-1910* vgl. C. E. Gausse.

Ejima, Y., Redies, C., Takahashi, S., & Akita, M. 1984 The neon color effect in the Ehrenstein pattern. *Vision Research*, **24**, 1719-1726.

江藤光紀　1988　カンディンスキー:コンポジションとしての絵画　コスモス・ライブラリー．

Gimbel, T. 1980　*Healing through colour.* Essex, U. K. : The C. W. Daniel Company. (日原もとこ訳　1995　色彩療法　フレグランス ジャーナル社)

Graham, C. H. 1959　Color theory. In S. Koch (Ed.), *Psychology: A study of science, Volume 1. Sensory, perceptual, and physiological formulations.* New York: Wiley, pp.145-287.

Hawking, S. 2001　The universe in a nutshell. Professor Stephen Hawking and the Book Laboratory, Inc. (佐藤克彦訳　2001　ホーキング未来を語る　アーティストハウス)

河本敦夫　1973　現代造形の哲学　岩崎美術社．

Kay, P., Berline, B., & Merrifield, W. R. 1991 Biocultural implications of systems of Color naming. *Journal of Linguistic Anthropology*, **1** ,12-25

Knoblauch, K., Bieber, M. L., & Werner, J. S. 1998 Inferences about infant color vision. . In W. G. K. Backhaus et al. (Eds.) *Color vision: persepective from different disciplines.* Berlin. New York : Walter de Gruyter, pp.275-282

Leibowitz, H., Myers, M., and Chinetti,P. 1955　The role of simultaneous contrast in brightness

constancy. *Journal of Experimental Psychology*, **50**, 362-374.
Madole, K. L., & Oakes, L. M. 1999 Making sense of infant categorization: Stable processes and changing representations. *Developmental Review*, **19**, 263-296.
Mandler, J. M. 2000 Perceptual and conceptual processes in infancy. *Journal of Cognitive and Development*, **1**, 3-36.
McCann, M.(Ed) 1993 *Edwin H.Land's Essays, Vol. Ⅲ Color vision*. Springfield, VA:IS & T-Society for Imaging Science and Technology.
Mattise, H. 1908 *Notes d'un peintre in Grand Revue, Dec.25.*
Miyahara, S. & Akita, M. 1995 Effects of sensory gradient on three dimensional percept. *Japanese Psychological Research*, **37**, 134-138.
森田正馬 1960 神経質の本態と治療 白揚社.
Morrone, M. C., Burr, D. C., & Fiorentini, A. 1993 Development of contrast sensitivity to chromatic stimuli. *Vision Research*, **24**, 1247-1260.
Nassau, K. (Ed.) 1998 *Color for science, art and technology*. North-Holland: Elsevier Science.
苧阪良二 1985 地平の月はなぜ大きいか―心理学的空間論― 講談社
Perls, F. S., Hefferline, R. F. & Goodman,P. 1969 *Gestalt therapy: Excitement and growth in the human personality*. New York: Julian Press.
Purves, D., Lotto, R. B., & Nundy, S. 2002 Why we see what we do. *American Scientist*, **90**, 236-243.
Quinn, P. C., & Johnson, M. H. 2000 Global-before-basic object categorization in connectionist networks and 2-month-olds infants. *Infancy*, **1**, 31-46.
Ridley, M. 1999 *Genome: the autobiography of species in 23 chapters*. New York:HarperCollins Publishers.
Sarabianov, D. 2002 *Wassily Kandinsky in the 1900s-1910s in the context of Russian and German art*. (小林起久子訳 2002 ロシヤとドイツ美術の文脈で見る1900 - 1910年代のカンディンスキー). カンディンスキー展カタログ 東京国立近代美術館, NHK, NHKプロモーション.
園原太郎 1962 精神発達 矢田部達郎(監修) 心理学初歩 培風館 pp. 231-266.
Steiner, R 1929 Über das Wesen der Farben. Philosophisch-Anthroposophischer Verlag, Dornach. (高橋巖訳 1986 色彩の本質 イザラ書房)
Stiles, W. S. 1978 Mechanisms of colour vision. London: Academic Press.
Van Tuijl, H. F. J. M. 1975 A new visual illusion : neonlike color spreading and complementary color induction between subjective contours. *Acta Psychologia*, **39**, 441-445
Volbrecht, V. J. and Werner, J. S. 1987 Isolation of short-wavelength-sensitive cone photoreceptors in 4-6-week-old human infants. *Vision Research*, **27**, 469-478.
Wyszecki, G. & Stiles, W. S. 1967 *Color science: concepts and methods, quantitative data and formula*. New York: Wiley.
Zeki, S. M. 1976 The functional organization of projecctions from striate to prestriate visual cortex in the rhesus monkey. *Cold Spring Harbor Symposia on Quantitative Biology*, **40**, 591-600.
Zeki, S. M., Watson, J. D., Lueck, C. J., Friston, K. J., Kennard, C. & Frackowiak, R. S. 1991 A direct demonstration of functional specialization in human visual cortex. *Journal of Neuroscience*, **11**, 641-647.

第10章

音声と記憶
聴覚心理学における実験例

上田和夫

1. 実験，測定，コントロール

　心理学や生理学のように，ヒトをはじめとした生き物を相手に実験を行って，物事の白黒をつけようという分野では，すでにその性質がよくわかっている物体や，単純な電気回路だけを相手にする場合とは，少し違ったセンスで測定を行わなければならない。何しろ，相手は生き物である。外部から力を加えない限り，静止しているものはずっと静止し続けようとし，運動しているものは同じ運動を続けようとするのだなどという，測定者にとって都合のよい原理を認めることが許される，あるいはむしろその方が物事の本質を明らかにできるような範囲に事象が収まる分野の研究とは違って，心理学や生理学の研究対象は，実験者が何もしなくても，絶えず状態が変わっていくものであるし，個体間の差も大きい。いいかえれば，実験結果に影響する可能性のある，すべての変数を実験者が把握して，思い通りに操作することはできない。だから，はかりで物体の重さを測定したり，電圧計で電気回路の電圧を測定したりする場合のように，信頼できる測定器を手に入れて，日頃の較正さえしっかりしておけば，後は正しい使い方をして値を読みとるだけでよい，あるいは測定器の精度を上げることにだけ集中すれば，それだけの成果が得られるということにはならな

い。

　ではどうすればよいのか。「そんなにころころ状態が変わる，いい加減なものを相手にしているのだから，測定もいい加減でよいのだ」と極論する人を見かけることがある。しかし，そのような人には，正統派の実験心理学に関わった経験の乏しい人が多いように思われる。

　正統派の実験心理学者にとって，この問いに対する基本的な答えは，「測定の基準となる条件を実験の条件のなかに含め，実験者が操作する独立変数が結果に影響を及ぼしえない条件を，その基準となる条件とする。基準となる条件の結果と，独立変数が影響しうる条件の結果とを比較し（従属変数の測定と比較），独立変数の操作によって，従属変数に明らかな（統計的に有意な）違いが生ずるか否かを，相対的に判定する」というものである。この，基準となる条件を対照条件（あるいは統制条件）と呼び，独立変数の影響を受ける可能性のある条件を実験条件と呼ぶ（図1）。対照条件と実験条件に別々の実験参加者（participants）あるいは被験体を割り当てるとき，それぞれの実験参加者あるいは被験体のグループは，対照群（あるいは統制群）と実験群と呼ばれる。

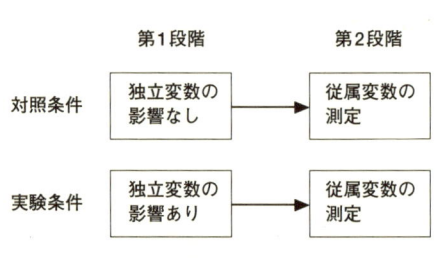

図1　対照条件と実験条件
実験によって物事の因果関係を明らかにするためには，独立変数の影響が及びうるか否かという点だけが異なり，他の変数は同一になるような条件を作って，結果（従属変数）を比較することが必要である。

　たとえば，ある化学物質が「風邪に効く」のかどうかを確かめるためには，「その化学物質を投与したら1週間後に風邪が治った患者が，何人中何人だった」という，実験条件のデータを集めるだけでは不十分で，「その化学物質を投与しておらず，それ以外の条件は実験条件と同一だったのに，1週間後に風邪が治った患者が何人中何人いたか」という対照条件のデータを調べ，両者を比較しなければならないというわけである。つまり，①その化学物質の投与によって風邪が治る，ということだけでなく，②それ以外の原因はない，ということも言わなければ，因果関係が証明できたことにはならないのである（Zechmeister & Johnson, 1992; Solso *et al*., 1998）（より厳密にいうなら，ここで例にあげたような薬物の効果

を本当に確かめるためには,「薬を飲んだのだから病気が治るだろう」という患者側の自己暗示による効果を相殺できるようにしなければならない。そのためには,薬効のない偽薬を投与される「偽薬群」の条件を加え,しかも,それらの「化学物質」を患者に手渡す側にも,自分が相手にしている患者が,実験群と偽薬群のどちらに属しているのかがわからないようにした,二重盲検と呼ばれる方法を用いることが必要であるとされている)。

　統計学的な見地からすれば,母集団からの標本抽出が正しく行われているとき,すなわち,ランダムサンプリングの仮定が成り立っているとき,標本は母集団の性質をよく反映し,以下のような推定を行うことができる。対照群から得られたデータ(対照群の標本)から,対照群の母集団平均の推定値と,その平均の推定値がもつと推測される誤差(ばらつき)の大きさ(確率的な分布)を求めることができる。同様に,実験群から得られたデータ(実験群の標本)から,実験群の母集団平均の推定値と,その平均の推定値がもつと推測される誤差(ばらつき)の大きさ(確率的な分布)を求めることができる。これによって,対照群の母集団平均と実験群の母集団平均とが,異なると判定されるべきなのか,それとも同じと判定されるべきなのかを,推測された誤差の大きさと比較することで,確率的に決定することができる(図2)。このような判定の過程を統計的検定と呼ぶ(ここで述べたようなタイプの統計的検定において,実際に用いられるのは対照群の母集団平均と実験群の母集団平均との差の確率分布であり,また,判定の際に用いられる論理は背理法と似たものであるが,これらの細かい説明は本章の範囲を超えるので省略する。統計学の基礎的な用語と考え方について勉強したい読者には,ロウントリー(Rowntree, 1981)のテキストを推薦しておく)。

　対照条件と実験条件との違いは,実験者がねらった操作を行う変数が変化しているということだけで,それ以外の変数はまったく同じになるようにしておかなければならない。この点が保証されていれば,何が原因となって対照条件と実験条件との間に,結果の違いが生じたのかを明確にすることができる。すなわち,物事の因果関係を明らかにすることができる(このような,心理学を含む自然科学[世間の一部には誤解があるが,正統派の心理学は実験心理学であり,実験心理学は自然科学の一分野である]における実験と検証の考え方に

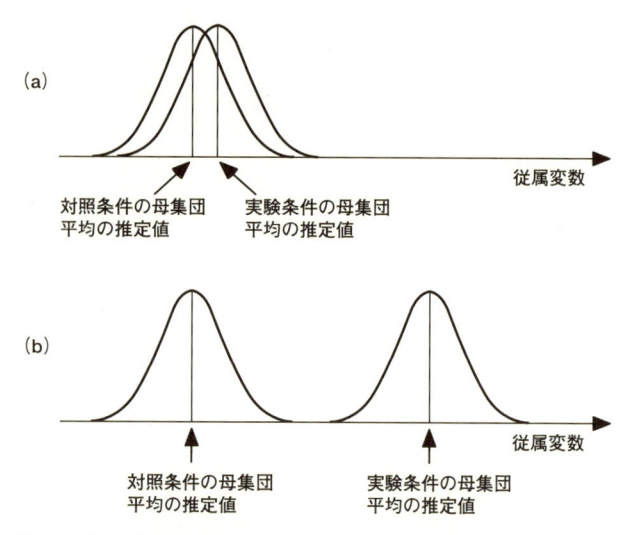

図2 対照条件と実験条件について，推定された母集団平均の確率分布
図の縦軸は，横軸（従属変数）の値が母集団の真の平均である確率を示す。推定値の誤差（ばらつき）に比べて，両条件の平均の差が小さい場合(a)よりも，大きな場合(b)の方が，より確信をもって両条件に差があると判断できる。

関しては，ソルソら（Solso et al., 1998）に加えて，筆者らが以前に書いた解説（上田, 1997；中瀬・上田, 2000）も参照していただきたい。なお，これらの解説のpdfファイルは，筆者のホームページ http://www.kyushu-id.ac.jp/~ueda/の「心理学の部屋」からダウンロードできる）。

さて，ここで重要になるのが，実験の「コントロール」である。実験心理学で用いられる「コントロール」には，二つの意味がある。一つは，刺激の物理的な特性を実験者の意図通りに操作するという意味である。もう一つは，実験変数の影響を明らかにできるように，適切な対照条件と実験条件とを設定するという意味である（Solso et al., 1998）。これら二つの「コントロール」は，実験の再現性を高めるために必要であり，また，その実験によって何がどの程度言えるのかという，実験のロジックをうまく組み立てるうえでも大変重要である。

しかし，実際にどのような変数をどのようにコントロールするべきなのかと

いう問題は，研究の分野ごとに異なるので，過去の研究から目のつけどころを学ばなければならない。また，自然科学では，過去の成果が確実なものであるのかどうかを確かめながら，さらに新たな知識を積み重ねることを目指すので，実験のコントロールそれ自体も，いかに改良していくかということが，研究の重要な要素たりうる。

そこで，聴覚心理学において，実験のコントロールがいかになされるか，あるいはコントロールしようとした努力の一例として，筆者が学生を指導して行った実験（Ueda & Seo, 1998；上田・瀬尾, 1998）について説明する。この実験は，聴覚における短期記憶の干渉効果を扱ったものであり，音の高さの記憶と，数字を読み上げた音声の記憶との干渉について調べている。

2. 聴覚短期記憶の干渉効果：音声の高さの明確さによる変化

この研究の背景や実験方法の詳細については，Ueda（1998）および上田（1998）を参照していただくこととして，ここでは，この実験が，音声の高さの明確さをコントロールしようとしたものであることを理解していただきたい。そして，それによって，一見，音声と非音声とでは違った記憶メカニズムによって，音の高さが保持されているかのように見える実験結果が，実は，音の高さの明確さという概念で説明可能なのではないか，という疑問に答えようとしている。

(1) 音の物理的性質と知覚される音の高さ

ここで，音の物理的性質と知覚される音の高さとの関係について，今後の記述を理解するのに必要な範囲で，最小限の説明をさせていただく。

おおざっぱにいって，音の高さは音の波形の周期と関係が深いということができる（厳密な説明については，聴覚心理学のスタンダードな教科書（Moore, 1989, 1997）などを参照されたい）。ただ一つの成分（正弦波）から成る音を純音と呼ぶが，純音の高さは，波形の周期，およびその逆数である周波数と対応づけることができるので，純音の高さを，周波数という物理量を通じて記述することが行われている。ただし，純音の高さは，周波数だけでなく，

音の強さの影響も受けるので，厳密にはこれら二つの物理量が記述されている必要がある。

　明瞭な高さをもつ楽器音などは，複数の成分音から構成されていることが多く，また，これらの構成音の周波数は，波形の全体的な周期の逆数，すなわち基本周波数の，整数倍となっていることが多い。このような音を調波複合音と呼ぶ。複数の成分から構成されているにもかかわらず，通常は個々の成分音の高さは分離して知覚されずに，一つの高さのみが知覚される（ただし，純音とは音色が異なって知覚される）。すなわち，全体として一まとまりになった音として知覚される。そして，調波複合音の高さは，同じ高さに聞こえる純音の周波数で記述され，これは，調波複合音の基本周波数とほぼ一致する。

　音声の場合，呼気による声帯の振動（2枚の粘膜からなる声帯が，弁のように開閉することによって生ずる）が音源となる有声音（母音および/n/, /m/, /z/などの有声子音）は，調波複合音とみなしてよい。そして，有声音を聞くときは，通常，一つの音の高さが知覚される。ただし，声帯の振動周期には多かれ少なかれ変動が見られ，楽器音のように一定の振動周期を作り続けることは（たとえ歌を歌うときであっても）できない。自然に発話された単語音声では，ピッチアクセントによる意図的で，かなり大きな振動周期の変動が見られることが多いし，平板なアクセントをもつ単語であっても，単語の始まりと終わりの振動周期は，中央付近の比較的安定した周期とは異なることが多い。

　無声音（/h/, /s/, /t/などの無声子音やささやき声）は，呼気の通り道（声道）の一部に形作られた，狭い箇所を呼気が通り抜けるときに生ずる，空気の乱流が音源となっている。このようにして作られた音は，はっきりとした周期をもたない，雑音のような性質をもち，明確な高さが知覚されない。数詞音声を例にとれば，「二（に）」，「七（なな）」は有声音のみからなっており，「一（いち）」，「三（さん）」などは有声音と無声音が組み合わされてできている。

(2) 実験の枠組み

　この実験では，ドィチュ（Deutsch, 1970）が用いた実験の枠組みを利用している。図3に示すように，5秒の間隔を置いて呈示されるテスト音（標準音と比較音）の高さの再認を行う課題が基本である。このテスト音の間に，別の

音がいくつか挿入される。これら
の音が挿入されることによって，
テスト音の高さの再認成績にどの
ような変化が生ずるのかを測定す
る。また，挿入音についての課題
を設定し，音の高さの再認は行わず，挿入音についての課題だけを行うように
することも，テスト音についての課題と合わせて二重課題とすることもでき
る。

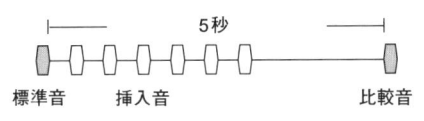

図3 聴覚短期記憶の干渉効果を調べる実験で用いられた刺激系列の模式図

　ドィチュは，テスト音に純音を，挿入音に純音と数詞音声を用い，純音（非
音声）の音の高さの短期記憶に，純音（非音声）の挿入音は大きな干渉をもた
らすが，数詞音声の挿入音はほとんど干渉しないという解釈のできる実験デー
タを発表した。しかし，そのような解釈でよいのかどうかを明らかにしていこ
うというのが，筆者らの研究を含む，一連の研究の流れである（Semal &
Demany, 1991, 1993；上田 *et al.*, 1993；Semal *et al.*, 1996；Ueda, 1996；上田・足
立，1996；上田・永谷，1997；Ueda & Seo, 1998；上田・瀬尾，1998；上田，1999a,
1999b；Ueda, 2000；上田，2002）。

（3）刺　激

　刺激はワークステーション（Silicon Graphics, Indy）を用いて，12 kHz サ
ンプリング，16 bit 量子化という精度で扱われた。
　次の4種類の刺激が用意された。
（1）8成分調波複合音。基本周波数を 73.42〜155.56 および 261.63〜554.37
Hz（音名では A4 を 440 Hz としたときの D2〜D#3, C4〜C#5 に相当）の範
囲の半音ステップとし，計28個の複合音を合成した。
（2）自然音声：1名の男性話者が発話した数詞音声（ゼロから九までの10
刺激）。
（3）合成音声 I：音声分析変換合成法 STRAIGHT（Kawahara *et al.*, 1999）
により，（2）の自然音声をいったん分析し，基本周波数の変動を含めて，得
られたパラメータをそのまま用いて合成した音声。原音声をできる限り忠実
に再現しようとした刺激であると言える。

(4) 合成音声Ⅱ: (3) と同様にして自然音声を分析し，パラメータを抽出した後，有声区間の基本周波数を (1) の調波複合音のうち，低い方の範囲の周波数 (73.42 − 155.56Hz) と同じ，14 の周波数に固定し，定常かつ明瞭な高さを持つ音声として再合成したもの．10 の数詞それぞれについて 14 の基本周波数を設定したので，全部で 140 刺激となる．

これらはいずれも，1 kHz, 75 dB SPL (音の強さを表す単位；この強さで，通常ほぼ聞きやすい大きさになる)，200 ms の純音を基準として，音の大きさの主観的等価点を求める実験を行ったうえで，音の大きさ (主観量) が互いに等しくなるように，音の強さ (物理量) を調節した．

(4) 実験条件

以下に示す変数を組み合わせて，実験条件を設定した．(1), (2), (3) の項目は実験変数，そのなかの (a), (b), ... といった項目は，各実験変数のなかの水準を表している．

(1) 標準音の基本周波数範囲

(a) 77.78 〜 146.83 Hz, 音名では D#2 〜 D3 に相当する．この範囲は，数詞音声の平均的な高さに対応する周波数が，半音階のほぼ中心になるように設定した．

(b) 277.18 〜 523.25 Hz, 音名では C#4 〜 C5 に相当する．

(2) 挿入音の種類

(a) 挿入音なし．

(b) 調波複合音：基本周波数 73.42 〜 155.56 Hz, 音名で D2 〜 D#3 に相当する．この範囲で，半音階を構成する 14 刺激から，試行ごとに 6 刺激がランダムに選ばれた．

(c) 自然音声：10 の数詞のなかから，試行ごとに 6 刺激がランダムに選ばれた．

(d) 合成音声Ⅰ：同上．

(e) 合成音声Ⅱ：10 の数詞および 14 の基本周波数の組み合わせのなかから，試行ごとに 6 刺激がランダムに選ばれた．

(3) 課題

(a) テスト音の高さの再認：テスト音の高さが同じか，違うかを判断する。
(b) 数詞系列の再生：数詞を出現した順序で再生する。
(c) 二重課題：高さの再認を行い，引き続いて数詞系列の再生を行う。

ここで，課題の性質上，組み合わせられない条件もあることに注意してほしい。たとえば，数詞系列の再生課題は，挿入音がない条件や，調波複合音が挿入された条件とは組み合わせることができない。

(5) 実験参加者

15名の実験参加者には聴力検査を実施し，全員，正常な聴力を有していることを確認した。さらに，絶対音感テストと音の高さの再認テストとを行い，絶対音感をもっておらず，音の高さの再認が充分にできる人を12名残した。このうち，11名が以後の実験に参加した。

(6) 実験手続き

各実験条件の試行数は12試行であった。標準音として，本節第4項で述べた基本周波数の範囲内で半音音階を構成する音がランダムに，比較音として標準音と同じ音が50％，半音高いあるいは低い音がそれぞれ25％の確率で呈示された。したがって，高さの再認課題のチャンスレベルは50％である。

刺激系列は実験参加者ごとにランダマイズされた。また，実験条件の実施順序も，実験参加者ごとにランダマイズされた。ワークステーションから出力された刺激は，防音ブース（Dana, DA-0020）内で，ヘッドフォン（STAX, SR Lambda Pro）により，実験参加者の両耳に呈示された。

すべての条件を通じて，反応は10秒間の試行間間隔中に行うこと，また，試行中にハミングしたり，歌ったり，メモを取ったりしてはならないと実験参加者に教示を与えた。テスト音の高さの再認課題について，標準音と比較音の高さは，同じか，異なるかのどちらかであり，異なるときには，その差は半音であることが教示された。テスト音の高さの再認のみを行う実験条件で，挿入音が含まれている場合には，それらを無視して，再認課題を行うように教示した。また，数詞系列の再生のみを行う実験条件では，各試行において，呈示さ

れる標準音と比較音は常に同一のものであり，そのことが実験参加者に伝えられた。そして，実験参加者の手元に置かれた反応用紙には，高さの再認結果の欄に，全試行，「同じ」と反応した後に，数詞系列の再生結果を書き込むように教示がなされた。二重課題の実験条件では，比較音の呈示終了後，最初に高さの再認結果について反応し，続いて数詞を呈示された順に筆記するように教示した。

(7) **実験結果**

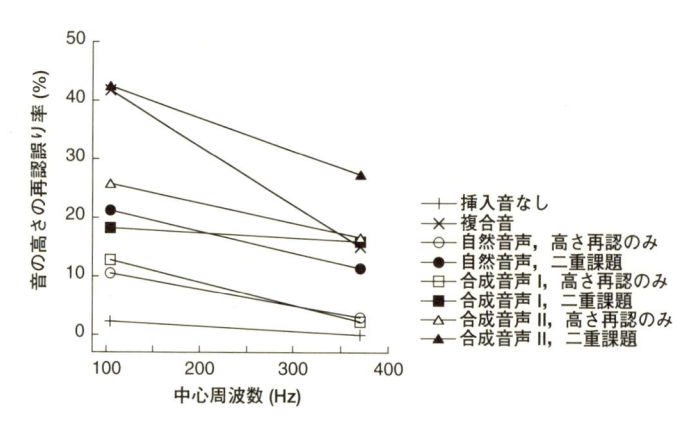

図4 音の高さの再認誤り率。横軸はテスト音の基本周波数の中心周波数（2水準）

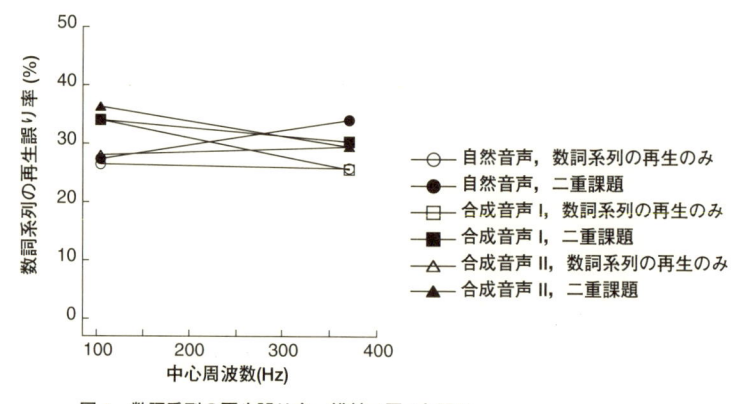

図5 数詞系列の再生誤り率。横軸は図4と同じ

テスト音の高さの再認誤り率を図4に，数詞系列の再生誤り率を図5に示す。

自然音声と合成音声Ⅰとを比べると，両者がテスト音の間に挿入されることによって，高さの再認誤り率に与える影響の大きさは変わらない。調波複合音および合成音声Ⅱの挿入音は，テスト音の再認誤り率を大きく増加させる。また，テスト音の基本周波数が合成音声Ⅱの基本周波数と近い条件で，誤り率が大きくなる。どの音声刺激についても，課題が二重になることで，テスト音の高さの再認誤り率が増大する。

数詞系列の誤り率については，すべてのデータが30％前後の誤り率に集中しており，実験条件間の差は明確には現れていない。

実験参加者ごとの誤り率を逆正弦変換（Snedecor & Cochran, 1967）した後，実験参加者の要因をブロック因子とした分散分析を行った。プログラムはSASのGLMプロシジャを使用した。高さの再認誤り率については，主効果F, I, T, Sおよび交互作用効果F×Iが有意であった（それぞれ，$F(1, 150) = 46.14$, $p = 0.0001$; $F(4, 150) = 41.40$, $p = 0.0001$; $F(1, 150) = 42.42$, $p = 0.0001$; $F(10, 150) = 11.70$, $p = 0.0001$; $F(4, 150) = 3.32$, $p = 0.0123$）。交互作用効果F×T, I×T, F×I×Tは有意でなかった（それぞれ，$F(1, 150) = 0.18$, $p = 0.6733$; $F(2, 150) = 0.49$, $p = 0.6119$; $F(2, 150) = 1.15$, $p = 0.3209$）。

数詞系列の再生誤り率については，主効果Sのみが有意で（$F(1, 110) = 16.09$, $p = 0.0001$），それ以外の効果，すなわち主効果F, I, Tおよび交互作用効果F×I, F×T, I×T, F×I×Tはすべて有意でなかった（それぞれ，$F(1, 110) = 16.09$, $p = 0.5281$; $F(2, 110) = 0.40$, $p = 0.6409$; $F(1, 110) = 0.45$, $p = 0.1200$; $F(2, 110) = 0.71$, $p = 0.4941$; $F(1, 110) = 0.57$, $p = 0.4514$; $F(2, 110) = 0.00$, $p = 0.9953$; $F(2, 110) = 0.91$, $p = 0.4075$）。

(8) 考　　察

まず最初に，この実験で用いた分析合成法の影響について考察する。一般に，音声を分析合成すると，何らかの情報の欠落ないしは変形が生じて，原音声とまったく同じ音声にはならない。STRAIGHTは，原音声にきわめて近い音声を復元することができる手法であるが（Kawahara *et al.*, 1999），分析合成を行

ったことによって，実験者の予期しない影響がなかったかどうか，確かめておく必要がある．この実験で用いた刺激のなかで，合成音声Iはこのような目的のために，できるだけ忠実に原音声を再現した分析合成音である．自然音声（原音声）を用いた実験結果と，合成音声Iを用いた実験結果との間に有意な差が見られなかったので，用いられた分析合成法それ自体には，この実験に大きな影響を及ぼすような問題はなかったものと考える．

さらに，明瞭な高さをもつ合成音声IIについては，高さを固定したことによって，音声としての明瞭性が損なわれていないかどうかを確かめておく必要がある．数詞系列の再生誤り率に刺激による違いが見られなかったので，合成音声IIの音声としての明瞭性には大きな問題がなかったと考えられる．

テスト音の高さの記憶に対する干渉効果について，明瞭な高さをもつ合成音声IIは，自然音声および合成音声Iと比べて干渉効果が大きく，定常な調波複合音のもたらす干渉効果により近い効果をもつといえる．すなわち，高さが明確になることによって，音声であっても調波複合音の高さの記憶に大きな干渉効果を及ぼすようになったと考えられる．また，従来の研究と同様に，テスト音の高さと挿入音の高さの関係が重要であり，両者が近ければ，干渉効果が大きくなることが示された．

二重課題にすることによって課題の負荷が増大するので，それぞれの課題を単独で遂行する場合よりも，誤り率が増加することが考えられる．この実験では，高さの再認誤り率には，このような効果がみられたが，数詞の系列再生誤り率には有意な効果が現れなかった．筆者の研究室で行った，これと同様の枠組みによる実験の結果（Ueda, 1996；上田・足立, 1996；上田・永谷, 1997；上田, 1999a, 1999b；Ueda, 2000；上田, 2002）も併せて考えると，二重課題の効果は高さの再認誤り率と数詞系列の再生誤り率の両方か，あるいは少なくとも一方に現れると結論づけることができる．このような現象の現れる原因として，実験参加者の注意配分の問題が考えられる．二重課題の条件において，両方の課題に同じ程度の注意が配分されたかどうかは保証できないので，仮に，実験参加者が，音の高さの再認よりも数詞系列の再生の方により多くの注意を配分したとすれば，数詞系列の誤り率は，課題が二重になってもあまり変化しないが，音の高さの再認誤り率は，二重課題の条件で増加することになる．

3. この実験におけるコントロール

　この実験では，以下のような要因をコントロールしようとした。まず，刺激については，刺激の強さ（物理量）を物理的測定によってそろえるのではなく，音の大きさの主観的等価点を測定する実験を行い，刺激の大きさ（心理量）が等しくなるように，刺激の強さを調整した。これは，カプラー（人工耳）による物理的測定では，ヘッドフォン装着時の実耳の鼓膜面における音圧を正確に測定することはできないためである（Ueda & Hirahara, 1991）。ただし，実験の再現性を確保するため，大きさをそろえるための基準となる刺激の強さの物理測定は行っている。また，刺激系列を実験参加者ごとにランダマイズし，刺激の系列効果が実験参加者間で相殺されるように注意を払った。

　合成音声については，音声としての自然性や明瞭性の損なわれにくい分析変換合成法を用いたうえで，原音声（自然音声）をなるべく忠実に再現した合成音声Ⅰという刺激を用いる条件を含め，原音声を用いた条件の結果と比較することで，分析合成を行ったこと自体の影響を評価できるようにした。

　実験参加者については，聴力測定を行ったこと，絶対音感テストを行って絶対音感をもつ実験参加者が含まれないようにしたこと，音の高さの再認テストを行い，挿入音のない条件では，十分この課題を遂行できる能力のある実験参加者を選抜したことが留意した点である。絶対音感をもった実験参加者は，音の高さを瞬時に音名という言語的ラベルに置き換えて記憶する可能性があり（Miyazaki, 1988, 1989），そうなると，音の高さと数詞音声との干渉効果を調べるという，この実験の目的からはずれるので，そのような可能性のある実験参加者が含まれていないかどうかをチェックした点が重要である。

　その他の実験条件，教示については先に述べたとおりである。二重課題における注意配分の問題に関しては，実験参加者の自発的注意の使われ方に依存する部分が大きいので，刺激や実験手続きによるコントロールが難しく，今後の課題となる。

4. 将来の展望

(1) 観察と実験

　研究の段階として，(1) 観察，(2) 記述，(3) 実験の順に，次第にターゲットを絞って仕事を進めていくべきであるということがしばしばいわれる。確かに，研究の範囲を限ったうえで，要因実験によって，結果に影響する要因なり交互作用なりを明らかにしていき，物事の因果関係を証明することは大変，大事であると考える。一方で，実際の研究がそのような整然とした形で進行することはまれであり，これらの段階の間を始終，行き来しながら研究を進めていくのが現実の姿であろう。また，自然科学において，はっきりした結論を得ることができるのは，ある限られた実験条件の範囲においてであり，そこで結論を得たら，すぐさま，その範囲を超えたところではどうなるのか，ということが問題となる。これが「積み重ねのきく学問」というものであり，それ故に研究の進展もあるということであろう。本章で紹介した研究は，このような方向を目指した一例と考えていただきたい。

　また，「観察，記述」の段階であっても，一定の研究成果をあげることは可能であり，多変量解析のような，記述統計を用いた研究がこれにあたるであろう。本章で取り上げた，音の高さの知覚に関する例をあげるならば，複合音の高さについて実験参加者に判断を求めた結果から刺激間の心理的距離を求め，多次元尺度法を用いて螺旋状の刺激布置が得られることを示した研究（Ueda & Ohgushi, 1987）などは，この段階にあると認識している。

　問題の性質によっては，純粋な意味での実験が不可能に近く，観察と実験の中間的なやり方を取らざるをえない場合もある。たとえば，乳幼児期を過ぎてからの言語学習能力に，乳幼児期に何らかの形で言語に暴露された経験が影響を与えるのかどうかを調べたいといった場合である。メイベリーら（Mayberry et al., 2002）による研究はこの例にあたる。彼らは，聴力をもたない成人について，複雑な手話の再生成績を調べた。そして，乳幼児期に聴力があって音声言語に暴露されていれば，そうでない人よりも，手話の再生成績が高いことを示した。さらに，生まれつき聴力はないが，乳幼児期に手話を学習

した経験がある人，あるいは聴力はあるが乳幼児期には英語以外の音声言語にのみ暴露された人は，生まれつき聴力がなく，乳幼児期に手話を含めてまったく言語経験をもたない人よりも，成人してからの，紙に印刷された複雑な英語の文章が文法的に正しいかどうかを判定する課題の成績が高くなることを示した。すなわち，音声言語であれ，手話であれ，乳幼児期に何らかの形で言語に暴露されることが，その後の言語学習能力にとって重要であることが示されたことになる。

　彼らは，どのような条件をもつ実験参加者の結果を比較すればよいかを考え，そのような条件に当てはまる実験参加者を集めて実験を行うことで，興味深い結論を導き出した。このようなタイプの実験では，独立変数の操作そのものは「自然に任されて」おり，厳密なコントロールを行うという点からは，どうしても問題が残るが，その代わり，仮に実験者が独立変数を操作するとすれば，倫理的な問題が生ずるような研究テーマについても，ある程度の洞察を得ることができる。

(2) 音声のコントロールについて

　コントロールということに関して，音声を用いる研究には難しい問題が含まれている。自然音声には基本周波数のみならず，多くの物理量における変動が含まれており，その変動が「自然な音声らしさ」をもたらしている。それだけではなく，音素の同定においては，スペクトル変化の極大点の情報がもっとも重要であるといわれている（Furui, 1986）。つまり，音声には完全に定常な部分は存在しないので，フォルマント周波数のような物理量が，ある決められた値になっていれば特定の音素が知覚されるというような，単純な物理量との対応によって知覚内容が決定されているのではなく，むしろ，変化する情報の方が知覚手がかりとして重要であるということになる。また，音声言語の学習という観点からすれば，学習する音声には，ある程度のばらつきをもたせることが望ましいとされている。すなわち，第二言語音声についての知覚学習を行うためには，同じ話者の音声だけを学習するよりも，複数の話者の音声を学習する方が，学習の般化を進めるうえでより効果的であるということが指摘されている（Akahane-Yamada, 1996）。さらに，環境の変動に対する特性の違いから，

母語話者と非母語話者との知覚様式の違いを明らかにできる可能性があり，雑音が存在する環境下での音声知覚に関する研究が行われている（Ueda et al., 2002）。しかし，刺激のコントロールを行うという観点からすれば，実験者にとって，はっきりと把握しにくい物理量の変動や標本のばらつきはできるだけ減らして，もっとも特徴的で，かつ単純な刺激を作製することが，刺激と反応との因果関係を明確にするために役立つと考えられる。

このように一見，矛盾した要求を満たす手法として，筆者は，自然な音声の性質をできるだけ保存しながら，必要な部分だけに変更を加えられるような分析変換合成法を用いたうえで，適切な対照条件を設定することが有効であると考えている。ここで用いた，STRAIGHTのような新しい分析変換合成法の出現は，今後，この分野における研究の進展において，大いに役立つことであろう。

音声のような，一つの標本内の物理量の変動と，標本間のばらつきとがともに大きな刺激を扱ううえで，もう一つの重要な観点は，統計的，確率的なものの見方であろう。研究の初期の段階では，もっとも典型的な，単純な刺激のみを用いて研究を進めることが必要な場合もあるが，いずれは，より多くの，それほど典型的でない刺激をも含め，実験結果の再現性，一般性を統計的に確かめる作業が必要になると考えられる。そして，もちろん，このような考え方は，聴覚の研究や音声の研究のみに限らず，心理学の研究一般について当てはめるべきものであろう。

謝　辞

草稿について貴重なご意見をいただいた，九州芸術工科大学音響設計学科教授の中島祥好に感謝する。また，本研究をご支援いただいた，和歌山大学システム工学部教授の河原英紀に感謝する。本研究の一部は，文部省科学研究費補助金，奨励研究（A）（研究代表者：上田和夫，課題番号： 09710056），京都府立大学学術振興会「永井特別奨励金」，財団法人実吉奨学会，および日本学術振興会科学研究費補助金，基盤研究（S）（研究代表者：中島祥好，課題番号：14101001）による研究助成を受け，通信・放送機構の研究委託「人間情報コミュニケーションの研究開発」によって実施された。

文　献

Akahane-Yamada, R. 1996 Learning non-native speech contrasts: What laboratory training studies tell us. Third Joint Meeting of Acoustical Society of America and Acoustical Society of Japan. Honolulu, Hawaii, 953-958.

Deutsch, D. 1970 Tones and numbers: Specificity of interference in immediate memory. *Science*, **168**, 1604-1605.

Furui, S. 1986 On the role of spectral transition for speech perception. *J. Acoust. Soc. Am.*, **80**, 1016-1025.

Kawahara, H., Masuda-Katsuse, I., & de Cheveigné, A. 1999 Restructuring speech representations using a pitch-adaptive time-frequency smoothing and an instantaneous-frequency-based F0 extraction: Possible role of a repetitive structure in sounds. *Speech Communication*, **27**, 187-207.

Mayberry, R. I., Lock, E., & Kazmi, H. 2002 Linguistic ability and early language exposure. *Nature*, **417**, 38.

Miyazaki, K. 1988 Musical pitch identification by absolute pitch possessors. *Perception & Psychophysics*, **44**, 501-512.

Miyazaki, K. 1989 Absolute pitch identification: effects of timbre and pitch region. *Music Perception*, **7**, 1-14.

Moore, B. C. J. 1989 *An Introduction to the Psychology of Hearing*. (3rd ed.). London: Academic Press. (大串健吾監訳　上田和夫・岡田斉・倉片憲治・山田真司訳　1994　聴覚心理学概論　誠信書房)

Moore, B. C. J. 1997 *An Introduction to the Psychology of Hearing*. (4th ed.). San Diego: Academic Press).

中瀬惇・上田和夫　2000　福祉社会と心理学 冨士田邦彦 (編)　福祉社会を築く　文理閣 pp. 171-201.

Rowntree, D. 1981 *Statistics Without Tears*. London: Penguin Books. (加納悟訳　2001　新・涙なしの統計学 新世社)

Semal, C., & Demany, L. 1991 Dissociation of pitch from timbre in auditory short-term memory. *J. Acoust. Soc. Am.*, **89**, 2404-2410.

Semal, C., & Demany, L. 1993 Further evidence for an autonomous processing of pitch in auditory short-term memory. *J. Acoust. Soc. Am.*, **94**, 1315-1322.

Semal, C., Demany, L., Ueda, K., & Hallé, P. 1996 Speech versus nonspeech in pitch memory. *J. Acoust. Soc. Am.*, **100**, 1132-1140.

Snedecor, G. W., & Cochran, W. G. 1967 *Statistical Methods*. (6th ed.). Ames: Iowa State University Press. (畑村又好・奥野忠一・津村善郎訳 1972 統計的方法：原書第6版 岩波書店)

Solso, A. L., Johnson, H. H., & Beal, M. K. 1998 *Experimental Psychology: A Case Approach*. (6th ed.). New York: Longman).

Ueda, K. 1996 Auditory short-term memory interference: Deutsch's demonstration revisited. *J. Acoust. Soc. Am.*, **100**, 2628-2629.

上田和夫　1997　科学と疑似科学，心理学と疑似心理学，治療と疑似治療：音楽療法の評価．日本音楽知覚認知学会，公開シンポジウム発表資料集．奈良, 13-19.

上田和夫　1999a　聴覚短期記憶の干渉効果：課題負荷と音の流れの分凝．日本音響学会聴覚研究会資料，H-99-55.

上田和夫　1999b　音の高さ，音色，音声の知覚と短期記憶に関する研究　京都大学博士論文

Ueda, K.　2000　Short-term auditory memory interference: Dual task load and streaming. The 7th Western Pacific Regional Acoustics Conference. Kumamoto, 199-202.

上田和夫　2002　自然音声の変動する高さの知覚と短期記憶における音声モードの研究　財団法人実吉奨学会平成12年度研究助成金受給者研究報告集，**19**, 98-101.

上田和夫・足立和佳美　1996　聴覚短期記憶における干渉効果：純音と数詞音声　日本音響学会聴覚研究会資料，H-96-4.

Ueda, K., Akahane-Yamada, R., & Komaki, R.　2002　Identification of English /r/ and /l/ in white noise by native and non-native listeners. *Acoustical Science and Technology*, (in press).

Ueda, K., & Hirahara, T.　1991　Frequency response of headphones measured in free field and diffuse field by loudness comparison. *J. Acous. Soc. Jpn.* (E), **12**, 131-138.

上田和夫・永谷智美　1997　聴覚短期記憶の干渉効果：調波複合音と数詞音声　日本音響学会聴覚研究会資料，H-97-13.

Ueda, K., & Ohgushi, K.　1987　Perceptual components of pitch: Spatial representation using a multidimensional scaling technique. *J. Acoust. Soc. Am.*, **82**, 1193-1200.

上田和夫・スマル,C.・ドゥマニ, L.　1993　聴覚短期記憶への干渉効果．日本音響学会聴覚研究会資料，H-93-77.

Ueda, K., & Seo, N.　1998　Short-term auditory memory interference: The effect of speech pitch salience. 16th International Congress on Acoustics and 135th meeting of Acoustical Society of America. Seattle, 2355-2356.

上田和夫・瀬尾直子　1998　聴覚短期記憶の干渉効果：音声の高さの明確さによる変化　日本音響学会聴覚研究会資料，H-98-9.

Zechmeister, E. B., & Johnson, J. E.　1992　*Critical Thinking: A Functional Approach.* Wadsworth.（宮元博章・道田泰司・谷口高士・菊池聡訳 1996 クリティカルシンキング（入門編）1997 クリティカルシンキング（実践編）北大路書房）

第11章

ジェロンテクノロジー
老年心理学から加齢工学へ

口ノ町康夫

1. はじめに

　乳幼児や児童の発達過程に関する研究には，現在に至るまで，多くの研究者が参加し，膨大なデータが世に出ているのと比較して，高齢者に関わる心理学的な研究はいかにも少ない。その理由として，「乳幼児にはこれからの長い人生が控えており，研究の成果が報われることが多いが，余命の短い高齢者の研究は甲斐が無い」との偏見を含んだ文化的風土や，「乳幼児には成長に伴い，急速な心理・生理学的変化が見られるため研究しやすい」等の正直な観点（Birren & Renner, 1977）もある。確かに乳幼児に見られる愛らしく，あふれるような生命感に加え，成長に伴う変化の大きさやその法則性は，発達の予測可能性の視点からも研究者の興味を深くひきつけてやまない。しかし，高齢期にも，それに劣らない魅力ある研究テーマがあふれているのではないだろうか。

　たとえば，人間は死を意識して生涯を送る恐らく唯一の存在といえる。その意識が前面に出てくる高齢期における心の変容過程の研究は，心理学研究における最も人間的なテーマであり，かつ重要なテーマといえる。また，青春期は疾風怒涛の時代といわれ，心理的に激しく揺れ動く時期であるが，定年後の家

庭の状況にも似た点がある。その時，高齢者は経済的，社会的，日常生活的に激しい変動にさらされて，心理的に新たな適応を迫られる時期である。乳幼児から青年期に至る発達心理学は，生理的にも心理的にも拡大していく生体システムが人間や環境に適応していく心身の成長過程に関する研究であるが，高齢者を対象とする老年心理学は，拡大したシステムを死に向かっていかに軟着陸するかという厳しい適応過程を含んだ研究といえる。この人生の大変動期にある高齢者を対象とする研究は，年少者を対象とする発達心理学に劣らず，"人間行動の諸側面を理解するための拡大鏡"（Welford, 1980）的な役割を果たしてくれる。ここで肝心なのは，高齢者におけるこれらの適応過程は，老化による諸機能の低下のなすがままに，まったくの受身のかたちで進行していくのではなく，機能低下に対抗し，過去に得られた体験や知識を活かしつつ，自己の存在を与えられた情況の中で最適にするための発達的なプロセスを辿っていると考えられることである。したがって，発達の最も中心的なテーマが，"物的・社会的環境における人格的価値の個性的実現である"（園原 1980）とするのであれば，高齢者の行動解明は，発達心理学において，避けて通れない主要なテーマの一つである。また同時に，乳幼児から高齢者に至る各ライフ・スパンにおけるヒトの行動変化を，生涯発達心理学的な見地から連続的にとらえていくことが方法論的に重要であることが明らかである。

このように老年心理学には乳幼児を中心とする従来の発達心理学とは異なる魅力があるといえるが，この分野の研究では加齢に伴う行動の変容過程の解明という純粋な科学的な研究に留まらず，さらにその変容過程にある高齢者を援助して，適応を容易にするための応用研究や工学との連携の重要性が注目されている。特に人口の高齢化が世界的に進行するなかで，心理学は単なる科学としてのみではなく，生活に密接に関連した役立つ研究分野として期待されていることを次節以降に述べる。

2. 心理学は科学に安住していてよいのか

(1) 科学としての心理学と社会貢献

今までの心理学は，一般的にいうと余りにも「科学的」であった。勿論，心

理学は方法論的に科学であるべきで，そのことに異論をさしはさむつもりは毛頭ない。再現性の低い方法や結果を元にして，飛躍した理論を乱造されても白けるばかりだから。しかし，心理学は歴史的経緯から，科学への仲間入りを果たすことを望む余り，科学に安住する傾向が強すぎるのではないだろうか。筆者の願うのは，心理学がもっと社会に役立つ学問体系になって欲しいことだ。確かに，臨床心理学，犯罪心理学などは応用的な色彩が強い。また，老年心理学を含む発達心理学では，乳幼児や高齢者が正常な発達，変容過程にあるかどうかを判定する方法の開発などで大きな社会貢献をしている。しかし，これらの研究は，ほとんどが"ヒト"そのものだけを対象としており，"ヒト"がそのなかで活動している環境や，道具として使用している製品との交互作用に着目した研究は十分とはいえない。心理学は，真理の解明というロマンを追い求めるだけではなく，ありきたりの泥臭い日常生活において，もっと役立つ研究分野となるべきであると思う。

　このことを強く感じるのは，筆者は長年にわたり通産省（現在では，経済産業省）に属する研究所で研究生活を送ってきたため，現実的な視点が身についてしまったためなのかもしれない。われわれの周りには生活を豊かにする無数の工業製品があふれている。製品の機能は非常に高いものであるのに，それらの使い勝手に満足できるものは少ない。何故そうなるのか？　そのような疑問をいつも抱いてきた。恐らく，直接的には，製品のデザイナーや技術者たちが人間を十分に理解していないからであり，また，彼ら自身が人間特性を理解していないことにも気がついていないからだ。誰しも，人は自分と同じように知覚し，考えるものだと錯覚しがちである。そのうえ，たとえデザイナー自身が人間特性を理解する必要性を痛感したとしても，利用しうる心理的なデータベースはほとんど整備されていない。したがって，このような事態になった間接的な責任の一端は，実験室心理学に埋没している研究者の怠慢にある。科学としての厳密性の追求のみに目を奪われ，実社会に役立つ心理的データベースの構築の努力をなおざりにしているためである。

(2)　製品の使いやすさ（ユーザビリティ）の向上に果たす心理学の役割

　一般的に，規模の大きくない製造会社には，心理学や人間工学の専門家はい

ないのが普通である。そこで，デザイナーや技術者はどうしても自分をユーザの基準として製品をデザインしてしまう。製品を知り尽くしている技術者が自分を基準とした時にできるヒューマン・インタフェースは，製品について十分な知識をもち合わせていない普通のユーザには使いにくいものになるのは自明である。そこで，使用ミスやそれによる故障などが生じやすくなる。この事態に対して，従来の会社側の対応は，製品に問題があるとするのではなく，ユーザに責任を押しつけることが多かった。確かに各種の製品事故調査報告書を読むと，ユーザが"不注意で"，マニュアルに書いてある通り製品を扱っていないために事故が生じていることが多い。そこで，この事故や故障の原因は，製品の欠陥によるものではなく，ヒューマン・エラーだと定義され，ユーザ側の責任とされる。しかし，現在は，もうこんな杓子定規な判定は通らない時代となりつつある。ヒトはそもそも有限の注意資源しか持たず，疲労しやすく，散漫になり易いものである。いつも注意深く行動することは非常に難しく，ミスをしやすい存在である。だから，ミスを防止するように，あるいはミスが生じても大丈夫なようにハードやソフトを工夫することが製品設計の重要な仕事の一つであることが，漸く社会的に認知され始めた時代である。その現われとして，工業製品や使用技術の規格統一を推進する国際標準機構（ISO）においても，人間特性を考慮したユーザビリティを実現するための多くの国際規格（ISO9241，ISO13407，ISO/IEC ガイド 71 など）が誕生しつつある。

このような世界的な動向のなかで，会社側もヒューマン・インタフェースには気を配り始めているが，まだまだ十分とはいえない。この事態を解決するためには，心理学の分野からの積極的な協力が必要だ。ユーザビリティの向上を図るためには，製品を使う人間特性を理解することが当然ながら必要条件である。人間の特性理解とそのデータベース構築の点で，心理学はこの分野に多くの貢献をなしうる。その際，厳密な科学的な手法により，実験室の中で得られた心理学的知見を，テクノロジーに応用可能なデータとして後に変換して提供するだけではなく，初めから応用的，工学的な視点に立ち，焦点を絞り，問題解決的に，心理学の研究を積み重ね，構成していく積極的な研究手法を取り入れることができれば，その研究成果がユーザビリティの改善に実用化される可能性が高まる。すなわち，心理学の狭いフィルターを通して社会を見るだけで

はなく，社会における具体的な人間生活や人間行動の理解という視点で，心理学に取り組むことが必要だ。

現在の日本においては急速に情報化と高齢化が進行し，高齢者を取り巻く"物的・社会的環境"は激しく変動している。したがって，高齢者の"人格的価値の個性的実現"のあり方も大きな影響を受けている。このような事態において，社会と高齢者の新しい関係を構築することが求められている。そこで，高齢者が日常生活や就労などの社会参加場面において，若者との間に格差をつくらず，共生していけるシステムを確立することが，高齢社会を無事に乗り切るために必要不可欠な要件であると思われる。過去の時代には，"科学技術の進歩によって高齢者が自動的に幸せになるという考えは，恐らく愚かしい楽観論だろう"（Stuart-Haunilton, 1991）と言われてきた。今後は，科学技術の発展を心理学的知見により仲介し，人への適合性を高め，生活に効果的に反映できる新しい研究分野を切り開くことにより，過去の"楽観論"が未来の"常識"になるようにしたいものだ。次節に，老年心理学と工学の連携の一例として，ジェロンテクノロジーについて概説する。

3. ジェロンテクノロジーの誕生：老年心理学と工学の連携

(1) ジェロンテクノロジーの言葉の起源

ジェロンテクノロジー（gerontechnology）という言葉は，大半の読者には耳慣れない言葉であろう。一般の英語の辞書を調べてもまだ載っていない。老年学（gerontology）と技術（technology）のコンセプトを合体させた新語である。約10年程前にオランダのアイントフォーヘン工科大学で誕生した（Graafmans, 1988）。Geronはギリシャ語が語源で，高齢者を意味する。ジェロンテクノロジーは日本語訳では，加齢工学や老年工学と呼ばれることが多い。この耳慣れないテクノロジーはまさに高齢社会の申し子的な研究分野といえる。顕著な高齢化の進行により生じている社会的なひずみの是正のため，政治や経済の分野のみならず，心理学，社会学，医学などの分野が工学と連携することにより，高齢社会を住みよいものにするために貢献したいという気持ちがこの研究分野を生んだといえる。したがって，ジェロンテクノロジーは単に心

理学と工学だけが合体してできたというわけではないが，この研究分野において，心理学，特に老年心理学からの寄与が強く期待されていると思う．

(2) ジェロンテクノロジーの研究対象

それではジェロンテクノロジーは具体的にどのような研究をするのか．この言葉を造りだした研究者たち（Bouma et al., 2000）は，次の五つの研究が大切だといっている．

①加齢の解明，
②加齢による機能の低下の防止，
③加齢による機能の低下の補償，
④高齢者のいきがい活動の増進，
⑤介護者の支援

加齢の解明については医学やバイオサイエンスの分野において，基礎的研究が進捗している．これらの研究により，遺伝子，細胞，器官等の生体システムにおけるミクロなレベルでの老化解明は進んでいる．しかし，具体的かつ統合的な人間行動における加齢の解明のためには，それだけでは不十分で，生体システムの統合的なアウトプットとしての行動の予測やモデル化の研究を行うことが必要といえる．それらの課題を担うことができるのは，現状では，医学や他の社会科学と連携した老年心理学であり，特に高齢者の認知，行動レベルでの機能変化の解明が期待されている．

それに対して，(2)から(5)の項目では，工学と密接に連携して，高齢者の生活における自立性と生きがいを確保する具体的な方法を明らかにしようとするものである．高齢者の生活行動の自立性を高めるために，少なくとも二つの視点からの取り組みがある．一つは，高齢者の機能低下そのものの防止を目指すことであり，他の一つは，機能低下が生じてしまった時に，それを代替，補償する技術を開発することである．

身体的な機能低下を防止する技術として，心肺機能や骨格筋の機能に関しては，適切な運動訓練を継続的に行うことにより，機能低下を大幅に防止することができることが知られている（Ilmarinen, 1994）．他方，高齢者の注意・記憶・思考・判断等の認知機能を中心とする知的機能については，加齢に伴いど

のように低下するかという視点の研究（Schaie, 1990）は多いが，これらの知的機能を保持し，低下を遅らせるための手法についての研究は非常に少ない。心理的機能は身体的機能と異なり，"use it, or lose it"的な原則は成立しにくいのだろうか？　実践的な視点から見て関心があるのは，高齢者の知的機能が若者に較べ同程度に保持されているかどうかということよりも，むしろ知的機能の使用あるいは訓練が機能低下の速度を遅くする可能性があるかどうかである。一般的に，高齢者の知的機能の高さと正の相関をもつ社会的要因として，学歴，職業上の地位，収入に加え，刺激的な環境で生活することなどがあげられている（Schaie, 1989）。たとえば，健康状態が良好な62歳から94歳の高齢者において，認知的な訓練により，帰納的推理能力に関する改善が得られたと報告されている（Schaie, 1989）。また，仕事を続けている高齢の医者は，仕事をやめた同じ年代の医者に較べ知的能力を維持していることや，高年齢になるほど知的機能の個人差が大きくなり，平均値は低下していくが，知的機能の高い上位5％の高齢者では，若壮年者に較べ遜色の無い水準を示すことなどが報告されている（Powell, 1994）。学歴や収入等については高齢になってからでは対応が難しいが，生活における刺激性を増加させることについては，どの年代においても，社会的または個人的な努力で制御・調整が不可能ではない。たとえば，社会的刺激が有効なことを示す例として，加齢に伴い，高齢者では一般的に脳血流量が低下していくが，高水準の社会参加を積極的に行っている高齢者では，脳疾患が無く，比較的活動的な養護老人ホーム在住の高齢者に較べ，高い血流量を維持しているとの報告（林, 1985）がある。また逆に，社会的刺激や知的活動の低下が廃用性の知的機能低下をもたらすと指摘されている（柄沢ら, 1976；新福, 1959）。脳血流量は大脳における情報処理活動の増進と共に増加する（口ノ町ら, 1984）が，類似の刺激を繰り返し受ける，変化の少ない刺激事態では脳血流量が低下する（口ノ町, 1987）ことから，社会参加等により生じるさまざまな心理的な刺激が高齢者の脳における活性化水準の保持に関与していることが示唆される。今後，これら疫学的な研究成果を，統制の取れた実験室的な研究により裏づけていくと共に，高齢者の知的機能の維持に有効な精神的刺激及びその定量的な指標を解明し，万歩計が健康維持のための運動量の簡易な目安となっているように，日常生活のなかで簡易に使える計測法が

開発されることを期待したい。

　次に機能低下が防止できない場合には，次善の策として，低下してしまった機能を補償・代替する技術が必要になる。これについては，医学や福祉工学の分野で現在までに多様な技術・用具が開発されてきている（口ノ町，2002）。身体的なものとして義手，義足などがある。また，現代医学の真髄としての人工血管，人工皮膚，人工骨の開発や心臓，肝臓，腎臓などの臓器移植技術などもある。特に，視聴覚等の感覚機能については低下を防止することが難しいことから，補償技術の開発が盛んである。日常生活で見慣れたものとして，視覚機能を補償するための眼鏡やコンタクトレンズの研究，聴覚機能を補償するものとしては補聴器や人工内耳の研究などがある。また，このような身体的な機能そのものの補償だけではなく，高齢者や障害者が使用する製品や環境の改善により，相対的に高齢者の行動空間を維持する研究も補償技術に関連する。たとえば，近頃よく話題になるユニバーサル・デザインは，高齢者・障害者にも使いやすいデザインを考えることにより，間接的に高齢者・障害者の機能低下を補償することを狙いとしている。単純な例として，動作機能に関して段差の解消や階段への手すりの設置などがある。感覚機能に関しては，視力低下を補うために字の拡大表示や照明の改善，色覚低下に対応して識別しにくい黒と紺あるいは白と黄を図地として組み合わせることを避けたデザインなどがある。他方，高度情報社会の急激な進展のなかで対応を迫られる研究として，使い慣れない情報機器を，どのように設計すれば高齢者が使いこなせるかという認知心理学的な課題がある。これについては次節以降で述べる。

　生きがい増進技術に関しては，すべての人に共通する直接的な例を挙げるのは難しい。そもそも高齢者の幸せな生き方については，離脱理論と活動理論の古典的な対立に見られるように個人差が大きく特定が難しい。ただし，各種の生きがい調査が示すように，一般的には高齢者の生きがいは自分以外の人間との交流により生じることが多い。一例として，外出行動が高齢者の幸せ感（モラール）を向上させるとの報告がある（直井，1994）。したがって，高齢者が社会参加をしやすい仕組みを作り，人との交流の機会が広がれば，絶えず新しい有効な精神的刺激が脳に入力され，生きがいが広がる可能性を期待できる。しかし，単なる人的接触だけではなく，自分の存在価値への社会からの承認が加

われば，高齢者の生きがいは更に深みを増すと思われる。いうまでもなく，家族交流，趣味，ボランティア活動は生きがいの対象となるが，老後も収入を得て責任ある立場で働いているということは高齢者にとっても大きな生きがいの対象となっているようだ（Hinterlong et al., 2001）。現在のサラリーマンはほとんどが60歳で定年退職という区切りを迎えるが，もっと働きたいと願う高齢者は多い（総務庁長官官房高齢社会対策室，1998）。このような事態において，一律，年齢で就労を区切るのは社会システムとして問題がある。米国やドイツではすでに年齢による就業統制は年齢差別として廃止されている。現在のように，若壮年者でも職に就けない人が大勢いる不景気の時代には主張しにくいが，勤労意欲が高い労働者には生涯働きつづけることのできる社会的システムを作り上げるべきである。高齢労働者が効果的かつ快適に働ける職場を作り，このようなシステムの早期確立を促進するために，労働能力の評価，職務再設計，環境改善など産業心理学及び老年心理学の分野でやるべきことが多くある。

介護支援技術では，介護者の心身の負担軽減をもたらし，ひいては介護される高齢者にも満足をもたらす技術に関する研究を行う。これは，いわゆる福祉工学と重なるところが多い研究であるが，心理学との関連も深い。介護される側と介護する側の心理的な関係のモデル化や近頃流行している「いやし系」の福祉機器の開発・評価など，ここにも心理学なくしては解決されない多くの課題がある。

ジェロンテクノロジーにはこのような五つの主要な研究対象があるが，これらの研究を効果的に推進するためには，人間の寸法，形態，感覚，認知，行動等に関する人間特性データベースの構築やこれらの人間特性をコンピュータ上で仮想的に実現したバーチャル・ヒューマン・モデルの確立が技術基盤として大変重要となる。以下の節では，機能低下の補償技術としてのユニバーサル・デザインを例として，技術基盤との関係を述べる。

4. ユニバーサル・デザインと老年心理学

(1) ユニバーサル・デザインの理念

ジェロンテクノロジーの研究分野のなかに，高齢者の製品・環境使用時にお

けるユーザビリティを向上させることにより，高齢者の機能低下を間接的に補償し，高齢者における自立の確立や社会参加の促進を目指すユニバーサル・デザインの研究がある。ユニバーサル・デザインの特徴は年齢や障害を超えたユーザビリティを追求するところにあり，「できるだけ多くの人が，文化の恩恵を平等に受ける機会を保障するための取り組み」といえる。この根底にある考え方は，行政機関から授与されたものという「福祉的」視点ではなく，人間のもつ当然の権利を守るための「人道的」視点でとらえるべきだと筆者は考えている。われわれの文化は，いうまでもなく，その時代に住んでいる人々の精神的水準を反映する。したがって，機能が低下し社会的貢献度が減少していく高齢者に対して，社会がいかに報いるかは，まさに社会における精神的成熟度の格好の尺度となる。フランスの小説家であり批評家であるシモーヌ・ド・ボーヴォアール（S. Beauvoir）は作品"The coming of age"（ボーヴォアール，朝吹訳，1972）のなかで次のように述べている。「いかなる社会においても，そこで老いが担っている意味あるいは意味の欠如はその社会全体を試すものである」と。そして，さらに強烈に「老いは我々の文明全体が失敗であることをさらけ出している」と断じている。彼女がこの本を書いた時代はわずか30年ほど前だが，社会は高齢者に冷たく，その生活は暗かったことがわかる。

　人々は何故"老い"をそのように差別するのか不思議なことである。現実の生活に追われ，年老いた自分の未来の姿を想像する余裕さえも無い社会であったのか。誰しもが，やがては必ずその道を歩むのに……それにもかかわらず，高齢者に対する偏見や固定観念が強すぎる（オズグッド，野坂訳，1994）。われわれは老いをもっと楽しく受け止める文化を作りたいものだ。

　30年前とは異なり，現在のわれわれはもう少し有利な時代に生きている。社会の豊かさが飛躍的に向上し，それに伴い，人の心が進化したためなのか，バリアフリーやユニバーサル・デザインという考え方が何はともあれ社会的に受け入れられる可能性が高まっている。さらに好都合にも，それらを実現するための技術的な基盤も整いつつある。われわれの時代では，いわば後世の歴史に残る人道的な世紀，新しい文化の始まりを演出できる条件が整いつつある。そして，その事業にわれわれ心理学の研究者が深く関与できる立場にある。

　しかし，ユニバーサル・デザインやバリアフリーについてはまだまだ誤解が

多い。かなり多くの人が，年齢にかかわらず，自分には関係のない事柄と考えている。しかし，実はそうではなく，ユニバーサル・デザインやバリアフリーは障害者や機能低下した高齢者あるいはその介護者のみに役立つものではなく，まさにすべての人のためになるデザインであることを理解して欲しい。高齢者や障害者の機能に配慮することにより，若者にも使いやすい製品になることが多い。また，あえて想像力のない人のために付け加えるならば，この世の中に病気やケガをしない人がいるだろうか？　たとえば，足を骨折すれば，この世の中がいかに無情で，思いやりのない段差に満ち溢れた世界であることをすぐに思い知る。重たい荷物を抱えているときには，長い階段を恨めしげに見上げるだろう。多くの人は万一を心配して，生活に困らないように生命保険や傷害保険に入る用心はするが，万一に備えて，身の回りの生活環境や生活用品に配慮しておくという気配りに欠けている。それに，多くの人は長生きを望んで健康維持にやっきになっているのに，誰が年を取らないで一生を終えるのだろうか？　社会的インフラを改善するのには時間がかかる。必要な時になって慌てても間に合わない。ユニバーサル・デザインは健康な人，若い人にとっても大切な保険といえる。

(2) ユニバーサル・デザインを如何に進展させていくか？

　すでに生活関連製品を製造している多くの企業においてユニバーサル・デザインという言葉を商品の宣伝に用いている。これらの企業は，21世紀はユーザビリティの世紀であり，製品の使い勝手の向上が魅力あるキーワードになることを理解している。その先進的な態度には敬意を表するが，ユニバーサル・デザインの中身は不十分なことが多い。たとえば，ある製品の表示に使用する文字サイズや押しボタンのサイズを従来の同社の製品より大きくしたからといって，その製品をユニバーサル・デザインであると宣伝するのはユーザの誤解を招く。恐らく，より多くの高齢者がその製品を使いやすくなったことは確かであろう。しかし，ユーザは，誰にでも使いやすい製品ができたと勘違いする危険性がある。そのうえ，ある高齢者がインターネットで，関連製品のなかから自分にあったものを選択しようとするとき，ユニバーサル・デザインに関するこれらの定性的な情報提示はあまり役に立たない。ユニバーサル・デザイン

を名乗るのであれば，どの点が，どの程度ユニバーサルになったのかを，ユーザに分かるデータで説明する義務がある。

ユニバーサル・デザインを行う時の"経典"として，ロン・メイス（R. Mace）を中心とするアメリカのユニバーサル・デザインの指導者たちが作った「七つの原則」（川内，2001）がよく使用される。この原則ではデザインの方向性が分かり易く整理されており，製造者には非常に有用だ。しかし，ユーザの視点から見れば，方向性だけ示されても満足であるとはいえない。なぜなら，ユーザが製品を選択しようとするときの判断基準として使えないからだ。思いつきのデザインではなく，人間の動作，感覚，認知，行動についての科学的研究により測定された人間特性データベースを基盤として製品設計を行うことが必要だ。自社製品を基準として相対的に評価するのではなく，できる限り定量的，客観的に人間適合性に関する情報をユーザに提示することを目指すことが，ユニバーサル・デザインの技術的発展のために基本的に必要であると思われる。

(3) ユニバーサル・デザインの評価法

定性的評価手法として，ユーザによるモニター評価，専門家による人間適合性評価及びJIS，ISO，各種協会のガイドラインによる評価などがある。ユーザによるモニター評価は，製品におけるユーザビリティの確保のために，今では必要不可欠なものとなりつつある。しかし，基本的には製品がある程度完成された状態になってからの最終的評価になるため，この時点での問題発見や設計変更には多大な費用が伴う。

他方，ユニバーサル・デザインの定量的評価法としてのコンピュータ・マネキンによる評価は少なくとも以下のメリットがある。

①製品のプロトタイプを作成しなくても，設計段階で随時，コンピュータ上で人間適合性評価ができるので，設計の早期改善が容易。

②実際のモニター実験ではできない，多様な特性を持つ人の適合性が評価できる。特に，身体障害者や高齢者などを被験者として実施することが困難な実験や，衝突実験などの生体実験が不可能な実験のデータ収集が可能となる。

③短時間で，定量的な評価実験ができる。

このように利点が多いコンピュータ・マネキンだが，その有効性は，いかにして人間のもつ諸特性を正確にモデル化したバーチャル・ヒューマンをコンピュータ上で実現できるかに依存するところが大きい。したがって，この研究分野においても心理学に期待されるところが大きい。現時点で市場に出ているマネキンとして，ジャック（米国），ラムシス（ドイツ），セーフワーク（カナダ）があるが，これらのマネキンにより，身体サイズと機器の適合性，作業域，視野，筋負担等の評価が可能で，自動車や飛行機製造産業等において製品の設計・評価に使用されている。今後，心理学者の貢献により，感覚・認知・運動機能を備え，発達モデルも搭載したバーチャル・ヒューマンができれば，長期間にわたるリハビリテーションにおける回復過程の予測だけではなく，生涯にわたる人の成長過程や老化過程など，従来の手法では解明が極めて困難であった予測データが短時間で収得でき，製品・環境のユーザビリティが飛躍的に向上する時代が来るだろう。

(4) わが国における人間特性データベースの現状

人間特性データベースの構築は，ユーザビリティの確立のための最も基盤となる技術であるが，現状としては，まだ十分な体制が整ったとはいえない。人体寸法データについては，社団法人・人間生活工学研究センター（HQL）における3万4000人を超えるデータベースが我が国で最も整備されたものである（社団法人・人間生活工学研究センター，人間特性データベース，Home pageを参照）。また，感覚や動作特性データベースは数十人から数百人の小規模のものが実験データとしてHQLから公開されているが，まだ系統的に整備されたデータベースに至っていない。他方，認知や生活行動に関するデータベースはまだ白紙に近い状態といえる。

計算機をはじめとする情報機器においては，複雑な機能を持たせるために，操作系としてのキーボードや情報提示系としてのディスプレイ表示が複雑かつ階層的なものになる。したがって，特に情報機器に不慣れな高齢者にとっては使いにくいシステムであることが多い。21世紀の高齢社会は，ユーザビリティを追求する技術として心理学的な貢献が有効であることを証明できる好機で

ある。その目標を遂行するために，高齢者を中心とした人間の認知行動特性のデータベース化とそのモデル化を実現することが早急に求められる。この認知モデル化技術の実現により，複雑な機能を持つ製品や生活環境に関する人間適合性評価及び設計支援が容易となり，高齢者をはじめとする多様な個人が安心して使える製品や安全な生活環境が実現できる。

5. 情報機器と高齢者認知特性の親和性

(1) 国家産業技術戦略におけるジェロンテクノロジー

　産業技術戦略というと心理学とはまったく無縁の世界と考えがちである。しかし，心理学の応用的分野への発展を考える時，その視点をおおざっぱにでも理解しておくことは無益ではない。実際，平成12年4月に当時の通産省産業政策局より発表された産業技術戦略のなかにはジェロンテクノロジーに関連する研究分野が重点化領域としていくつか含まれている。たとえば，第三章の「産業技術力強化のための政府の研究開発投資の重点化」に，三大研究開発目標として，(1)市場の創出につながる社会的ニーズをにらんだ研究開発投資，(2)革新性・基盤性を有する萌芽的技術に対する研究開発投資，(3)産業技術の発展のベースとなり公共財としての側面を有する知的基盤への投資があげられている。このうち，(1)については，大目標として，〈高齢社会における安心，安全で質の高い生活の実現〉及び〈経済社会の新生の基盤となる高度情報社会の実現〉，(3)の知的基盤に関連するものとしては，高齢化に関わる社会的課題への対応ということで，〈人間特性データ等の人間生活・福祉関連データ及び試験評価方法〉等が重要課題としてあげられている。これらはいずれも，今後のジェロンテクノロジーの展開の期待されている方向性を示唆するものといえる。すなわち，高度情報社会の中で，高齢者が安心して暮らせる製品や生活環境の設計に関わる基盤技術や設計支援技術が社会から強く要請されていることを意味する。

(2) 高齢者と情報機器

　上に述べた〈経済社会の新生の基盤となる高度情報社会の実現〉の大目標の

なかには，「個人の能力が最大限発揮される高度情報化社会の実現」という中目標があげられている。その具体的な目標としては，情報の出入り口になる端末が，世界中の誰でもが抵抗感なく自然に使えるものになることが求められている。現在の情報関連機器の入出力インタフェースについていえば，まさに発展途上であり，軽量化と小型化が一部で急速に進んでいるが，人間適合性が高いとはいえない。しかし，21世紀の社会では，情報技術の急速な進展により，インターネットを中心とする情報の流れが生活の根幹に位置する可能性が高い。たとえば，すでに電子政府や電子自治体等の計画が進んでおり，行政情報の電子的提供のみではなく，各種申請・届出のインターネット利用が企画されている。

さらに平成13年版通信白書（総務省編，2001）によると，平成12年末におけるわが国の15歳以上79歳以下の個人におけるインターネット利用者数は約4,700万人と推計され，平成11年末に比較して74％の増加が見られる。また，平成17年におけるインターネット利用者数は約8,700万人まで増加すると見込まれている。これらインターネット利用者の急増と共に，インターネット上で商品取引を行うインターネットコマースも急激に拡大している。平成12年の電子商取引（最終消費財）市場の規模は，6,233億円（対前年比78.8％増加）となっており，平成17年（2005年）には8兆円近くにまで拡大するものと予測されている。

このような社会における激しい情報化の流れは，その流れについていけない者に著しい不利益をもたらす可能性がある。これがデジタル・デバイド（情報格差）であり，"低収入"，"高齢者"という個人属性がインターネットの非利用に強く関係していると報告されている（総務省編，2001）。たとえば，最も利用率が高い20歳代で約80％の利用率であるのに対し，60歳代以上では15％以下となっている。また年収については，800万円以上では利用率が50％を超えているのに，400万円以下では20％強でしかない。このような傾向は，携帯電話の年齢別利用率にも現われており，20歳代の72％に較べ，60歳以上では19％と非常に低い。

このように高齢者が情報機器を敬遠する傾向が強く，その理由は多様である。経済的理由から始まり，情報機器の利便性を理解していないこと，利便性を意

識できるような生活形態をとっていないこと，さらに，新しい機器へのいわれのない嫌悪感もありそうだ。それらに加えて大きな要因の一つとして，高齢者が情報機器の使用に慣れていないこと，あるいは情報機器の使い勝手が悪く，慣れにくいことがあげられる。情報システムに特徴的な，操作の巧緻性を必要とする入力系と，複雑で錯綜している情報提示系が高齢者の使用意欲を凍らせる。実をいえば，企業サイドからも，携帯電話について高齢者への適合性を今まではほとんど考えなかったという声も聞かれる。しかし，情報機器が社会の基盤システムとして機能する時代においては，そのシステムが社会のほとんどすべての成員により利用可能でなければ，システムの社会的効用性が低下してしまう。そこで，高度情報社会においては，多くの場合，好むと好まざるにかかわらず生活のなかで情報機器の使用を求められるようになる。したがって，このような高機能・多機能製品が高齢者を含めて誰にでも容易に使えるようにすることが機器の設計者側に求められるのは当然である。したがって，繰り返すことになるが，高齢者の認知特性を明らかにし，高齢者適合性の評価手法を開発することが重要な研究課題となる。

(3) 視線情報による認知プロセスの分析

認知心理学の研究において，多くの場合，実験的に制御された単純な刺激を，決められた空間に短時間提示する一方，実験者が意図した刺激を被験者に確実にとらえさせるため，注視点を設ける手法を用いてきた。この手法では，非常に基礎的な認知特性の一端は明らかにできるが，製品のユーザビリティにおける認知的な要素の解明や評価など，われわれの日常生活行動の理解に応用するには隔たりがありすぎる。厳密な刺激制御は困難でも，より日常生活に近い刺激事態での実験が求められている。しかし，日常生活場面におけるように，多くの刺激が存在する事態では，被験者がどの刺激をどのような順番で，どの程度の時間観察していたかについての情報が最小限，必要不可欠となる。この情報があれば，精密な基礎的実験との間にデータ照合と理論形成の橋を渡すことができる。上記の事を可能にする方法の一つとして視線計測法がある。一般的に，市販の視線計測装置は高価なところが難点であるが，ひと昔に較べ性能は進化したといえる。また，重たい装置を頭部に固定したりしなくても，制約の

少ないフリーな状態で，視角0.5度程度の眼球運動の検出精度が確保できる機種もある（斎田，2001）。このような視線計測機を用いて視線軌跡の時間的，空間的特徴を計測することにより，日常生活に近い多刺激事態における被験者への情報入力を推定でき，情報機器の設計に直接役立つデータを得ることが可能となる。そこで，一例として，高齢者と若壮年者におけるCDラジカセの操作時における視線移動に関する実験の概略を次節で紹介する。

6. CDラジカセの操作時における視線移動の年齢比較

(1) 目的

高齢者は，日常よく使う機器で，テレビや電話などの操作のステップ数が少ない機器については，使い勝手が悪いと感じることは余りない。他方，電子レンジ，ビデオレコーダ，現金自動出納機（ATM）などの，表示系が複雑で操作ステップが多い機器については，使い勝手が顕著に悪くなることが報告されている（Kuchinomachi & Kumada, 2000）。この実験では，操作対象として複雑な表示系を持つCDラジカセを選んだ。操作ステップ数を4とする，やや困難な課題設定を行い，操作時の視線の動きについて若壮年者と高齢者間で比較した。

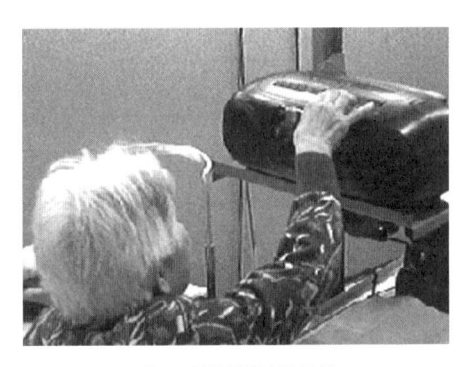

図1　視線計測実験風景

(2) 方法

1) 被験者：20代から40代の若壮年者6人及び60代から80代の高齢者8人。いずれもCDラジカセの使用経験がほとんどない被験者を選んだ。また，実験前に，操作対象となる機器の表示文字を読み取る視力があることを確認した。

2) 図1に実験風景を示す。CDラジカセの前面パネルの中心部が被験者の眼前約40cmで目の高さにくるように配置した。被験者は顔面固定機にあごを乗

せ，右手のみで操作した。

3）非接触タイプの視線計測機（ISCAN-IS802）を被験者の前下方に配置し，CDラジカセの前面の操作面がキャリブレーションの枠にいっぱいに入るように設定した。

4）課題：被験者は音楽CDが挿入済の，電源を切ったCDラジカセに対して，(a) 電源の入力，(b) CD機能の選択，(c) セット済のCDから第4曲目を選択，(d) 再生（プレイ）を選択する四つのステップからなる操作を行うように教示された。

5）手続き：被験者は，ボタンやスイッチの配置が異なる3タイプのCDラジカセをランダムな順序で提示された。同一機種の操作試行は連続的に3回ずつ与えられ，試行間には2分間の休憩を置いた。ラジカセの機種変更時には，被験者は別室で5分間の休憩を取った。3種の機器の操作の終了後，CDラジカセや類似機器の使用経験，実験で使用したラジカセ機器の使いやすさの順位付け，各機器の長所，短所についてのアンケート調査を実施した。

(3) 結果

CDラジカセの使いやすさに関するアンケート調査結果を図2に示す。AタイプとBタイプの機種は，Cタイプに比べ年齢にかかわらず有意に使いやすいと評価された。また，この使いやすさの評価では，機種の提示順序が効果をもった。すなわち，AタイプとBタイプの機種における使いやすさの比較では，若壮年者でも高齢者でも，提示順序が後の機種がより使いやすいと評価された。しかし，Cタイプの機種では，そのような順序効果は出現しなかった。さらに，Aタイプ及びBタイプでは，使

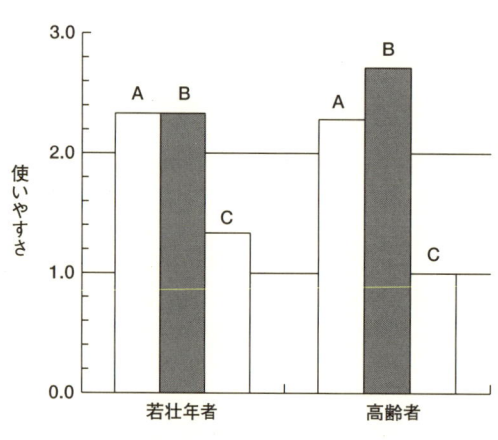

図2　CDラジカセの機種による使いやすさ
（大きい数値ほど使いやすいことを示す）

いにくいとされたCタイプに比べ，課題解決に至る操作時間，視線の軌跡及び停留時間が短かった。また，特に1試行目においては，一般的な電気製品のタイプとは異なるボタン配置をもつCタイプに対して，視線軌跡及び停留時間が長くなった。

　高齢者及び若壮年者層におけるAタイプ機種の課題解決時の典型的な視線軌跡をステップ別に図3のa及びbに示す。円の中心点は視線が約83msec以上停留した場所を示し，円の半径の大きさは停留時間に比例している。両者を比較すると，高齢者には以下の特徴があった。

　①高齢者は課題解決により長い時間を要する。
　②高齢者は視線停留時間が長い。
　③高齢者は視線軌跡が長い。
　④高齢者は同一機種内での学習効果が少ない。
　⑤高齢者は不関連刺激に対し，繰り返し反応する傾向が強い。

(4) 考察

　日頃使い慣れないCDラジカセの操作を高齢者と若壮年者で比較し，機種の使いやすさや年齢に特徴的な問題点があるかを検討した。その結果，機種により使い勝手が顕著に異なること及び使い勝手の悪い機種は年齢にかかわらず使い難いことが判明した。年齢比較をすると，課題達成に要する時間や視線軌跡の迷走ぶりから，高齢者にとって操作に必要なパネルからの情報収集が顕著に困難であることが判明した。それらをもたらした要因として，まず，高齢者の視力低下や老視の進行により，近距離のパネル上に提示されている小さな文字が読みにくいことがあげられる。このため高齢者は視線停留時間を長くするなど，情報の入力に大きな努力を払っていると思われる。

　次に認知的な問題として，文字を読み取れたとしても，文字やアイコンの意味が高齢者には不慣れで，理解しにくいものが多いことがあげられる。そのため，入力した情報に関して，意味を理解する過程において，対象となる文字やアイコンに視線を停留したまま考えることが多い。特に第3ステップにおいて，4曲目を選択する操作の手掛かりが分かりにくく，第1試行では，すべての高齢者が非常に長い時間を要した。若壮年者でも，長い時間がかかることがあっ

たが，一般的には，ボタンの機能を一定の作戦の下に試していく傾向があり，解決に到達しやすかった。他方，高齢者では，多くのボタンに次から次へと視線を移し，ためらいがちに，そのうちの一つを押してみるというまったくの試行錯誤的な学習プロセスを辿って，漸くその解決に達することが多かった。このように第3ステップで学習に長時間を要するのは，CDの曲目を選択するボタンのアイコンがビデオテープやカセットテープの早送りのアイコンと近似して，曲目の順番を指定するボタンとの認識がしにくいことも影響している。また，ボタンにおけるラジオ，カセットデッキとCD間の機能のグループ分けが明瞭でなく，視線がグループの範囲を超えて，パネル面の全体にわたりさまよい歩くこと，が必要なボタンの発見を遅らすことに影響している。

　同一機種の試行間における学習過程を見ると，若壮年者では，2試行目以降，どのステップでも，急速に操作が早くなり，学習が進展したが，高齢者においては，第3ステップの学習がなかなか進行しなかった。記憶力が低下している高齢者では，四つのステップの記憶は困難性が高く，記憶実験における系列位置曲線と同様，なかほどの位置にある第3ステップの記憶形成が難しくなる傾向が示唆された。

　高齢者では，ボタンの形やその位置により，視線をどうしても引きつけられてしまう，気になる無関連刺激があり，その存在により操作のステップが妨害されるケースも多く見出された。さらに，ボタン配置やボタンの形が同一カテゴリーに入る他の電気製品とまったく異なる機種では，それが似ている機種に較べ，正しい操作の学習に多くの視線移動と時間を要した。たとえば，家庭電気製品では，電源ボタンの位置は左右の隅に配置されることが多い。Aタイプは左上隅，Bタイプは右下隅に電源ボタンがあり，若壮年者と同様に，高齢者でも比較的容易に発見し，操作できた。この両タイプともに，ボタンの形状，大きさが他のボタンと異なり目を惹きやすく，いわゆる電源ボタンらしい形をしている。他方，個性的なパネル配置をもつCタイプでは，電源スイッチを発見するために年齢にかかわらず多くの視線移動と時間を要した。この機種では，ボタンの位置が中央上部にあるディスプレイの真下，パネルの中央付近にあり，それと一列をなして，まったく同じ形状の他の機能をもつボタンが並んでいた。

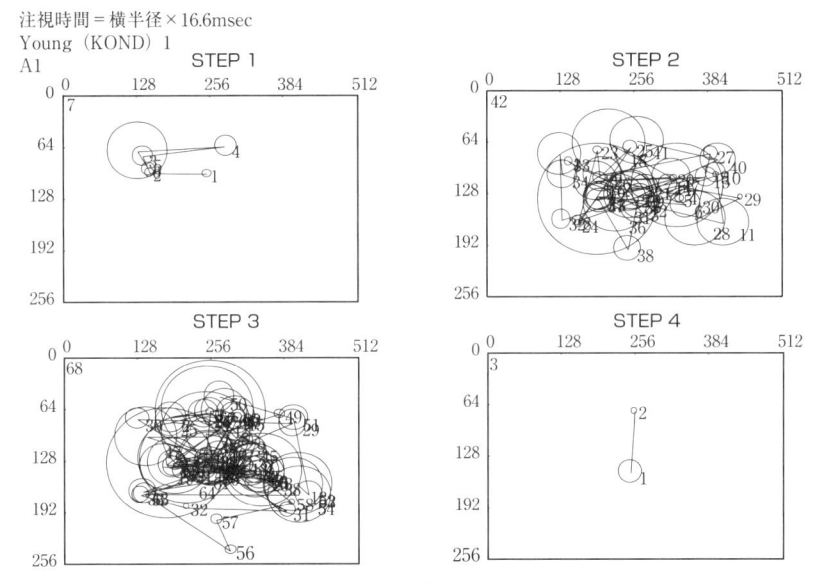

図3a. 若壮年者のAタイプ機種における視線軌跡

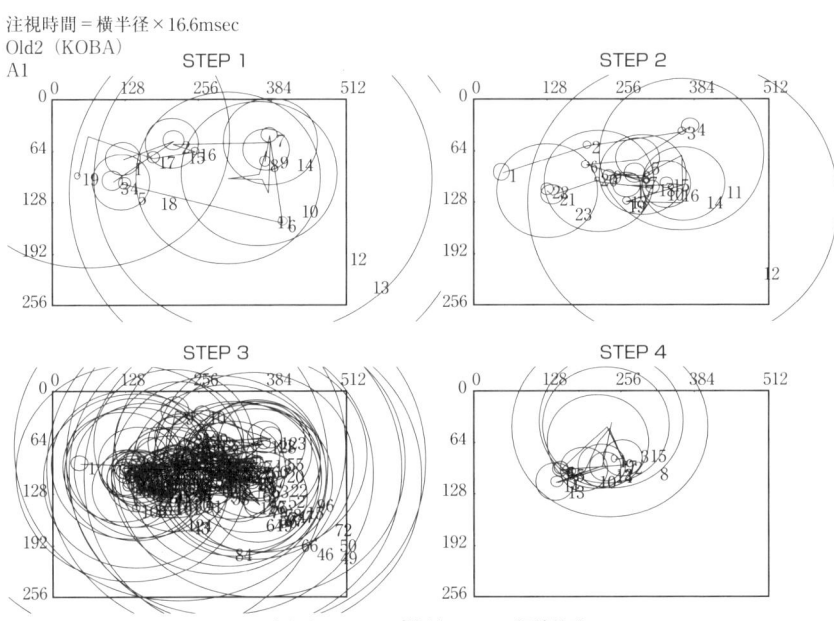

図3b. 高齢者のAタイプ機種における視線軌跡

経験的な観点から体制化ができていない場面では，体制化ができている場面と比較して，刺激に対する視線停留時間が長くなるとの報告（Hess, 1990）がある。未経験な電気製品を扱うさいにも，過去の生活におけるさまざまな機器操作から自然と体制化してきた暗黙知（福島, 2001）を拠り所として，ボタンの機能を検索・推定しているため，被験者にとって新規性の高い情報・操作パネルの理解には多くの時間を要する。勿論，繰り返し使用される製品では，新しいボタン配置や形状もすぐに学習してしまうが，自動券売機など使用頻度が高くない機器では，パネルを一新した，余りにも新規な機器が導入されると，誰でも初めは使用時に緊張してしまい，できることなら使用せずに済ませたい衝動に駆られる。したがって過去の使用経験からの汎化を最大限生かすことにより，学習量の少ない，すぐに使えるようなデザインについて，心理学者は真剣に研究する必要がある。

　以上のように，本実験では，CDラジカセのタイプ及び使用者の特性により，視線軌跡が大きく変化し，文字やアイコンの読みやすさの改善，認知的な問題の解決，ラジオ，カセット，CDの3機能に係わるボタン配置の明瞭なグループ分けなど，高齢者の感覚・認知機能に適合したデザインにするために，視線計測により得られたデータが大いに活用できる可能性があることが示唆された。視線計測法には，視線がある対象の上に停留していることが分かったとしても，それに関する情報処理が停留時間の間ずっと行われているとは限らないというような問題点は残されているが，うまく利用することにより，心理学と工学の連携を促進できるデータを提供する有効な手法の一つであると思われる。今後，さらに計測法の簡便化と解析法の進化を期待したい。

文　献

Birren, J.E. and Renner, V.J.:　1977　*Research on the psychology of aging: Principles and experimentation*, In Birren, J.E. and Schaie, K.W（Eds.），Handbook of the Psychology of Aging, p. 11. Van Nostrand Reihold Company.

Bouma, H., Fozard, J. L., Harrington T.L., and Koster W. G.　2000　*Overview of the field*, In Harrington, T.L. and Harrington, M.K.（Eds.）*Gerontechnology, Why and How*, Shaker Publishing,　p.24.

Graafmans, J. and Taipale, V.　1988　*Gerontechnology, A sustainable investment* in the future. In Graafmans, J., Taipale, V. and Charness, N.（Eds.），Gerontechnology, IOS Press.　p.3.

林祥泰　1985　高齢者脳血流と環境因子，臨床成人病，**5**，567-572.
Hess, T. M.　1990　Aging and schematic influences on memory, In Hess, T.M.（Ed.）, *Aging and Cognition, Advances in psychology* North-Holland, **71**, p.143.
Hinterlong, J., Morrow-Howell, N., and Sherraden, M.　2001　Productive aging, Principles and perspectives, In Morrow-Howell, N., Hinterlong, J., and Sherraden, M.（Eds.）*Productive aging, Concepts and challenges*. The Johns Hopkins University Press, pp.3-18.
福島真人　2001　暗黙知の解剖，認知と社会のインタフェース，金子書房，p.165.
Ilmarinen, J.　1994　Aging, work, and health In Snel, R. and Cremer R.（Eds.）, *Work and aging*, Taylor & Francis.
柄沢昭秀他　1976　知的活動性の高い女性高齢者における知的老化の臨床的研究，精神経誌，**78**，731.
川内美彦：ユニバーサル・デザイン：バリアフリーへの問いかけ，2001　学芸出版社，p112-114.
Kuchinomachi Y. and Kumada, T.　2000　The relationship between the cognitive function decrease of elderly people and the usability of domestic appliances and participation in outside activities. *Technology and Disability*, **11**, 169-175.
口ノ町康夫，児玉廣之　1984　視覚情報処理活動に対するRheoencephalogram（REG）の変化，脳波と筋電図，**12**，267-272.
口ノ町康夫　1987　Rheoencephalogram（REG）に及ぼす視覚情報処理活動の水準となれの効果，脳波と筋電図，**15**，295-300.
口ノ町康夫　2002　福祉機器と生理心理学（新生理学第3巻，宮田洋監修），北大路書房，p.264-275.
新福尚武　1959　いわゆる長寿村の老人ぼけ，精神医学，**1**，303
直井道子　1994　余暇行動と幸福感，森岡清志，中林一樹編，変容する高齢者像：大都市高齢者のライフスタイル，日本評論社，141-157.
ナンシー・J・オズグッド：老人と自殺：老いを排除する社会，野坂秀男訳　1994　春秋社，p.49-71.
Powell, D. H.　1994　*Profiles in cognitive aging*, Harvard University Press, p.107-111, p.177-183.
斎田真也：眼球運動測定法，日本視覚学会編，視覚情報処理ハンドブック，2001　朝倉書店，p.379-381.
Schaie, K. W.　1999　Intellectual development in adulthood, In Birren, J. E. and Schaie, K. W.（Eds.）, *Handbook of psychology of aging*, The third edition. Academic Press,　p.299-300.
Schaie, K. W.　1998　Late life potential and cohort differences in mental ability, In Perlmutter, M.（Ed.）, *Late life potential. Gerontological Society of America*.
シモーヌ・ド・ボーヴォアール：老い，朝吹三吉訳，人文書院（原題 The coming of age, Putnam's Sons, 1972）
総務省（編），平成13年版情報通信白書，2001
総務庁長官官房高齢社会対策室　1998　中高年断層の高齢化問題に関する意識調査.
園原太郎　1980　心理学における発達研究の意義と課題，園原太郎編，認知の発達，培風館，p.4.
Stuart-Hamilton, I.　1991　*The Psychology of Ageing: Introduction*, Kingsley Publishers, p.163.
Welford, A. T.,　1980　Where do we go from here? In Poon, L. W.（Ed.）, *Aging in the 1980s*, p.620. American Psychological Association.

第12章

学際
その狭間で

田尾雅夫

1. 園原先生の一言

　一つの言葉が，その人の生き方を拘束することがある。この私も馬齢を重ねれば，若い人たちに対する言葉には，気をつけなければならない，と考えることがある。言葉一つで生き方を変えさせられることがある。私の場合，園原先生から，その一言を言われた。ただし，直接にではない。けれども，お二人の方から前後して，伝え聞いたことであるから，たぶん言われたのであろうと，とりあえず思い込んでいる。それに，関連したやりとりが，ゼミのときだったか，先生との間にあったような記憶も，鮮明ではないが残っている。たぶん，何人かの先輩たちが，先生のご自宅で，私を酒の肴にして，おしゃべりに興じていたのだろう。生意気だったせいか，その頃，駆け出しの院生の分際で，話題にしていただけるだけでも光栄，などという気分にはなれなかった。

　その戯れ言とは，私のことを，心理学の世界では社会学のことを得意げに話し，社会学の世界では心理学のことをこれまた得意げに話して，本当に理解できてるのかどうか，ということだった。軽率な奴だとか，そこまでは，たぶん言われなかっただろうと思うが，それにしても厳しい指摘だった。私も，青臭いというか，まだ，反発心だけは旺盛で，そこまで言われるのであれば，以後，

心理学では心理学のことだけを，社会学では社会学のことを話せばよいのだろうと，思い込んだ．それが，その後の学際，といえば響きはよいが，それぞれの学問の境目，周辺辺りの，何が専門なのか分からないようなところを彷徨うようになったきっかけである．

このことは，その後20年近く経って，先生のご自宅で，先生の遺影を前にして，Kの会で言わせてもらった．私も，院生のころ，夜郎自大だったのだろうが，頑固だった．今になると，そこまで粋がらなくてもよいだろうに，とも考えるが，それはそれで，私自身のアイデンティティ確保のためであり，また，諸先輩も含めた心理学の中の人たちに対する，やや誤解を招きそうではあるが，闘争宣言でもあったのである．

そのころ，三宅一郎先生（政治学）や村松岐夫先生（行政学）の京都市政調査に加わっていたし，永田良昭先生からは，看護婦の職業意識調査への誘いがあった．数年後には，地方自治研究資料センターで，加藤富子先生や北大路信郷氏と（ともに行政学），本格的な，前後10年に及ぶ地方自治体の組織調査が始まることになる．石村善助先生（法社会学）たちとご一緒のプロフェッション調査への参加も，この少し後になる．

気分としては，社会心理学からは逸れていきそうであったし，ましてや心理学とは，縁の少ない分野に入りかけていた．しかも，その後，教師稼業で，社会福祉学の世界に入ってしまい，熱心にその現場を見聞することになった．今になると，福祉の世界についても，知識だけはなくはないという，いくらかの自負もある．さらに，生業を得て3年後には，細川汀先生（労働衛生学）の調査に参加させてもらうことになった．頸肩腕症候群などを知ったのもこの頃である．企業の健康診断に，医師と一緒に加わったこともある．また，10年前からは，経営学の世界に入り込み，経営政策学講座にいるのだから，もう心理学の人ではない（と見られることがある）．その世界からは，当分，逃れようがない．

他人に誘われ，また，勧められたことばかりで，自分が選んだことではないように思うのだが，その後，行政管理について，福祉や医療について，論文や著書を書くことになったのは，そのときの反発が，大いに影響しているとしかいいようがない．その分野に尊敬すべき先達がいたこともあるが，それ以外に

は，理由が見つからない。今になると，もしかして，心理学や社会心理学の中で，論理も実証も，少しの漏れもなく手堅い仕事を残せるような学者渡世もよかったのではないか，と考えなくはない。心理学も社会心理学も，基礎的な理論構築のしっかりした学問である。それと距離をおいたことは，やはり悔いの部分を大きくしてしまうのである。とにかく（被害者根性だけが身に染みついて）同世代の人たちに比べると，この30年間，いくらか余計な苦労をしたように思うのだが。

　話を元に戻したい。先ほどの決心の内容であるが，そうはいいながら，社会学で社会学の話などできるはずがない。たとえば，そのころ，地方行政のことなど，ほとんど素人，だから，研究会でも聞くだけのことが多い。そこで，心理学では云々，などと発言すれば，それはそれで珍重されるだろうが，そこまでである。知ったかぶりの自己陶酔はあるのだろうが，私のとって益するところは何もない。心理学の研究会で，その知ったかぶりをすれば，園原先生のこともあったように，嫌われないまでも，あいつ心理学者か，と言われ，よそ者になるだろう。その後，よそ者になるのには慣れてしまうことになっても，知ったかぶりを疎まれれば，益するところはこれまた何もない。

　とはいいながら，どこにいってもよそ者なので，生きる方便には長けてくる。小賢しいずるさを学ぶようになる。たとえば，経営学に身をおいても，戦略論には手をださないでいようと決めているし，行政管理論に関わる領域でも，制度論や政治学については一切発言しないでいようと心掛けている。ということは，発言の絶対量が少なくなることである。研究会などで，他の人に比べておとなしいのは，これが理由かもしれない。他方，たとえば，必要があって（ある政令市では，行財政改革のための委員会の座長をしている），地方分権や地方行革などは相当勉強したつもりである。けれども，得意げに吐き出すようなことは一切しない。何も今さら，プロ中のプロが跋扈する世界に，好んで火遊びをすることはない。専ら知識を仕入れるところである。勉強するところが無限に広がるということでもある。だからおもしろい。

　けれども，それだけに，経営学でも行政学でも，そして，社会福祉の分野でも，制度や構造よりも，人間のこと，行動的な論点から扱うようになる。したがって，どの分野でも，その中心というかコアのところには入らないでいる。

どうあがいても入り込めないというのが率直なところだろう。それぞれの学問の辺境のところを、気分としては、ややいじけながら住まいとしている。経営学でも行政学でも、中心からははるかに遠く隔たったところに住まいしているし、社会心理学でも中心からは遠いところにいる。何が中心かといわれても困るが、私は法制度のことは詳しくなく、戦略論のような経営の核心部分には触れないでいようと決心している。心理学では流行の認知論にも距離をおこうとしている。学際の狭間というのは、私の場合ほど適切な表現はないのではないかと、気分的にはやや滅入りながら、自分勝手に悦に入っているところもある。

それもこれも園原先生の一言からはじまった。悔いることはないように思うのだが（むしろ感謝すべきであろうが）、心理学の発展を横目に見ながら、なぜ、こうなったのか、考え込むと思いは尽きないのが、わが学者渡世のように思ってしまう。以下では、いくつかの学問の境い目から、心理学を横目に見た場合、どういうことを感じるのかということについて考えてみたい。

2. 心理学という学問，他の学問と比較しながら

心理学という学問は、他の社会科学に比べれば、非常に融通無碍であることは疑いない。基本的な理屈を修得すれば、その応用範囲は、無限に広がるといってもよいであろう。その気になれば、どのようにでも、その知識を活かすことができる。経営学も行政学も、社会福祉学も、極端にいえば何でもよい、人間行動が何がしかあるところであれば、牽強付会、いくらでもこじつけはできる、最大限の皮肉を込めていえば、便利な学問である。その気になれば、どの分野にでも切り込んでいける。

であるから、軽率といえるところがないとはいえない。ドン・キホーテよろしく、心理学の概念や方法論をかざして、社会科学の、分野は問わない、何でもよい、それに向けて猪突猛進すれば、とりあえず何でも聞いてくれる、そういう印象を持っている。もしかすると陰で嗤っているかもしれないが、表面的には、それだけで恥をかくことは、あまりないように思うのだが。

なぜか。いくつか理由がある。一つは、心理学がまだしも厳密な実証の学で

あるということである。それに憧れる人は，社会科学には多くいる。調査の方法も，方法論さえもない学問はいくらでもある。それにいち早く，心理学は応えることができた。私も駆け出しの頃，調査の設計には，中心になって活躍できたように，何とはなく思うのだが。

次に，いうまでもないが，すべての社会科学は人間行動を多少とも含んでいる。関係ないというのは，規範の学である法律学くらいであろう。それも分からない。人間行動は，心理学がもっとも得意とするところである。とくに，人間的なものを極力排除して，合理的に，この社会を説明しようとする学問一般に見られることは，それが一つのあり得ない状況を仮想しなければ，説明原理としては妥当性をただちに欠くことになる，ということである。だから，どこかで無理ができる。そこを突けば，三百代言よろしく，何とでもいえる便利さが，心理学にはあるように思うのだが。合理的な説明も，そこには三百代言的なところがあるので，結局，五十歩百歩というところだろう。

ところが，以上の心理学の存在意義は，他の分野の研究者も気が付いて，心理学的な傾向をもった人たちが，近年，それぞれの分野に参入をはじめた。たとえば，経営学などは，その学問の半分近くが，人間と関わっている。人事管理も労務管理も，近年の人的資源管理などもまさしく心理学の応用編である。けれども，心理学を自らのメジャーなプリンシプルとする人たちと，それ以外から加わった人たちには，微妙に，その関心の由来に，何かしら差を感じてしまうのである。

それは，端的にいえば，個人差への気遣いである。私のような心理学をバックボーンにしている（やはり心理学の出身という事実は隠せない）研究者は，人間はそれぞれ違うもの，その個性については，何か，大げさにいえば，触れてはいけないもののような気分がある。それを，余所から入った心理学的な経営学者たちは，大胆にそれを一括してしまう，人はそれぞれ似たようなものという気分があるらしい。これは微妙な差ではあろうし，私も，必要以上に敏感になりすぎているのかもしれないが，人的資源論などで，きわどい議論になってしまうと，チラと言外に漏れるようなことがある。私は本性から意地悪い人間なので，発表そのものよりも，その底にある思考様式などが気になり，そういうニュアンスの違いに聞き耳を立てるのである。

なぜかといえば、その原因の一つは、あのどちらかといえば面倒な気分で避けたかった、あの初級実験からはじまる実験の数々にあるのではなかったか。柿崎先生に指導していただいたミュラー・リアーの錯視といい、鏡映描写といい、また、本吉先生に指導していただいたネズミの走行実験といい、平均はあっても、あれほど、個人はそれぞれ違うのかという、目に見えた体験は、その後の学問の枠組みを規定しているのではないかと思うようなことがある。ネズミでさえも、学習するなかで、一瞬に餌箱に飛び込むのもいれば、いつまでもモタモタを繰り返して学習効果がなかったのがいた。深夜に及ぶ実験だったから、早く下宿に帰って寝たい、こいつ何やってんだ、とその後ろ姿を呪うこともあった。であるから、差はあっても当然、それが人間行動の基礎になるという体で覚えた知識は、いつになっても捨てられない。

そういえば、園原先生が授業中、知能について、みんながよくなるようにすれば、正規分布が右に移動するだけ、よくない人は、比較すれば、やはりよくない。個人差はなくならないものだ、という意味のことを言われた。差はあって当然、それを一括してしまうことへの後ろめたさが、私のように、一括を当然とする世界に入ってしまうと、居心地のよくなさを感じることになる。

経営学者のなかでも、キャリアを扱いモチベーションを扱う人は多い。けれども、それは人間一般という議論で、何かしら、その人、この人ということには思考が及んでいないように感じる。平均がそのまま文字通りの平均であり、そのなかの偏差を考えようとはしない、そういう感じを言外に受けることが多々ある。私だけの思い過ごしといわれそうであるが、それでも、自信を持って、その思い過ごしをいうことができる。ネズミにあった、あの個体差、人間にないはずはない。だからこそ、どいつもこいつもおもしろいという、この思考の快感である。

ではあるが、どいつもこいつもおもしろいから、そのおもしろさを活かそうとするほど、その容貌魁偉なところに関心が向かい、それほどではないとしても、でこぼこに関心を持たざるを得なくなる。綺麗な絵が描けなくなる。

社会科学では概して、周知のごとく、綺麗に描かれた絵を珍重する傾向がある。新古典派経済学などはその典型というべきだろうが、見事なほど綺麗な絵解きをしてくれる。研究会などで聞いていて、いつもほれぼれする。けれど、

人間など余分な要素はないがごときである。だから，ほれぼれもするのだろうが。黄金律の絵を安心して見ている快感がある。少なくともエッシャーの絵を見る違和感はない。それで，この社会にすべてが読みとれるというのは幻想に等しいと考えるのだが，それを信じ込む人もまた多い。学問とは，信じることによって前進する。パラダイムなどとはよくいったものだ。しかし，それでは説明に不足するということで，それに反対する制度学派の理論が出て来たりする。人間への関心が盛り込まれたりもする。それに対する反発もまた強い。だから，厳しい論争もあるのだろう。

経営学でも同じことである。見事に絵解きを見せた理論が，そのパラダイムを席巻して後に，そうではないという理屈が編み出される。例えば，ビュロクラシーのモデルや科学的管理法などという理論が首位の座についた途端，人間関係論という，人間臭い理論がそれに取って代わることになる。合理的と非合理的の考え方が栄枯盛衰を繰り返すのである。そういえば，最近も，IT化をめぐる組織論でも，MISやTSSなどの楽観論が勢いをなくして，人間をどのように取り込むかという議論に変わってきた。

人間的なものを排除して，綺麗な絵解きにこだわる合理的な理論が出ると必ずその後を追うように，人間的なものに関心を向ける，いわば非合理的ともいえる所説が展開される，その繰り返しであったように思うのだが。

ハーバード・サイモンの制限された合理性などは，それの折衷であったはずであるが，それでも，今後，合理と非合理の，紅白入り乱れての論争は尽きることがないであろう。絵解きに興じる人たちと，それに異を唱え，絵解きに疑いを挟む人たちは，それぞれアカデミズムの一方と他方の典型である。

それはそれで，人間の行動をすべて合理的に説明できれば，問題は霧消する。けれども，人間というものがどうしても，周囲が期待するように合理的に考え行動しないことを与件としなければならないので，複雑な経路，それを前提にした理論やモデルに向かうことになる。

したがって，心理学というのは，使い勝手のよい学問である。それだけ自惚れていてはどうしようもないが，その使い勝手を活かせば，誤解を招くいい方ではあるが，諸学の王になれる可能性がなくはない。この社会との接点を模索することも大事かと考えたりもするので，心理学の枠に囚われない，そこを飛

び出す人もいてほしいと願ったりもする。

3. ヒューマン・サービスのマネジメントへの貢献：学際的世界への誘い

　近い将来，超高齢社会が到来する。疑うまでもないことである。これは，心理学の出番をまた一層大きくする。その存在を訴える好機到来と考えてもよいのではないだろうか。いくらか大げさにいえば，これをどのようにとらえるかで，心理学は，諸学の王とまではならないまでも，その中心に位置することは大いにあり得る。

　この社会はいうまでもないが，すでに高齢者の多い社会である。高齢者が多くなれば，もしかすると，考えようによっては，穏やかな社会が到来しそうでもある。高齢者が静かに暮らしている姿を想像することもできる。しかし，高齢者はやはり高コストである。語弊があろうが，高齢者が人口比の2割を超え，3割，4割，もしかして過半を超すようなことがあれば，穏やかな社会ではない。元気な人は加齢とともに少なくなる。加えて，豊かな人たちだけではない。その重みだけで，間違いなく，この社会は破綻する。活気がない以上に，この社会が薄汚れてしまいそうである。

　そうはならないために，社会諸科学は，そのために何らかの施策立案に貢献できるように，総動員というほどのことではないが，動員されはじめた。ジェロントロジー＝老人学のような新しい学問もできた。では，どのように心理学がこれに参入するかである（すでに参入しているが）。好機到来とはこのことであり，心理学を抜きにして，老人学も，また，その社会のための施策立案もあり得ないようである。

　公害もそうであったし，環境問題もそうであった。この社会が，何か急速に対応を迫られるようなとき，一つの学問，一つのディシプリンでは対応できないことがある。問題が複雑，しかも多岐に及ぶ，したがって，自然科学の知識も含めて，諸学が連携して，新しい一つの知識体系をつくらなければならない。エイジング，つまり加齢現象こそは，これまで，心理学が得意としてきたトピックである。したがって，諸学の中心に位置する意欲を持っても当然であろう。

しかし，心理学だけでは，包丁の切れ味に限界がある。他の学問との連携は欠かせられないことである。では，どのような学問と組むのか，どのように組むのかについては，いくらでも考えることがある。それぞれの学問も同じようなことである。であるから，インターディシプリンなのである。
　これを仕掛ける一つの方向として，私の場合，ヒューマン・サービスという方向を考えた。これは，広範囲のサービスを仮定している。医療や福祉，それに教育なども含めたい。要は，人が人に対して提供するサービス一般である。サービスの送り手と受け手がいる，その中で互いが互いを必要とする相互依存関係の成り立ちを考え，それを理論化しようというのである。近未来の超高齢社会では，このヒューマン・サービスはますます欠かせなくなり，その社会の中心に位置するのではないかと考えている。
　ただし，ヒューマンだから，人間的なサービスを期待するということではない。ヒューマンであるから，むしろ人間的ではない，非人間的ともいえるようなサービスもあることが重要なのである。対人的であるから，感受性とか共感の必要性が説かれる。けれども，それについては個人差もあることだろうが，それを嫌がる人もいれば，長期的には耐えきれなくて疲れやすい人もいれば，それを天命と信じている人もいる。人はさまざまである以上に，ヒューマンではないサービスを提供する可能性が大いにあるということである。バーンアウトという特異なストレスの経験もある。その果ては，たとえば，患者を人間として扱わなくなる，そこまでいかなくても，親切にはできなくなる，ぞんざいに扱うなどである。ヒューマンなサービスは必ずしもヒューマンではない。
　その，必ずしもヒューマンではないサービスの成り行きをどのように理論化するのか。とくに，それを高齢者が格段に多くなる社会で，円滑にヒューマン・サービスを提供して，この社会が破綻しないようにするための仕掛けを考えることになる。これはマネジメントの問題でもある。
　当然のことであるが，高齢者が多くなれば，寝たきりも病弱も，一人暮らしも，もしかすると痴呆性の高齢者も増えることになる。絶対数が増えるのであるから，それを支える人のなかで，疲れる人も，嫌がる人も多くなって当然である。その存在自体が，本来，語弊を覚悟でいえば，コストである。多くなるほど，コストとしての意味は膨らんでくる。姥捨て山の再来などはないことを

願うが，何もしないで，そのままにしておくことは，社会の枠組みを動揺させることになる。

　他方，高齢者が多くなり少子化がそれと歩調を合わせれば，疑いなく労働力人口が減ることになる。少なくなる社会的な資源をどのように有効活用するかは，経済学，政治学，行政学，経営学，社会学などが取り上げる問題であるのはいうまでもないが，心理学も関与すべきである。いっそう深く関与すべきである。介護や看護だけがヒューマン・サービスではない。いつまでも働けるように，健康に生活ができるように，少なくとも，寝たきりにならないように，心理学的な知見を動員して，施策にそれを活かせるようなことはいくらでもありそうに考える。またそのためには，高齢化ということ，エイジングがいかなる現象であるかについても，心理学の貢献は大きいはずである。

　この，エイジングとはどのような現象か，それには，どのようなことが原因になって生じるのか，それはまた，どのような帰結を生むのか，それの影響する範囲，エイジングにおける個人差とは何か，などである。この程度は，まだまだ不足としても，すでに多くの知見の蓄積がある。

　それを，どのように実際的な知識として活かせるかが，もっとも重要になる。それがインターディシプリン，学際的となる所以である。原因と帰結に対する施策をどのように統合できるか，個人差を，高齢者就労に，どのように活かせるか，その機会をどのように設定できるか，尽きることのない応用問題が，無限に広がっている。それに対処できるか，できなければ心理学の効用を問われることになる。

　けれども，繰り返すが，心理学がそれらを大いに解明したからといって，一人悦に入っているようでは，これまでと何も変わらない。むしろ，その知見をバネにして，諸学を呼び込むくらいの勢いがあってもよい。

　通常の，幼児から成人に至る発達は，個体間の偏差は小さく，逸脱は，異常値扱いをされる。しかし，エイジングの中では，加齢とともに，むしろ偏差は拡大することになる。通常のという，平均を前提とした論理が通じなくなる。それこそさまざまの高齢者がいることになる。同じ年齢でも，一方に寝たきりの老人，痴呆で日常生活がまったく営めない人がいるが，他方では，若々しく，むしろ青年と見間違うような人もいる。この開きが年齢とともに大きくなる。

それぞれの個体にあわせて，人生を設計するための知識や技術は，心理学を基礎に構築され，諸学との交流でさらに磨きをかけることはできないのかと期待したい。社会心理学でも，地域における高齢者特有の行動，それを有機的に，生き甲斐などに結びつけるのは，対人関係など基礎理論の体系的な貢献がなければならない。

たとえば，高齢者は家から外に出すだけでも，いっそう健康をよくし，社会的なコストを少なくするという仮説，というか，考え方がある。公営交通の，老人無料パスなどはこの考えによっている。乱暴ないい方をすれば，元気なうちは，とにかく家の外に引き出すのである。さまざまに行政が主催するイベントや，老人クラブの活動もこの考えに立っている。しかし，この漠然とした仮説は，それ自体証明されるべきであるし，どのように，どのような老人が外に出ることで健康によい影響を与えるのか，その過程は解明されてはいないのではないか。

4. 心理学の課題

また，老人が，幼児と一緒に（あるいは幼児のように）唄を歌うなどのイベントがテレビなどで見られるが，そこにいた高齢者すべてが，あれを喜んでいるとは思えない。皮肉をいえば，あの画面，もっともっとクローズアップして，老人の顔を一人一人映してくれれば，口をもごもごさせるだけで歌っていない人もいれば，まったくそっぽを向いている人もいるに違いない。それを指導している若いコンダクターが，まるで老人たちを子どものように扱っていたのも，私なりに腹立たしく感じたりもした。私が，ヨボヨボの老人になって，けれどもまだ痴呆の初期段階で，もしそこにいれば，私の人生を台無しにされているという思いだろう。他の人たちには悪いから，無礼はできないが，そっとその場を抜け出していたであろう。そう考えた人も，もしかして実行した人も，そこには多かったのではないか。

ついでながら，高齢者の生きがいのために，幼稚園に老人ホームを併設したという話を，ある自治体の担当者から得意げに聞いた。パイロット自治体になって，市として独自施策の目玉になるというのである。そのときも，内心では

憤慨し，私ならば，そんなところには絶対入所しないと思った。静かにしていたいのに，チビガキどもの騒がしい雑音を四六時中聞くことになれば，それこそ苦痛以外の何ものでもない。それが，この若い職員には分からないのか，と考えたりもした。

　さまざまの人生があった，それによってさまざまの価値関心が残った，それをどのように概念化して，今後の施策立案に活かし，社会的なコストを削減するか，ということは，近未来の超高齢社会に向けて大いなる課題である。平均では掴みきれない社会が，今，広大に広がりつつある。それにどのように対処するか，平均を押さえながら，その偏差にも配慮して，全体として安定を確保し，さらなる充実が得られるような仕組みである。これの構築こそが社会工学であろう。それに向けての方向づけに，心理学だけではなく，社会心理学だけではなく，諸学のあつまりのなかで，それぞれが学問の質，その力量が問われることになる。

　大げさにいえば，この社会に負荷するコストをできるだけ少なくして，高齢者が，少しでも幸せになれるような，できるだけ生活の質を享受できるような社会を，どのように設計し，実現できるかである。悲観的な見方のほうが圧倒的なようであり，私もその立場に立たざるを得ないが，それでも，その方向に向けての努力の積み重ねは欠かせられない。抽象的な論理の構築も，また，当座の利便を図るための工夫も，学問の使命としてはあると思うが，これらを両極に配して，その間に，中長期的な展望とそれを活かすような具体的なデザイン・ミックスが関わるような領域があり，それこそはインターディシプリンであり，諸学の知恵を結集するところであろう。それがないと，超高齢社会は，破たんはしないまでも，停滞した，よどんだところになる。住み難いところになる。抽象的な仮説を弄ぶにしては，もう時間がない。それに個々どのように対処するかにしても，策はもう出尽くした。今は，それらを繋ぐ論理がほしい，展望がほしい，実現できる夢がほしい。

　心理学や社会心理学が，そのなかでどのような貢献をするのか，私も他人事としてではなく（それどころか，私自身の老後問題でもある），他の，たとえば行政学や経営学で得た知識を動員して，馳せ参じたいと考えている。園原先生も，たぶんもう，あいつは，心理学で社会学のことを得々と喋っているとは

言われないとは思うのだが。

　20歳代の後半で，社会福祉の世界をのぞき込んで，自分の越し方行く末を考えるようになると，どうしても少しずつではあるが，高齢問題を考えることになった。その成果として，いくらか宣伝になって心苦しいけれども，以下のような仕事をしてきた。ヒューマン・サービスについては，「ヒューマン・サービスの組織」（1995, 法律文化社），「ヒューマン・サービスの経営」（2001, 白桃書房）。また，それに伴う特異なストレスについては「バーンアウトの理論と実際」（1996, 久保真人と共著，誠信書房），高齢者就労については「高齢者就労の社会心理学」（2001, 高木浩人・石田正浩・益田圭と共著，ナカニシヤ出版）。また，近未来の全体的な見取り図を描くために，近々「超高齢社会を生き抜く」（西村周三・藤田綾子と共編，名古屋大学出版会）を刊行の予定である。

第13章

臨床心理学
方法の現状と課題

鳥山平三

1. はじめに

　臨床心理学（clinical psychology）とは——「応用心理学の一分野。臨床は病床に臨むという意味を持ち，心や行動が病的な状態の人の心理を対象とする実践的学問といえるが，臨床医学と異なり，必ずしも病的とは呼べない範囲，すなわち，適応，発達，自己実現，心の安定などを目指す専門的な援助学である。心理的アセスメント（査定），心理療法，コミュニティ心理学，研究の4つの領域に大別される。アセスメントとは，援助の立場から，面接，種々の心理テスト，行動観察により，人格・態度・能力などを客観的に把握し測定すること。心理療法は，個人や家族，集団や地域社会を対象にし，さまざまな立場や技法（精神分析的，行動主義的，クライエント中心的，実存的，日本的など）がある。研究方法としては，面接による事例研究や調査研究を用いる。心理臨床家の職域は，病院や診療所，児童・学生・教育等の相談所，社会福祉事務所，裁判所，産業界，地域の保健所・精神保健福祉センター，個人開業など多岐にわたる」（『臨床心理学辞典』八千代出版，1999年，より）。

　素朴な意味での臨床心理学的な活動は，古くは人類が社会生活を営むようになった頃からあったと思われる。たとえば，呪い師（medicine man），占い師，

八卦見師，お祓い師，拝み屋，予言者，巫女といった人たち，そして，宗教の教祖や組織化された後の指導者，部族や村落の酋長や長老，近隣のご隠居さんや，物知り老人，生き字引（walking dictionary），老賢者（wise old man or woman），といった人たちが，運勢を占ったり，何らかの相談事を引き受け，助言を与えたり，人生の指南をしたりして，精神的な支えになっていたと考えられる。もちろん，現在でもこのような行いは随所に見られ，多くの人々を助けたり救ったりしているのである。そして，一定の役割や効用も確かにあると思われる。しかし，今からほぼ100年ほど前から，近代合理主義や自然科学の黎明に目覚めた西欧や米国の人々には，これらの託宣や教えが迷信やまやかし事に思われ，不信感や疑念を抱かせるものになっていった。加えて，上の位置にある者が，下の立場にある者に対して，道を説き，道を示すといった押しつけ的な関係が，近代自我に浴した人々に窮屈で煙たいものになっていったのであろう。

　そこで客観性や公共性のある，医学における医師と患者の関係に見られるような診断と治療という実務的な対人サービス活動へと衣替えしてきたのである。そして，それが1920年頃より，知能検査法などの心理的アセスメントの代表的なテスト類の翻訳標準化をはじめとしてわが国にも導入され，さらに精神分析理論や米国のカウンセリング理論と技法が相次いで紹介されたり，訓練を受けて帰国した心理臨床家たちによって広められてきたのである。

2. 臨床心理学の現状

(1) 心理的アセスメント（psychological assessment）

　アセスメントとは，評価ないしは査定の意味である。心理的アセスメントは，単にクライエント（client：来談者）の能力や人格などの評価にとどまらず，人格構造の特徴，欲求や葛藤，それを処理する自我の働き，課題解決の方法や適応の仕方など，迷い悩む人の全体像を総合的に理解するといった広さと深さを要するものである。そのためには，心理的アセスメントは，まず対象となるクライエントに関する情報の収集に始まり，そこで得た資料を分析・統合し，必要があればさらに資料を収集しながら，より的確な査定へと進んでいくもので

ある。実際には，面接や心理テストを実施して，行動観察や家族・知人などからの間接的な情報の収集を行い，それらによりクライエントの抱える問題とその経緯や背景を把握するのである。それが可能となるためには，心理臨床家の年輪を経た幅広い経験と知識が何よりも求められるのである。

　1）面接（interview）　基本的には言語による対話形式の心理的アセスメントの一局面である。初回面接や面接初期においては，特にラポール（rapport）の形成が重要である。ラポールとは，面接者であるカウンセラー（counselor：面接相談担当者）とクライエントの間の意思の疎通のことである。それがスムーズになされるためには，面接者は特に共感的，受容的雰囲気を心がけ，クライエントが自由に安心して話し始められるような信頼関係を築くことである。その逆に，たとえば，警察官の事情聴取や取り調べのような，尋問や詰問の調子で接すると，クライエントは警戒してフランクに会話をしないであろう。学校の教師にも，生徒に対して，このような態度が出やすいので注意を要する。

　2）心理テスト（psychological test）　個人の人格や能力，あるいは，その他のさまざまな心的側面について査定するために考案され，一定の統計的処理を経て作成された心理学的検査である。巷間には，興味本位に安易に作られた心理テスト"もどき"といった半端なキワモノ的な判じ物が数限りなく散らばっているので注意を要する。よく話題になる「血液型による性格診断」や「星占い」の類には，科学的根拠がまったくないといわれている。

　つまり，心理学的検査の作成には，"標準化（standardization）"という手続きが必要であり，検査の対象となる範囲（例えば，年齢，性別，地域，職業，教育のレベル，についてなど）の母集団を代表するグループから得た資料を基礎として基準値を設定しなければならない。予備調査や出発尺度による探索検査を実施し，それらが統計的に適切に処理された段階で，信頼性（reliability）と妥当性（validity）が検討され，その結果，検査としての性能が高いという判定が出てはじめて一つの検査が完成することになる。そして，検査の実施や採点が明確で客観的であるといったことが標準検査の必要条件である。

　標準検査（standardized test）としては次のようなものがある。

　　①知能検査（個別式として，田中ビネー式，鈴木ビネー式，WISC-R，WAIS-R，WPPSI，など，集団式として，京大NX知能検査，などがある）

②乳幼児発達検査（新版K式発達検査，などがある）
③社会生活能力検査（ヴァインランド社会成熟度尺度，SM社会生活能力検査，田研式社会成熟度診断検査，などがある）
④人格検査（質問紙法として，YG性格検査，MMPI，MPI，CPI，5因子性格検査，など，また，投影法として，ロールシャッハ・テスト，TAT，P-Fスタディ，バウム・テスト，などがある）
⑤適性検査（進路に関するもの，職業の適性や興味に関するものがある）
⑥親子関係診断検査（田研式親子関係診断検査やTK式診断的新親子関係検査，また，PCR親子関係診断検査，などがある）
⑦言語発達・理解検査（ITPA：イリノイ式精神言語テスト，などがある）
⑧知覚・感覚検査（フロスティッグ視知覚発達検査，ベンダー・ゲシュタルト検査，などがある）
⑨その他，記憶や学習に関する検査

　これらの検査は，標準化されたものではあるが，検査時の被検者の心身の条件や場面の状況要因などにより，影響を受けることがあることに留意する必要がある。そして，何よりも検査者の検査についての理論面の習熟と技法についての熟練度が問われることになる。そのためには，自らも被検者となる経験を重ね，検査の意図を自らの資料から読み取る訓練も重要である。その後，実際に実施者となった場合も，その検査結果について練達者の評価や合評会での公評などを得るようにするといいだろう。

(2) 心理療法（psychotherapy：精神療法も同じ）

　精神病や神経症といった精神疾患の患者，社会適応上の問題を有する人，あるいは，自らの生き方を問うている人，などを対象として，臨床心理学的な手法でコミュニケーション（言語的ないしは非言語的）を媒介として，援助的に関わる活動である。上に述べた「面接」の心得や「心理的アセスメント」の技法が，心理療法において重要な方策となる。

　心理療法の専門家（心理療法家・精神療法家・心理臨床家・心理学カウンセラー，など）は，一定の教育と訓練を受け，それにふさわしい適性と十分な経験，そして，臨床家としての倫理観をしっかりと備えている必要がある。

1）**カウンセリング**（counseling）　一般に，カウンセリングとは，「相談」ないしは「助言援助」という意味になる。人が悩みや迷いを抱いたときに，身近な人たち（たとえば，父親や母親，祖父母，おじやおば，兄弟姉妹，教師，先輩，友人，職場の上司や同僚，その他の知り合い，など）に打ち明けて相談を持ち掛け，助言を求める場合も一種のカウンセリング的事態といえるが，その際には，両者の間にすでにある一定の感情的・利害的・上下的関係ができあがっていることが多く，込み入った問題となると，また，精神疾患の可能性があったりすると，真の解決を得ることは難しいといえる。それゆえに，カウンセリングが効果的となるためには，相談を担当するカウンセラーは第三者という中立の立場から，問題を抱えて相談に来るクライエントと，一定の場所で出会い，話し相手になることが望ましい。

つまり，日常的な場を完全に離れるのではないが，状況としては非日常の特定の空間（相談室とかカウンセリング・ルーム）を設定して，カウンセラーとクライエントが一定の契約（日時や相談料金，などについてあらかじめ取り決める）のもとに行われるべきである。通常は，言語を用いての対話による面接が基本であるが，場合によっては非言語的な遊戯療法や箱庭療法のようなものもある。そして，一定の時間（1回の面接時間は，50〜60分，継続する場合は，週に1〜2回，あるいは，月に1〜2回）における関係となる。

クライエントの抱える問題によっては，比較的解決の容易な生活上の事柄や学業・進学・進路・就職に関して，助言や情報を求めてのものもあるが，家族関係・友人関係・職場の人間関係・人生の悩み，などなど，込み入ったものもあり，それらの訴えの背後に，案外，複雑な心理的不適応指標（たとえば，クライエントの性格の偏りや異常性，あるいは，精神疾患など）が潜伏していたりする。そのような場合，事態が深刻となり，カウンセリングといったレベルでは対応しきれなくなったりする。したがって，より効果的に処理するためには，カウンセリングの手法を一歩進めて心理療法の対象として扱うべき判断が必要である。そして，精神科医療との緊密な連携も重要になってくる。

2）**事例研究**（case study）　カウンセリングや心理療法において扱われた事例について，その問題の発生の背景や因果関係，心理的アセスメントの検査結果，そして，治療経過とその後の展開を明らかにして，個別性に留意しつつ

も客観性や公共性のある理解を得られるように，詳細に検討された記述である。

　そのために必要な事例史（case history）というものを資料として提示しなければならない。事例史とは，クライエントが誕生して後の生育歴，家族歴，学歴，交友歴，あるいは，病歴などについて聴取ないしは調査したものを整理して，問題となっている訴えや症状の成り立ちを吟味するのに参考となるものである。クライエントがどのような境遇に生まれ，どのように成長して，どのような出来事や事件に遭遇して，今日の事態に至ったのであるかを，時間的経過にしたがって追究していくことである。そして，カウンセリングや心理療法が開始されてからの逐一の経緯をたどって，面接でのやりとりや内容の中に心理力動関係（たとえば，抑圧や抵抗，転移や逆転移，など）が表出されていないかどうかを明らかにすることも重要である。このようにして，カウンセリングや心理療法の経過中であれば，途中までのクライエントの動向を知り，今後の展開への課題を把握する手掛かりになるであろうし，問題が解消されないまま中断に至ったり，また，首尾よく終結に至った場合は，まさにその事例史がそのまま事例研究の中核資料となるであろう。要するに，事例史の作成は事例研究の基本であり，次に述べる事例会議（case conference）に必要なものとなる。

　事例会議とは，カウンセリングや心理療法で扱っている事例について，担当者が資料を提出し，相談機関や治療機関のスタッフに意見や批評を求め，スタッフ間の理解や協力を推進して，チームワークをよりよくするために催される会議である。事例検討会議とも呼ばれ，より大規模に，学会の分科会で開かれたり，研究会形式で広く参加者を募って定例的に開催されたりする。その目的は，ともすれば事例担当者は自らの事例について，偏った見方や狭いとらえ方に陥る場合があるので，それを他者の視点からの意見を得て調整する機会を設けることにある。これは事例担当者にとっては，一種のグループ・スーパービジョンの場となり，その他の参加者にとっては，いわば研修の場となるであろう。

　3）スーパービジョン（supervision）　カウンセラーや心理療法家が自らの臨床活動の実践技法や態度などについて，しかるべき指導的立場の人に点検し

てもらうために受ける面接のことである。それにより自己盲点に気付く契機となったり，知らず知らずのうちに独りよがりや自己流に傾斜していてクライエントの利益にマイナスとなっていることを指摘してもらう機会となる。

このスーパービジョンを行う人を，スーパーバイザー（supervisor）と呼び，それを受ける人を，スーパーバイジー（supervisee）と呼ぶ。カウンセラーや心理療法家になるためには，また，自らの面接能力や実践技能（スキル）を高めるためには，熟達した心理臨床家であるスーパーバイザーの指導監督を受け，常に自らを戒め姿勢制御する謙虚さと自重の倫理観が必要である。

ところで，カウンセリングや心理療法の過程で，クライエントが重要人物（とくに両親）に対する感情や態度をカウンセラーや心理療法家に向けたり，さらにすべての対人関係に向けることがあるが，これを精神分析では転移（transference）という概念で呼んでいる。その反対に，今度はカウンセラーや心理療法家が自らの内的な問題，ことに過去の経験が治療の場やクライエントとの関係によって揺り動かされ統制がつかなくなり，自らの内的な欲求によって反応してしまうことがあるが，これを逆転移（counter transference）と呼ぶ。そこでカウンセリングや心理療法の妨害になっているこの逆転移を指摘し，解決の方向に指導することがスーパーバイザーの重要な役目である。

(3) コミュニティ心理学（community psychology）

個人を取り巻く社会の仕組みや生活する環境側の要因が，個人の行動に及ぼす影響を分析し，問題点に対して介入や改善を図るにはどのようにすればよいかを，理論的ないしは実践的に追究する心理学の立場である。1965年に米国のボストン会議で提唱され，その翌年に米国心理学会（APA：American Psychological Association）の1部門となっている。わが国では，1975年に第1回コミュニティ心理学シンポジウムが開催された。

本来の臨床心理学の対象が個人であり，目的が治療や矯正にあるのに対して，コミュニティ心理学の対象は社会システムであり，目標は治療よりも予防，そして，成長促進を目指すはたらきかけである。さらに，相談機関でクライエントに出会うといった待機方式（waiting mode）というよりも，積極的に関連領域の人々と協力し，地域や問題が生じている現場に出動して援助を行う探捜方

式（seeking mode）が特徴である。

1）コミュニティ・ケア（community care）　精神科医療では，とくに統合失調症（精神分裂病）などの患者を長期に入院させて，地域社会での生活から隔離する処置を通常とってきたが，それをなるべく地域の中でケアしようとするものである。それは知的発達障害児・者についても同様の方向性が求められる時代になっている。しかし，それには地域住民の意識の変革と障害児・者への理解と受容的態度が前提となる。つまり，病院や施設も地域に開かれたものとなり，ときには，病院や施設の橋渡しとなる中間施設（halfway house）の配置も必要となってくる。中間施設としては，精神障害者のリハビリテーションのために用いられるナイト・ホスピタル（night hospital），児童養護施設から社会に出て自立する前に利用するグループ・ホーム（group home：共同住宅），また，高齢者のレスパイト・サービス（respite service：世話をする家族が一息つけるようにする援助）のためのデイ・ケア・センター（day care center）などがある。身体障害者や高齢者のための地域社会の物理的バリア・フリー（barrier free）が整えられてきつつある今日，真のノーマライゼーション（normalization）の実現のためには，それに加えて精神障害者や知的・身体的障害者への偏見や差別を乗り越える，いわば"心のバリアフリー"といった地域住民の公共的民度の向上が望まれるところである。

2）社会療法（social therapy），あるいは，環境療法（milieu therapy）
精神病の患者やクライエントの属する病院や集団の中での人間関係を活性化して，社会的感受性（social sensitivity）や社会的共感性（social empathy）を高め，社会的適応能力を獲得させる心理療法である。たとえば，ジンメル（Simmel）が1929年に統合失調症者のために支持的雰囲気の施設が望ましいと提唱したのが最初とされているが，実現させたのは，1931年にサリヴァン（Sullivan）がその具体的なプログラムを提示したのに始まる。

その後，1950年代にジョーンズ（M. Jones）は治療共同体（therapeutic community）というアプローチを普及させた。それはロンドンのベルモント病院で始めた精神障害者のための新しい治療システムである。精神科病院において患者の自由と責任を尊重し，医師や看護師，その他の治療スタッフが平等の立場で話し合ったり，コミュニケーションをオープンにするというものであっ

た。それにより，患者の自発性や自己統制力が増し，結果的に治療効果の向上につながる成果がみられた。

プログラムの項目としては，エンカウンター・グループ（encounter group），心理劇（psychodrama），絵画療法（art therapy）もその一つである芸術療法（arts therapy：音楽，舞踏，詩歌，箱庭，コラージュ，などの技法）や，対人関係技能訓練としてのソーシャル・スキル・トレーニング（social skills training）を加味した体験学習を随時用いて，患者やクライエントの感受性と適応能力を強化していくことになる。

3）社会臨床活動（socio-clinical activity）　個人の社会的不適応や適応不安の症状やその原因の背景にあるものとして，その個人を取り巻く環境の属性にも目を向ける視点を強調する臨床実践である（鳥山，1980）。同様の視点をもつものとして，すでに社会精神医学（social psychiatry）がある。それは社会病理現象としての犯罪，非行，自殺，アルコール依存症，薬物乱用，離婚，家出，路上生活などの問題を，個人要因と社会要因をからめて精神医学的な立場から原因究明に臨み，その対処の仕方を探るものである。上に述べた社会療法や家族療法（family therapy）もこのアプローチの延長線上に位置するものである。

ところで，現代，子どもたちが自己という「停泊点」（anchor：園原，1980, pp.316-319）を得ることに困難な時代を迎えている。発達障害，幼児虐待，遺棄，両親の離婚，あるいは，ダブル・バインド（double bind：二重拘束）といった境遇に追いつめられ，脆弱な家族の犠牲となっている。家族療法では，家族を家族メンバーの相互関係がつくる1つのシステムとしてとらえ，そのシステムを援助の対象として考えている。そこでは家族の中の"患者とされた人（IP = identified patient）"は，むしろ，家族の機能不全を代表している人とみなされ，問題はその一人によって引き起こされたものではなく，家族システムの中での関係によるものだと考えるのである。したがって，家族療法では，家族全体が機能的システムに変化するような介入を目指すことになる。

この視点は，現在増加の一途をたどる不登校の場合にもあてはまるといえよう。つまり，学校というシステムが今や重篤な機能不全を示し，自己効力感（self efficacy）を与えられない学習指導，生徒間のいじめを防止できない殺伐

としたクラスの雰囲気，といった教師－生徒，そして，生徒－生徒の間の不信感を招いているのである。

いずれにしても，患者やクライエントは"IP"であり犠牲者であるという見方を重視して，その個人の所属する環境側の至らなさや狭量さを明らかにするのが社会臨床家の原点（鳥山，1993,1994）である。そして，個人療法の相談室を一歩出て，家族や集団や社会とのかかわりにおいて個人を理解し，積極的に環境に改善を働きかけたり，行政や法律の不当さや欠陥をも鋭く指摘する"社会批判的"活動も広く求められるといえよう（鳥山，2000）。

(4) 臨床心理学の研究
1) 個性記述的接近法　人間や人間集団の研究方法として，3つの視点がある。第1は，人類共通の基準に照らす見方，第2は，集団や社会を基準にする見方，そして，第3に，ある特定の人や人々だけの特徴をとらえる個性記述の見方，である。たとえば，身長や体重などの測定と比較は，第1の基準に基づいてなされる。心理学的な調査結果の分析やテストの作成は，第2の基準で解釈と検討が行われる。そして，臨床心理学における事例研究や伝記研究は，第3の基準で接近や叙述がなされる。

ドイツの哲学者ヴィンデルバント（W. Windelband）は，科学を法則定立学と個性記述学に分類し，自然科学は前者に該当し普遍的法則を求めるのに対して，後者に則るものは精神科学（Geisteswissenschaft）であるとした。その後，リッケルト（H. Rickert）は，この精神科学を文化科学（Kulturwissenschaft）と呼び変えて，文化価値（真・善・美・聖など）にかかわる研究をそこに基づかせた。それを受けて，オルポート（Allport, 1937）は，心理学を法則定立的心理学（nomothetic psychology）と個性記述的心理学（idiographic psychology）に分類した。上に述べた第1の基準と第2の基準は，この法則定立的接近に相当し，第3の基準は，個性記述的接近にあてはまるものである。しかし，オルポートはこれら3つの基準の融合と統一によってこそ，ある人の人格の独自性がとらえられると説いている。それが彼の提唱した「心誌」（psychogram），一般にはプロフィール（profile）と呼ばれるものに集約されている。

結局，臨床心理学領域に要請される研究課題は，法則定立的視点を踏まえな

がら，いかにして個性記述的なアプローチを説得力のある客観性や妥当性のあるものに洗練できるかにかかっているといえよう。現在，心理的アセスメントの道具である知能検査をはじめとして，オルポートの「心誌」に続く人格検査類の作成と実施の的確性も保証の限りではない。アンケートや調査尺度による集団の態度や人格特性についての研究も数限りなく報告されているが，ある程度の傾向や示唆的な因子を提示するにとどまっている。この種の調査研究の信頼性の検討は，今後もなお，継続した懸案事項の1つである。そして，事例研究法は個性記述的接近の代表として，一般的・概括的な理解を出発点にして，個々の事例の特殊性・個別性をどの程度明らかにできるかが問われている。

2）事例研究法と伝記法（biographical method）　事例研究の有名なものとして，今日までに，精神科医たちの残した優れた作品がある。精神分析的な立場からの症例報告が多いが，その先駆けはフロイト（S. Freud）の転換ヒステリー患者であったアンナ・O.の症例（『ヒステリー研究』，1957）であろう。さらに，『ある5歳児の恐怖症の分析』（1953）に見られる少年ハンス（kleiner Hans）の馬恐怖についての症例，また，強迫神経症のねずみ男（rat man）の症例などがある。分析心理学（analytical psychology）のユング（C. G. Jung）の『変容の象徴』（1912, 1952）において分析されているミラー嬢の症例，現存在分析（Daseinsanalyse）のビンスワンガー（L. Binswanger）の『精神分裂病』（1957）に報告されている自殺に終わったエレン・ウェストの症例（the case of Ellen West）もある。そして，看護婦であったシュビング（G. Schwing）の『精神病者の魂への道』（1940）やセシュエー（M. A. Sechehaye）の『分裂病の少女の手記』（1950）に見られる分析的療法の症例報告も興味深いものである。

　一方，伝記法的症例分析は別名「病跡学」（pathography）という名称を持ち，精神医学や臨床心理学の視座から，天才（genius）など，精神的に傑出した人物の創造性の心理と彼らの精神病理を研究する学問としても成果が積み上げられてきている。19世紀後半にイタリアのロンブローゾ（C. Lombroso）らによって創始され『天才論』（1864）が著された。ドイツのメビウス（A. F. Moebius）がこのような学問にパトグラフィー（Pathographie）という名称を与えた。そして，クレッチマー（E. Kretschmer）の『天才の心理学』（1929），ランゲ＝アイヒバウム（W. Lange-Eichbaum）の『天才』（1951），また，ヤスパース

(K. Jaspers)の『ストリンドベルクとファン・ゴッホ』(1922)，といった業績が相次いで世に出た。さらに，伝記法的事例分析の代表的なものとして，エリクソン (E. H. Erikson)の『青年ルター』(1958)や『ガンディーの真理』(1969)を挙げることができる。

ここに紹介した事例研究の名著や大著の著者は，いずれも優れた臨床家であり心の研究者である。深く鋭い洞察や考察は，長年にわたる臨床実践の経験に裏付けられている。1つ1つの事例や症例は，個別性を際立たせていると同時に，人間存在の普遍性を突いているところに価値がある。事例研究の目標や理想はまさにそこにこそあり，安易に短時日でなされるものではない。

3. 臨床心理学の課題

現代の社会は誰にとっても生きにくい場となっている。体も心も，今健康であってもいつ病気になったり，災難にあって窮境に陥るとも知れない。医者や心理臨床家が常に援助者として，必要とする人たちにいつでも手を差し伸べるべき役割を担っている。そのためには心の専門家たるべくしっかりとした研修と訓練を受けて，十分な臨床家としての経験を積み上げることである。

(1) 心理臨床家の養成制度の問題点

1988年に発足した「財団法人日本臨床心理士資格認定協会」が生み出した「臨床心理士」(CCP : certified clinical psychologist)の資格取得者は，今や8,000人を超えているという。その受験資格は，心理学またはその近接領域の大学院修士課程修了者とされている。その大学院も，今後は上記の協会が指定するものに限られてゆくことになる。

この資格制度は，現在，文部科学省により認可はされているが，専門家としてのいわゆる国家資格ではない。それが実現する見通しもない。心の専門家の資格としてはいろいろ不備や欠陥があるからである。財団法人認定でしかない"私"的資格のために，文部科学省が公的教育機関である大学院に指定制を許可している点は問題である。いわば公的教育機関の私物化・占有化である。

また，心の専門家を養成するには，大学院修士課程修了レベルの教育では不

十分である。人間について幅広く,深く知るためには,博士課程修了レベルでもおぼつかない。自分の生きた年齢よりもはるかに年長のクライエントの心情に沿うのには無理があるだろう。大学院5年修了者を"基礎資格"ありと認定し,「パラカウンセラー」(para-counselor),あるいは,「パラセラピスト」(para-therapist) として,親子並行面接のコ・セラピスト (co-therapist),ないしは,心理的アセスメントの検査者 (tester) 程度の役割を与え,5～10年,実習と研鑽を積ませるべきである。大学生や小中高校生相手のカウンセラーくらいは任せてもいいだろう。心理臨床家には,かなりの年月の雑学・雑体験・雑知識の習得が必要だからである。30代の半ばになってこそ,ようやく一人前の心の専門家として世間も見てくれるだろう。それでこそ"本資格"である。

(2) スーパービジョン制度の弊害

心理臨床家として特定のスーパーバイザーに指導を受けることには危険性がある。心理療法やカウンセリングの流派の継承にとっては望ましいことかもしれないが,スーパーバイジーへの度重なる指導が,ある種の偏向的・密議的な伝達に陥るおそれがある。また,ある流派のみの利害打算のために臨床家が徒党を組み,狭量で利己的な閉鎖グループになることもある。そうなるともう芸事・習い事の流派や宗教教団に見られる権力構造そのものの主従関係になる。

それゆえに,スーパービジョンは開かれた研修会や事例研究会のようなグループ形式で行われることが望ましい。ベテランも若手も多数が一堂に会して,自由に意見交換ができ,幅広い討論ができることこそ真の練り合いになるだろう。特に,折衷派的な心理療法の視点がなければ,現実に即応できない今日の臨床心理学的な社会状況においては,心理臨床家の持ち味としての臨機応変で間口の広い技法の習熟のためにも,精神科医も含めていろいろな立場の人が集まるグループ・スーパービジョンがより実り多い研鑽の場となるであろう。

(3) 心理臨床家のための倫理綱領の徹底を

「臨床心理士」という資格制度が要請された理由は,巷にうさんくさいカウンセラーと称する人品や民間療法家が怪しげな治療や人生相談によって人々を惑わしている世相を憂え,信頼のできる心理臨床家を認定し養成するという必

要からであった。しかし，現状は必ずしも当初の期待通りには実現していない。相変わらず似非療法家や占い・呪いのペテン師が，病気や迷いのある人をだまし，脅迫し，マインド・コントロールに追い込んでいる。心の専門家の淘汰も浄化も一向に進んでいない。加えて，困ったことに，「臨床心理士」資格取得者にも不心得者が続発している。資格があるということで，自我肥大を起こし，高額のセラピー費用を要求したり，不当にもクライエントに心的外傷を与えたりしている。いわば"資格のない人"が，"資格"をほしがり，まんまと取得している。そのような人を野放しにしている資格制度は再検討の余地がある。

文　献

Allport, G. W.　1937　Personality : A Psychological Interpretations，Henry Holt（詫摩武俊・青木孝悦・近藤由紀子・堀　正訳　1982　パーソナリティーの心理学的解釈　新曜社）
Binswanger, L.　1957　Schizophrenie, Verlag Guenther Neske in Pfullingen（新海安彦・宮本忠雄・木村　敏訳　1960, 1961　精神分裂病　Ⅰ・Ⅱ　みすず書房）
Erikso, E. H.　1958　Young Man Luther，New York : W. W. Norton and Company Inc.（大沼　隆訳　1974　青年ルター　教文館）
Erikson, E. H.　1969　Gandhi's Truth：On the Origins of Militant Nonviolence, New York : W. W. Norton and Company Inc.（星野美賀子訳　1973, 1974　ガンディーの真理　Ⅰ・Ⅱ　みすず書房）
Freud, S. & Breuer, J.　1957　Studies on Hysteria（懸田克身・吉田正己訳　1969　ヒステリー研究　日本教文社）
Freud, S.　1953　Analysis of a Phobia in a Five-year-old Boy，In Freud, S., Standard edition 10；5-147 London : The Hogarth Press（高橋義孝・野田　倬訳　1969　ある五歳児男児の恐怖症の分析　フロイト著作集　第5巻　人文書院　173-275）
Jaspers, K.　1922　Strindberg und van Gogh，Bern, Bircher（村上　仁訳　1959　ストリンドベルクとファン・ゴッホ　みすず書房）
Jung, C.G.　1912, 1952　Die Symbol der Wandelung（野村美紀子訳　1985　変容の象徴　筑摩書房）
Kretschmer, E.　1929　Geniale Menschen，Springer Verlag, Berlin（内村祐之訳　1953　天才の心理　岩波書店）
Lange-Eichbaum, W.　1951　Das Genie-Problem, Eine Einfuehrung，Muenchen : Ernst Reinhardt Verlag（島崎敏樹・高橋義夫訳　1969　天才－創造性の秘密　みすず書房）
Lombroso, C.　1864　Genio e follia（辻　潤訳　天才論）
恩田　彰・伊藤隆二編　1999　臨床心理学辞典　八千代出版
Schwing, G.　1940　Ein Weg zur Seele des Geisteskranken，Zuerich : Rascher Verlag（小川信男・船渡川佐知子訳　1966　精神病者の魂への道　みすず書房）
Sechehaye, M.A.　1950　Journal d'une Schizophrene, Auto-observation d'une Schizophrene pendant le Traitment Psychotherapique，Presses Universitaire de France（村上　仁・平野

恵訳　1955　分裂病の少女の手記　みすず書房）
園原太郎　1980　認知の発達　培風館　316-319
鳥山平三　1980　臨床　小野章夫編　現代心理学の諸相　誠信書房　199-228
鳥山平三　1993　育てあい〈発達共生論〉─育児と療育の社会臨床心理学　ナカニシヤ出版
鳥山平三　1994　社会臨床心理学　伊吹山太郎監修　現代の心理学　有斐閣　69-79.
鳥山平三　2000　現代とカウンセリング　─家庭と学校の臨床心理学　ナカニシヤ出版

第14章

自己意識：問題と研究法
どのように問題とし，研究するか

梶田叡一

1. はじめに

　園原太郎先生が，「私がこの研究室にいる限り，君はどういう研究をやってもいいんだよ」と言ってくださったことがある。先輩方からも先生方からも，「自己意識研究など心理学でない」とことあるごとに言われていた時期のことである。当時は行動主義が大はやりで，無反省な素朴データ主義と還元主義といった非知性的気風が蔓延していたように思う。あれから40年近くの年月が経過したが，私はいまだに自己意識研究を自分の研究生活の主要な柱の一つとして据えている。ここでは，一つの研究メモとして，私自身が現在こだわっている方法論的整理の枠組みの概要を以下に書き留めておくことにしたい。

　自分自身についての意識（自己意識）は，その実際のありようからいうと，まさに出没自在で常に動く変幻自在のものである。ウィリアム・ジェームズが「意識の流れ」と述べたように，自己意識もまた一つの流れではある。しかし，時に意識の表面に現れ，その内実を時々刻々変容させ，また水面下に潜って意識の表面から姿を消すが，思いがけない時に以前と同様の姿をまた表面に現す，等々といった複雑微妙なありようは，川の流れの比ではない。

こうした自己意識を研究しようという場合，どのような形で資料を得，どのような視点から問題とするか，をはっきりさせておかなくてはならない。そうでないと，自分の研究していることの意味がわからなくなってしまうだけでなく，現在さまざまな形で行なわれている自己意識研究が互いに孤立してしまい，相互の関連が見えてこない。たとえばアイデンティティ研究をやっているといっても，アイデンティティを何らかの実体として考えるという誤謬に陥ったり，自己意識をアイデンティティという視点から研究することの意味が見えなくなったりするだけでなく，アイデンティティ研究をやっている人達同士の狭いサークルのなかでしか話が通じない，ということになってしまうであろう。

当然のことであるが，自己意識を問題にする仕方が異なれば，そこでの概念化の仕方も異なってくる。中核となるキー概念だけでなく，理論を組み立てていくうえで必要とされる諸概念のリストなりレパートリーも，さらには，そうした諸概念を用いて組み立てられていく理論的な枠組みなり建造物なりも，まったく異なったものになるわけである。

2. 研究対象としての自己意識の形

自己意識はそのままの生の形では出没自在で変幻自在であるが，典型的には次の二つのうちのいずれかの形をとるといってよいであろう。自己について何らかの想念が流れている（流れとしての自己意識）か，何らかのきっかけで自己についての想念が喚起される（喚起された自己意識）かである。前者の〈流れとしての自己意識〉については，何らかの形での〈語り〉として言語化され，その逐語記録（プロトコル）が作成されて研究資料とされることが多い。また後者の〈喚起された自己意識〉については，基本的には何らかの言語刺激が与えられ，それに対応して喚起された自己意識を記述させる（時には語らせる），あるいはその特性を回答させるという形で研究資料が得られることになる。

〈流れとしての自己意識〉を問題とする場合にも，実際の研究においては，自然に自己についての想念が生じて流れていくのを待って記述するということではなく，何かのきっかけを与えて自己についての想念を生じさせ，さらにはそうした自己意識の流れの途中でも教示等の刺激を与えてその流れを促したり

枠づけたりする，という形をとることが少なくない。したがって，実際には前二者の中間のような形でしか研究資料を得られない，ということになる。たとえば安楽椅子に座らせて，「あなたは小さい頃のことで記憶に残っていることを自由に思い出して話してみてください」という教示を与えて話させるとか，「今あなた自身のことでいちばん関心をもっていること，こだわっていることは何ですか。そのことから頭に浮かんでくることを自由に，頭に浮かんできた通りに話してみてください」という教示を与えて話させる，といった形のものであり，話の途中で言い淀んだり沈黙に陥ったりすると，「もう少しあなたの頭に浮かぶ思いや考えを聞かせてくれませんか」などと言って促したりする，というやり方である。こうした方法は最も即目的かつ具体的な形で自己意識のあり方を問題にできる，という方法論的な美点をもつ。

　これに対して〈喚起された自己意識〉を問題にする典型例は，短い刺激文なり刺激語なりを与えて，それを手がかりとして自己意識を喚起し，その具体的なありようを回答する，という形をとるものである。具体的には，チェックリスト法，評定法，20答法（あるいは「あなたは誰ですか（WAY）法」），文章完成法といった方法である。いずれも一定の研究手続きが定められ，その方法のメリット・デメリットについて実証的な検討の積み上げがなされている，という方法論的な美点をもつ。

　このうちチェックリスト法は，「次の語句のうち自分自身に当てはまると思うものに○印をつけてください」といった教示と共に，「明るい・ひとみしり・寂しがりや・依存的・意志が強い・短気……」といったリストを与えてチェックさせるという方法である。

　評定法は，「私は自分のことが時々嫌になります」とか「私は人に比べてスポーツなどの面では優れていると思います」といった形で自己意識の内容となりそうな短い記述を与え，それが自分に当てはまるかどうか判断させるというやり方である。これと近い方法にSD（セマンティック・ディファレンシャル）法を自己意識研究に利用するものがあり，〈自分自身〉，〈自分の将来〉，〈他人から見られていると思う自分〉，等々についてのイメージのそれぞれを，「明るい－暗い」「冷たい－暖かい」「強い－弱い」「広い－狭い」といった形容詞対の上に（多くの場合は5件法で）評定させる，というやり方もある。

20答法は,「私は自分の―――」といった設問を20準備し,それぞれの空欄に短く記述をさせる,といった方法である。

「あなたは誰ですか」法,「WAY（Who Are You）」法もこれと似たものであって,「貴方は誰ですか」という設問をし,それに対して何通りでも自由に自分のことを記述させる,というやり方である。

文章完成法の形を用いるものというのは,「私は自分のことでいちばん好きなのは―――」「私は自分の―――のことを考えるといつも嫌な気持ちになります」といった設問の空欄に短く記述させる,というやり方である。

しかしながら,〈喚起された自己意識〉を問題にする場合にあっても,物語完成法のような形を用いるものの場合には,〈流れとしての自己意識〉にやや近いものが得られる場合がある。物語完成法とは,「○○さんは,今日たまたま出会った人にひどいことを言われてしまいました。侮辱されたように思って少し落ち込んだほどです。そういえば,このところいくつかの失敗をしてしまいました。そして実は明日までにやってしまわなくてはならないことがあるのに,いまだ半分しかやれていません。もしあなたが○○さんだったら,どう考え,どうするでしょう。あなたがこういう状況に置かれた場合のことを考え,率直に書いてみてください」といった形で状況設定を与え,「自分だったら」ということで物語を作らせてみる,というやり方である。この方法は投影法的な性格をもつといわれることもあるが,文章完成法のやや複雑なものといっても良い。いずれにせよ,これはいくつかの文によって物語を組み立てていくことになるので,評定法や20答法に比べれば,〈流れとしての自己意識〉を問題にするという面も含まれてくることになる。

自伝とか私小説といった文学形式も,この物語完成法と近い性質をもつといってよいであろう。著述者によって喚起された自分自身についての記憶の断片（〈喚起された自己意識〉）が整理され組み立てられていって,いわば一つの〈流れとしての自己意識〉の形に再構成され表出されるのである。

3. どのような形で各自の自己意識のあり方を認識するか

こうした多様な形で各自の自己意識の具体に迫っていくわけであるが、これをどのような形で認識として成立させていくかについて、典型的なものを次にあげておきたい。

A〈物語としての自己〉 自分自身についての意識が全体としてどのような物語構造をもつかを明らかにしようとするもの。誰もが自分自身を主人公とした一つの物語として自己意識を構成し、それによって自分自身についての多様な事柄に関する意味づけを統合的かつ相互関連的に行っている。こうした物語的な構成を自己意識に関するさまざまな形での記述を素材として明らかにしようというものである。自伝や私小説はまさに〈物語自己〉の典型であるが、様々な逐語記録からもその人がもっている自分自身に関する物語のテーマや内容、そこにおける自分自身の基本的意味づけ、をうかがい知ることができる。

B〈概念化されたものとしての自己（自己概念）〉 自分自身についてどのような形で概念化しているかを明らかにしようとするもの。誰もが自分自身を特徴づけるものを概念の形で把握している。こうした自己についての概念群を引き出し整理していこうというものである。トータルな形で自己概念群の全体構造を明らかにしていこうとすることが多いが、時には何らかの限定をつけ、その限定内での自己概念のあり方を問題にする場合もある。

〈領域的自己概念〉と呼ばれるもののように、特定の活動領域との関係に限定された形で自己概念を把握しようとする場合などもそれである。たとえば「学業的自己概念」と呼ばれる場合、学校での勉強に関する領域に限定された自己概念群（これと学業成績や学習意欲などとの関連を問題とすることが多い）を明らかにしようとするわけである。

またこれとは別に、生活上の特定の文脈との関連で自己概念を問題にする場合がある。〈文脈的自己概念〉である。たとえば、プライベートな場面でリラックスしている時の自己概念のあり方と、職場の上司と仕事のことで話し合っている時の自己概念では、自分自身についてのその場の中核になっているイメージも拘っている部分も異なっているはずである。だから、状況とか環境とか

の場面のそれぞれによって特有の形で顕在化する自己概念のあり方を問題にしていこう，というわけである。

さらには〈時間展望的自己概念〉と呼ばれるもののように，過去・現在・未来といった時間軸のなかに位置づけた場合の自分自身のイメージを限定的に問う，ということもある。たとえば，10年後あるいは20年後，30年後の自分自身をどのような概念を用いてイメージしているか，を問題にする場合などである。

C 〈「○○としての私」〉といった形での自己規定（アイデンティティ）〉

自分自身を何者として規定しているか，という自己意識の中核となる概念を明らかにしようとするもの。これには，基本的に社会の中で自分自身に与えられているラベルを中心とした自己規定（位置づけとしてのアイデンティティ）と，「自分自身は他の人にそう認められているかどうかとは関係無く基本的に○○である」という形での自己規定（宣言としてのアイデンティティ）とを区別することがある。私自身は，この区別は重大な意味をもつものと考えてい

図1 自己意識研究の方法と視点

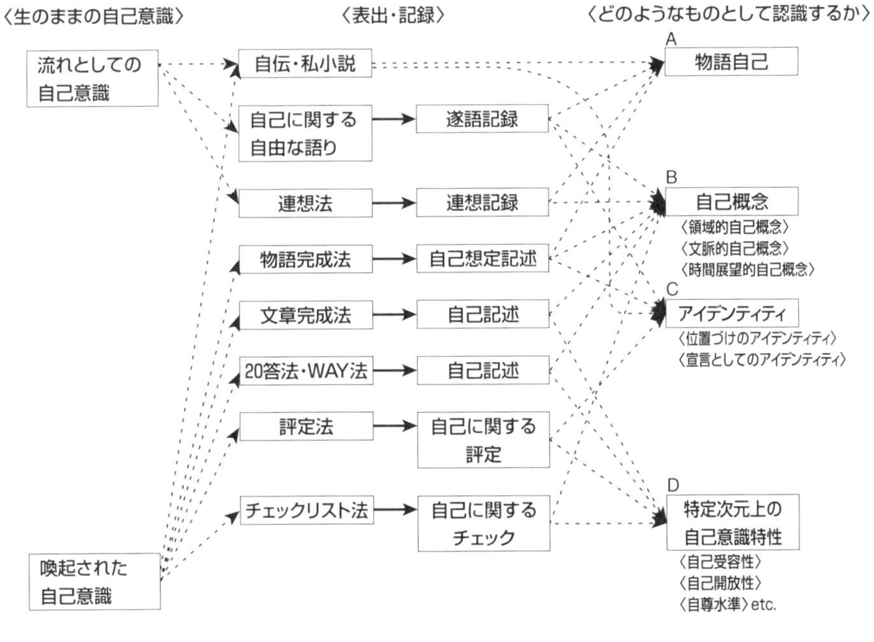

〈生のままの自己意識〉　　〈表出・記録〉　　〈どのようなものとして認識するか〉

```
                                                    A
流れとしての  ──→ 自伝・私小説 ─────────→ 物語自己
自己意識
              自己に関する  →  逐語記録
              自由な語り
                                                    B
              連想法      →  連想記録          自己概念
                                                  〈領域的自己概念〉
              物語完成法   →  自己想定記述      〈文脈的自己概念〉
                                                  〈時間展望的自己概念〉
                                                    C
              文章完成法   →  自己記述          アイデンティティ
                                                  〈位置づけのアイデンティティ〉
              20答法・WAY法 →  自己記述          〈宣言としてのアイデンティティ〉

              評定法      →  自己に関する
                            評定
                                                    D
                                                  特定次元上の
              チェックリスト法 → 自己に関する      自己意識特性
喚起された                    チェック            〈自己受容性〉
自己意識                                          〈自己開放性〉
                                                  〈自尊水準〉etc.
```

表1　自己意識のあり方の認識──方法論的特質

	個人の固有性の探究	一般的法則性の定立	研究成果の一義性信頼性	研究の簡便さ
物語自己	◎	×	×	×
自己概念	○	○	○	△
アイデンティティ	○	○	○	△
次元的自己意識特性	△	◎	◎	◎

◎非常に優れている，　○優れている，　△何ともいえない，　×不向き

る。

　D〈特定次元上に位置づけられた自己意識の特性〉。自己受容性の大小，自己開放性の大小，自尊水準の高低，自信の大小，等々といった形で，自己意識のあり方を特定次元上に位置付けて明確化しようとするもの。自己意識のあり方が人の言動や生き方のどの側面とどのような関係にあるか等を実証的に明らかにしようとするような場合には，こうした形で自己意識の特性を位置づけ測定する，といった手法がとられる。これまで最も多用されてきたものと言ってよい。

　以上に見てきたところを図1の形で概観できるようにしておいたので参照されたい。自己意識のあり方についてどのような形での認識を成立させるか，という四つの類型ごとに方法論的な特質を検討したものが表1である。

　方法論的な特質を含め，自分自身が自己意識研究を行なう際の基本的パラダイムについて常に反省していくことが必要であろう。さもなければ，欧米の心理学関係のジャーナルに目を通して，そこで用いられている具体的方法を無批判に用いてみる，という流行追随的な「研究ゴッコ」に終わらざるをえなくなるからである。安易な研究態度が目につくようになっている今日，方法論的な反省を機会あるごとに行いたいものである。

文　献

梶田叡一　1988　自己意識の心理学（第2版）東京大学出版会
梶田叡一　1998　意識としての自己──自己意識研究序説　金子書房
梶田叡一（編）1988　自己意識の発達心理学　金子書房
梶田叡一（編）1994　自己意識心理学への招待──人とその理論　有斐閣
梶田叡一（編）2002　自己意識研究の現在　ナカニシヤ

第II部

「Kの会」と園原先生

園原太郎先生　還暦の日に，京都大学文学部教授室にて

園原太郎先生が記録された長子(史郎)の言語発達記録（全9枚）

第1章

「Kの会」の成立

1. 第Ⅰ期：1981年～1982年（園原先生の時代）

　関西にはKSP（関西社会心理研究会）と呼ぶ研究会がある。その例会が京都大学教養部で行われた後，恒例の懇親会が百万遍にある小さな飲み屋の2階で行われた。1980（昭和55）年末のことである。仏教大学にいる杉田千鶴子先輩から，園原太郎先生は今年度で退職すると決意しておられる，御本人はゆっくり暇ができて文筆業になるのだと喜んでおられるのだが，毎日自宅におられるだけでは健康のためにも良くないように思う，何か先生のためにわれわれでできることはないだろうかと相談された。即座に，園原先生を囲む研究会を開催するのがよいだろうと返事した。大学院の学生であった頃，月曜日の午後3時から大学院演習があった。教壇に発表者の学生が座り，コの字型に机が並べられた教室の発表者に向かって左側に前から園原太郎教授，柿崎祐一助教授，本吉良治助教授が並ばれ，以下，博士課程と修士課程の学生が好きなところに陣取っていた。発表者は自分の研究計画を中心に発表するのだが，一日一人か二人の発表内容についていつでも活発な議論が行われた。定刻の5時に終わることはほとんどなく，夜の8時を過ぎることも珍しくなかった。園原先生からは，本質を鋭く突いた質問があり，学生への暖かい配慮があるとはいえ，壇上の発表者にとっては最高に緊張する瞬間でもあった。助教授の先生方からは非常に厳しい質問が続き，特に，本吉先生による方法論上の質問は厳しさに定評

があった。しかし，そのような場で発表するために準備することがわれわれにとって何よりもよい勉強の機会であったように思う。日本の学会では，理科系の一部学会を除いて，おおむね議論はおざなりで，お互いにほめあうことを旨としているようにさえ感じる。大学院演習の調子で，厳しい質問などをすると後で陰口を聞くことにさえなる。それにもかかわらず，いまだにそのような態度を続けている尊敬すべき先輩もある。演習の特徴の一つは，同じ研究領域だけでなく異なった領域の研究者から思い切った質問が飛びだす点にもある。学生時代に戻って，先生の前で緊張した研究発表をするのは，貴重な経験であるとともに非常に楽しい時間になるに違いないと考えたのである。

　横で飲みながら聞いていた島久洋君がその話に飛びついてきた。雑用などはすべて引き受けるから是非自分も仲間に入れてくれというのである。杉田さんから話したところ，園原先生はその計画を非常に喜ばれ，ただちに具体化することになった。

　学生時代の演習を再現しようとするのであるから，同じ時期に学生生活を送りいつも演習で議論しあっていた友人達が集まろうと計画した。月に1度の研究会に参加できるには関西在住の人達，できればなるべく分野の異なった仲間を集めて幅広い議論がしたいと考えた。声を掛けて準備会に参加したのは，第1回例会の出席者として名前を記載した6人である。これが設立時の会員である。

2. 第Ⅰ期：準備会と名前の由来

　第1回例会は，準備会として仏教大学の園原研究室に集まった。話し合った主な内容は，会の目的・性格と当面の日程，会の名称等を決めることであった。目的は当初からほぼ決まっていたのだが，遠慮なく自由で活発な議論をするためには少人数でなければ意味がない，そのためには公にしない研究会が望ましいと再確認した。研究会は毎月開催することにして，4回目の担当者まで決めて散会した。

　「Kの会」の名称についてはよく質問を受ける。名称を決めるにあたっては，参加者が思いついた名前を提案するのだが，提案者自身があまり乗り気でない

名称しか出てこないのだから始末が悪い．全員が賛同するような名前はなかなか出てこなかった．頃合いを見計らって，最後に先生が「Kの会」の名前を提案され一同ただちに賛成した．由来は，1776年に米国の大学で優等生により組織された会に，$\phi\beta\kappa$（Phi Beta Kappa）がある．ギリシャ語の philosophia biou kubernétēs（philosophy the guide of life）を略した名である．これをもじって「Kの会」がよいだろう，kubernétēs には文化の意味もあるからといわれ一同納得した．先生らしく，暖かい微笑を浮かべながらも少し皮肉に「どうせ，お前達河童の集まりだからな」とつけ加えることも忘れられなかった．

3. 第Ⅰ期：園原太郎先生を囲む時代

先生は，1908（明治41）年11月26日に金沢市に生まれ，1982（昭和57）年3月14日に京都市で亡くなられた．1931（昭和6）年に京都帝国大学文学部哲学科を卒業され，6月に京都市児童院の開設とともに常勤嘱託として勤められた．1938（昭和13）年から京都大学文学部に奉職され，1953（昭和28）年から1972（昭和47）年までは教授としてわれわれの指導にあたられた．

園原先生を囲んで行った研究会は，1981年4月に始まったが，残念なことに翌年の2月が最後になり，9回で終わってしまった．先生は月に1度の研究会を楽しみにして下さっていた．先生のベッドの横に掛けられていたホワイトボードには，「Kの会」の例会予定が残されている（写真）．

初回から，研究会は，皆が大学院生の時代に戻り，好き勝手なことを大いに発言し，議論に花が咲いたのだが，1回目の発表が終了した後，森下君が，卒業以来いろんなところで話しをしたが，これほど糞味噌にいわれた

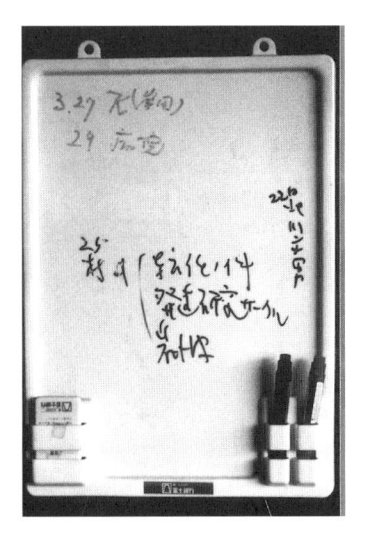

園原先生自宅の枕元に置かれていた白板．3月27日に予定されていた第10回Kの会（話題提供者岸田の名前）が記されている．

のは初めてだとぼやいた。先生は「なんだ，森下も学生以来進歩していないな」と切り返され，一同，大爆笑した。企画したわれわれは，内心，当初の予定通り大学院演習が再現されたと喜んだ。

4. 第Ⅰ期：研究会の記録

1. **第1回例会**　81/4/18（土）於：仏教大学園原研究室
   参加者：園原太郎先生，杉田千鶴子，中瀬惇，山形恭子，島久洋，鳥山平三，森下正康（学年順）
   内容：名称決定「Kの会」会の性格決定，次回の話題提供者と日時決定

2. **第2回例会**　81/6/6（土）於：仏教大学園原研究室
   話題提供者：森下正康（和歌山大学教育学部教授）
   「母親の養育態度と対人関係」

3. **第3回例会**　81/6/27（土）於：仏教大学園原研究室
   話題提供者：山形恭子（華頂女子短期大学助教授）
   「記憶過程の発達」

4. **第4回例会**　81/9/12（土）於：仏教大学園原研究室
   話題提供者：杉田千鶴子（仏教大学文学部助教授）
   「アメリカの心理学」

5. **第5回例会**　81/10/3（土）於：仏教大学園原研究室
   話題提供者：鳥山平三（京都工芸繊維大学保健管理センター助教授）
   「ユング心理学をめぐって」

6. **第6回例会**　81/11/21（土）於：仏教大学園原研究室
   話題提供者：中瀬惇（富山医科薬科大学医学部助教授）
   「K式検査の年齢段階変化―クラスター分析による」

7. **第7回例会**　81/12/26（土）於：仏教大学園原研究室
   話題提供者：島久洋（武庫川女子大学文学部助教授）
   「討議集団過程の分析」

8. **第8回例会**　82/1/30（土）於：仏教大学園原研究室
   話題提供者：植田千晶（和歌山大学教育学部助教授）
   「青年期の位置づけ」

9. **第9回例会**　82/2/27（土）於：仏教大学園原研究室
　　　　　話題提供者：金児暁嗣（大阪市立大学文学部助教授）
　　　　「真宗者の宗教意識構造」

第2章

II期：1982年〜（新しい出発）

1. 第II期：園原先生没後の研究会

　先生の没後，研究会の行く末について話し合った。島久洋君は，例の調子でせっかく軌道に乗ってきたよい研究会だから，とにかく続けよう。園原先生の代わりとなる一人の先生を見つけるのは不可能だから，多くの先輩方に大量に参加してもらえば代わりになるだろうと少々乱暴な発言をした。第II期になって参加していただいた先輩方は，このような経過でお願いした方々である。その後，会員が年々歳を取っていくため，若い人達にも参加してもらいたいと，直接には園原先生に習っていない後輩達にも声を掛けて今日に至っている。

　幻となった10回目の研究会は，追悼会として先生の長男史郎さんにも参加していただき先生の御自宅で開催した。会場が仏教大学を離れたので幹事役が鳥山君に代わり，その後，京大の楽友会館など会場を借りて研究会を継続した。発表者と会場の確保など準備作業が大変なこともあり，研究会の開催はだんだん少なくなり，現在ではおおむね年3回開催に落ち着いてきている。この点では幹事の怠慢と反省している。

　参加者が少ないと会場費が高くつくこと，園原先生のご自宅で研究会を行うと懐かしさもあり参加者が増えることなどの事情もあり，1988年からは，ご子息史郎さんの好意により下鴨のご自宅で研究会を続けることになり，懐かしさに参加者は増加した。史郎さんの没後は，何時とはなく代わって幹事を引き

受けていた中瀬が定年退職し，異動先の学長が同級生で京都へ帰ってきたのを機会に会員となっていた梶田君でもあり，研究会を京都ノートルダム女子大学で行うことにして現在に至っている。

2. 会　員

　当初は，少人数で始めた研究会も，特に第Ⅱ期になると，多くの方に呼びかけて研究会に参加していただいたし，非公開ではあっても会員資格を厳格に制限していたわけではないから，聞き伝えで希望した参加者も多かった。他大学出身者もいたが，結果として長続きする会員はなく，現在に至っている。管理が不十分であり，会員の出入りも多く今となっては会員として参加した人さえ確定できない。記念事業と称し依頼して話題を提供していただいた方もあるが記録は十分でなく，一回だけの参加か会員として在籍されていたか定かでない。なぜなら，会員として登録をしていただいているわけでもなく，以後の連絡を希望し年会費を納入していただいている方を会員と扱っているだけであり，連絡を希望されたがその後，年会費を未納のまま参加しなくなった方もある。会員を限定できない理由である。

　研究会の話題提供者は会員に限定していない。会員だけでは，これだけの回数を満たす話題提供者を用意できないこともあるし，面白そうな話題があると積極的に会員以外にも依頼した。積極的な推薦（自薦・他薦を含めて）はほとんどないから，しばらく話題提供をしていない会員や興味深い研究をしている適当な人に依頼して研究会を続けている。幹事にとって，これが一番面倒な作業である。

　第1回例会に出席した会員の名前は，269頁，第1回例会の参加者として記入した。第Ⅱ期では，園原先生が亡くなられたのに伴い先生のご子息史郎氏と諸先輩を加えて継続することになり，園原史郎さんの他に，嶋津峯真，柿崎祐一，本吉良治，岡本夏木，秋田宗平，木下冨雄，村井潤一，名倉啓太郎，清水御代明と多くの先生方に会員として参加いただいた。また，若返りを図るために，参加を依頼した後輩も多い。記録された話題提供者を見ていただきたい。なお，会費納入状況から調べた現会員名は巻末に記載している。

3. 第Ⅱ期の研究会

「Kの会」は，1981年から現在まで，延べ94回の集まりをもち，その内，話題提供者を決めた研究会は89回である。研究会の日時，開催された場所，話題提供者の氏名（発表当時の所属），発表題目を順に記載する。研究の目的以外にも，会として案内を出して集まっている。このような集まりにも番号を付けて記載し，集まりの目的を簡単に説明した。これらを総合して見ていただくと，研究会の全容がお判りいただけると考えている。ただ，発表題目については，案内状の題目と発表時に配布される資料に書かれた題目が異なることも多くある。できるだけ発表時の題目を採用したが，確認できないこともある。Ⅱ期になって，話題提供者は，当時会員であった方，会員以外に招待して話題を提供していただいた方が混在している。そのため，他分野の方でご招待したことが明白な場合を除いて，会員か非会員であるかは区別していない。

この記録は第80回例会用に，筆者が個人的に保存していた記録に基づいて作成した。17年以上昔の出来事を復元するのであるから十分な記録がそろっているとは言い難い。今考えると参加者などもう少し丁寧に記録しておくべきだったと悔やんでいる。疑問の点を2,3の話題提供者に確認したが，誰も記録を持たず記憶もなかった。脱落している重要事項や記録の誤りがあるのではないかと心配している。記録について全責任は筆者にある。なお，敬称はすべて省略させていただいた。

4. 第Ⅱ期：研究会の記録

10. **第10回例会**　82/3/27（土）於：園原先生宅（下鴨）
    話題提供者：岸田容子（大阪市児童院）
    「自閉症児の遊戯治療」

11. **第11回例会**　82/4/29（木：祭日）於：楽友会館
    話題提供者：名倉啓太郎（大阪樟蔭女子大学学芸学部教授）
    「情緒障害・自閉性障害の発達的教育的諸問題」

12. **第12回例会**　82/5/29（土）於：楽友会館

話題提供者：村井潤一（奈良女子大学文学部教授）
「障害者の自立を通して青年期を考える」

13. 第13回例会　82/6/26（土）於：楽友会館
話題提供者：秋田宗平（京都工芸繊維大学工芸学部教授）
「留学記」（アメリカ，カナダ，西ドイツ，フランス，オランダ，
……1981.3.～1982.3.)

14. 第14回例会　82/7/31（土）於：楽友会館
話題提供者：薮内稔（学習院大学文学部助教授）
「あいまいなことについて」

15. 第15回例会　82/10/16（土）於：楽友会館
話題提供者：中瀬惇（富山医科薬科大学医学部助教授）
「精神分析学批判―心理学を考える―」

16. 第16回例会　82/11/20（土）於：楽友会館
話題提供者：秋田宗平（京都工芸繊維大学工芸学部教授）
「色の同時対比について」

17. 臨時会　82/12/23（木）於：白沙村荘
園原太郎先生追悼忘年会
特別参加：園原芳子（園原夫人）

18. 第17回例会　83/2/10（木）於：京都教育文化センター
話題提供者：鳥山平三（京都工芸繊維大学保健管理センター助教授）
「現代の青年期心性について」

19. 第18回例会　83/3/24（木）於：楽友会館
話題提供者：植田千晶（和歌山大学教育学部助教授）
「大学入学の能力について」

20. 第19回例会　83/5/7（土）於：楽友会館
話題提供者：鳥久洋（武庫川女子大学文学部助教授）
「能面の心理学的考察」（その1）

21. 第20回例会　83/6/25（土）於：楽友会館
話題提供者：清水御代明（京都大学文学部教授）
「ジャワ雑感」

22. 第21回例会　83/7/16（土）於：楽友会館
話題提供者：塩見武雄（福井大学教育学部助教授）
「障害児問題を通して考えたこと」

23. 第22回例会　83/10/15（土）於：京大会館
　　　話題提供者：辻平治郎（甲南女子大学文学部助教授）
　　　「ジェームズ・マンの時間制限心理療法について」
24. 第23回例会　83/11/26（土）於：京大会館
　　　話題提供者：宮田容子（旧姓岸田：大阪市中央児童相談所）
　　　「登校拒否児の症例報告」
25. 第24回例会　83/12/10（土）於：京都教育文化センター
　　　話題提供者：金児曉嗣（大阪市立大学文学部助教授）
　　　「社会的葛藤の解決過程」
26. 第25回例会　84/4/8（日）於：南禅寺真乗院
　　　園原先生三回忌法要と研究会
　　　話題提供者：島久洋（武庫川女子大学文学部助教授）
　　　「表情判断の研究―絵画と能面を用いて―」
27. 第26回例会　84/6/16（土）於：京大会館
　　　話題提供者：木下冨雄（京都大学教養部教授）
　　　「いわゆる教育原理の社会心理学的背景」
28. 第27回例会　85/1/12（土）於：くに荘
　　　話題提供者：植田千晶（和歌山大学教育学部助教授）
　　　「大学生の家族イメージ」
29. 第28回例会　85/3/24（日）於：くに荘
　　　話題提供者：松川順子（島根大学法文学部助教授）
　　　「画像認知について」
30. 第29回例会　85/5/4（土）於：くに荘
　　　話題提供者：小椋たみ子（島根大学教育学部助教授）
　　　「初期言語発達と認知発達の関係」
31. 第30回例会　85/7/6（土）於：くに荘
　　　話題提供者：中瀬惇（京都府立大学文学部助教授）
　　　「京都市児童院の歴史と母子教室における母親指導」
32. 第31回例会　85/9/14（土）於：くに荘
　　　話題提供者：藤村和久（大阪樟蔭女子大学学芸学部助教授）
　　　「青年の自己概念について」
33. 第32回例会　85/12/14（土）於：大阪クラブ（国鉄大阪保養所）
　　　話題提供者：森下正康（和歌山大学教育学部教授）

「幼児のモデリングと親子関係」
34. 第33回例会　86/2/22（土）於：大阪クラブ（国鉄大阪保養所）
話題提供者：鳥山平三（京都工芸繊維大学保健管理センター助教授）
「(1) 園原論文紹介(その1)：対象認知の方向規制に関する発達的考察の紹介　(2)大学生の性役割意識と適応指標」
35. 第34回例会　86/3/29（土）於：大阪クラブ（国鉄大阪保養所）
話題提供者：梶田叡一（大阪大学人間科学部教授）
「セルフ（Self）の発達と教育」
36. 第35回例会　86/5/17（土）於：くに荘
話題提供者：金児暁嗣（大阪市立大学文学部助教授）
「(1) 園原論文紹介(その2)：現代人の心理（s33）" (2)現代人の宗教意識」終了後全員で：南禅寺真乗院の墓参
37. 第36回例会　86/7/5（土）於：くに荘
参加者少なく順延
38. 第37回例会　86/10/25（土）於：くに荘
話題提供者：中瀬惇（京都府立大学文学部助教授）
「(1) 園原論文紹介(その3)：生後10日間の新生児の行動観察を中心に　(2)重症心身障害児・者のためのチェック・リスト」
39. 第38回例会　86/12/6（土）於：園原先生宅（下鴨）
話題提供者：辻平治郎（甲南女子大学文学部助教授）
「登校拒否児の対人認知」
40. 第39回例会　87/2/28（土）於：京大会館
話題提供者：島久洋（武庫川女子大学文学部助教授）
「美人は不適応か？　―青年期における身体的特性が自己概念に及ぼす影響―」
41. 第40回例会　87/6/20（土）於：京大会館
話題提供者：杉田千鶴子（仏教大学文学部助教授）
「遺産相続における分配についての社会心理学的研究」
42. 第41回例会　87/11/7（土）於：くに荘
話題提供者：塩見武雄（福井大学教育学部助教授）
「"障害児・者"への社会心理学からのアプローチ」
43. 第42回例会　88/1/30（土）於：鮒鶴
嶋津先生の第3回ヒューマン大賞受賞記念祝賀研究会

話題提供者：嶋津峯真（京都市看護短期大学教授：元京都市児童院長）「児童臨床50年を語る」

44. 第43回例会　88/5/3（火：祭日）於：園原先生宅（下鴨）
    園原先生七回忌供養と研究会
    話題提供者：小山正（愛知教育大学教育学部助教授）
    「精神発達遅滞児の象徴機能の発達」

45. 臨時会（その1）88/7/31（日）於：園原先生宅（下鴨）
    園原太郎先生書斎整理（その1）
    参加者：園原史郎，嶋津峯真，村井潤一，名倉啓太郎，杉田千鶴子，鳥山平三，金児暁嗣，植田千晶，中瀬惇

46. 臨時会（その2）88/8/20（土）於：園原先生宅（下鴨）
    園原太郎先生書斎整理（その2）
    参加者：園原史郎，嶋津峯真，村井潤一，山形恭子，鳥山平三，中瀬惇

47. 臨時会（その3）88/11/13（日）於：園原先生宅（下鴨）
    園原太郎先生書斎整理（その3）
    「園原太郎先生記念文庫」（仮称）
    設立準備と本の抽出作業
    参加者：園原史郎，清水御代明，中瀬惇（他：記録なし）

48. 第44回例会と臨時会（その4）88/12/11（日）於：園原先生宅（下鴨）
    園原太郎先生書斎整理（その4）
    10:00～12:00　書庫整理作業
    手伝い：府立大学学生5人
    13:00～16:00　研究会
    話題提供者：清水御代明（京都大学文学部教授）
    「インドネシアの子どもの連想反応」
    16:00～17:30　書斎整理作業のまとめ

49. 臨時会（その5）89/1/8（日）於：園原先生宅（下鴨）
    園原太郎先生書斎整理（その5）
    書庫整理作業：手伝い：府立大学学生4人
    （注）整理の成果は，蔵書を京都大学に寄贈しKの会が目録を発行している

50. 第45回例会　89/2/11（土：祭日）於：園原先生宅（下鴨）

話題提供者：金児曉嗣（大阪市立大学文学部助教授）
「生駒石切神社参詣者の宗教意識と宗教行動」

51. 第46回例会　89/5/3（水：祭日）於：園原先生宅（下鴨）
    話題提供者：小椋たみ子（島根大学教育学部助教授）
    「イギリスとアメリカにおける障害児教育」

52. 第47回例会　89/7/22（土）於：園原先生宅（下鴨）
    話題提供者：米澤好史（和歌山大学教育学部専任講師）
    「文章理解の機構―意味の処理を手掛りとして―」

53. 第48回例会　89/10/14（土）於：園原先生宅（下鴨）
    話題提供者：上田和夫（京都府立大学文学部専任講師）
    「ラウドネス比較法によるヘッドホン周波数特性の測定」

54. 第49回例会　89/12/23（土）於：園原先生宅（下鴨）
    話題提供者：鳥山平三（京都工芸繊維大学保健管理センター助教授）
    「学生相談の日常から青年期心性を考える」

55. 第50回例会　90/4/7（土）於：京大教養部
    話題提供者：村井潤一（京都大学教養部教授）
    「発達心理学について最近考えていること」

56. 第51回例会　90/6/23（土）於：園原先生宅（下鴨）
    話題提供者：鳥居正雄（京都芸術短期大学教授）
    「刺激等価：行動論的アプローチ」

57. 第52回例会　90/9/22（土）於：園原先生宅（下鴨）
    話題提供者：中瀬惇（京都府立大学文学部教授）
    「"新版K式発達検査"をめぐって」

58. 第53回例会　90/12/15（土）於：園原先生宅（下鴨）
    話題提供者：柿崎祐一（京都大学名誉教授，甲南女子大学文学部教授）「園原学説と知覚の問題についての随想」

59. 第54回例会　91/3/23（土）於：園原先生宅（下鴨）
    招待講演
    話題提供者：湯浅慎一（府立医科大学教授・哲学）
    「鏡像錯視の現象学」

60. 第55回例会　91/6/15（土）於：園原先生宅（下鴨）
    話題提供者：田尾雅夫（京都府立大学文学部助教授）
    「行政サービスの組織と管理―地方自治体における理論と実際」

61. 第56回例会　91/8/31（土）於：府立大学文学部会議室
　　　話題提供者：辻平治郎（甲南女子大学文学部助教授）
　　　「森田療法における精神交互作用と思考の矛盾」
62. 第57回例会　91/12/7（土）於：園原先生宅（下鴨）
　　　話題提供者：松村暢隆（関西大学文学部教授）
　　　「幼児期の認知発達―"心の理論"を中心に」
63. 臨時会（法要）と第58回例会　92/3/14（土）於：園原先生宅（下鴨）
　　　11:00～南禅寺真乗院僧侶による法要
　　　研究会
　　　話題提供者：本吉良治（京都大学名誉教授）
　　　「思考心理学からみたコトバへのアプローチ」
64. 第59回例会　92/7/4（土）於：園原先生宅（下鴨）
　　　話題提供者：岡本夏木（京都女子大学文学部教授）
　　　「発達心理学における実験の問題」
65. 第60回例会　92/12/12（土）於：園原先生宅（下鴨）
　　　話題提供者：中瀬惇（京都府立大学文学部教授）
　　　「知的能力の検査」
66. 第61回例会　93/3/13（土）於：園原先生宅（下鴨）
　　　話題提供者：藪内稔（学習院大学文学部教授）
　　　「イギリスからの帰朝報告」
67. 第62回例会　93/7/3（土）於：園原先生宅（下鴨）
　　　話題提供者：辻平治郎（甲南女子大学文学部助教授）
　　　「自己意識と他者意識」
68. 第63回例会　93/10/23（土）於：園原先生宅（下鴨）
　　　話題提供者：上田和夫（京都府立大学文学部専任講師）
　　　「聴覚的短期記憶の干渉効果」
69. 第64回例会　93/12/18（土）於：園原先生宅（下鴨）
　　　話題提供者：秋田宗平（京都工芸繊維大学工芸学部教授）
　　　「脳波のベクトル分析」
70. 臨時会（法要）と第65回例会　94/3/13（日）於：南禅寺真乗院
　　　13:30～園原太郎先生十三回忌：終了後園原宅に移動
　　　研究会　於：園原先生宅（下鴨）
　　　話題提供者：室伏靖子（立命館大学文学部教授）

「人と動物の間 – 言語の獲得をめぐって」

71. 第66回例会　94/8/6（土）於：園原先生宅（下鴨）
    柿崎祐一先生追悼会
    話題提供者：大倉正暉（甲南女子大学文学部教授）
    「柿崎心理学をめぐって」

72. 第67回例会　94/12/10（土）於：園原先生宅（下鴨）
    話題提供者：大倉正暉（甲南女子大学文学部教授）
    「空間の3次元軸に於ける心的回転（メンタルローテーション）」

73. 第68回例会　95/4/22（土）於：園原先生宅（下鴨）
    園原史郎定年退職記念講演と祝賀会
    話題提供者：園原史郎
    「私の履歴書」

74. 第69回例会　95/11/11（土）於：園原先生宅（下鴨）
    話題提供者：尾入正哲（京都府立大学文学部助教授）
    「職場環境とストレス」

75. 第70回例会　95/12/16（土）於：園原先生宅（下鴨）
    話題提供者：庄司留美子
    「高度難聴児のことばの発達―0歳から就学前―」

76. 第71回例会　96/3/16（土）於：園原先生宅（下鴨）
    話題提供者：梶田叡一（京都大学高等教育教授システム開発センター教授）
    「内的世界から」
    終了後：園原先生命日の会食

77. 第72回例会　96/8/10（土）於：園原先生宅（下鴨）
    話題提供者：薮内稔（東京大学文学部教授）
    「社会的相互作用のシステム論的統合」

78. 第73回例会　96/12/14（土）於：園原先生宅（下鴨）
    話題提供者：松井保（島根大学名誉教授，NIアナリスト）
    「数学のモト」

79. 第74回例会　97/3/14（金）於：園原先生宅（下鴨）
    園原先生命日法要
    蜂屋良彦還暦記念研究会
    招待講演：蜂屋良彦（神戸大学文学部教授）

「人を助けることと助けられたこと」
80. 第75回例会　97/5/3（土）於：園原先生宅（下鴨）
　　村井潤一先生追悼会，村井幸子夫人特別参加
　　話題提供者：小椋たみ子（神戸大学発達科学部助教授）
　　「村井心理学を語る：言語機能の形成と発達から
　　―乳幼児の音声言語活動の比較発達的研究」
81. 第76回例会　97/8/12（火）於：園原先生宅（下鴨）
　　嶋津峯真先生追悼会
　　話題提供者：園原史郎
　　「嶋津峯真を語る」
　　資料提供：中瀬惇
　　嶋津峯真作成「児童心理学：学生配布授業用手書プリント」
82. 第77回例会　97/12/7（日）於：園原先生宅（下鴨）
　　早川昌範還暦記念研究会
　　招待講演：早川昌範（愛知学院大学文学部教授）
　　「政党支持の測定に関する諸問題」
83. 第78回例会　98/3/29（日）於：園原先生宅（下鴨）
　　話題提供者：大倉正暉（甲南女子大学文学部教授）
　　「知覚屋の見たメンタルローテーション」
84. 第79回例会　98/9/1（火）於：園原先生宅（下鴨）
　　話題提供者：藤田和生（京都大学文学部助教授）
　　「視知覚の系統比較―錯視と知覚的補間について―」
85. 第80回例会　98/12/12（土）於：園原先生宅（下鴨）
　　中瀬惇還暦記念研究会
　　話題提供者：中瀬惇（京都府立大学文学部教授）
　　「私的，研究の歩み」
86. 第81回例会　99/3/11（木）於：園原先生宅（下鴨）
　　招待講演
　　話題提供者：長尾憲彰（常寂光寺住職，京都大学文学部心理学科卒業）「寺を守りながら」
87. 第82回例会　99/6/27（日）於：園原先生宅（下鴨）
　　話題提供者：上田和夫（京都府立大学文学部専任講師）
　　「音の高さ，音色，音声の知覚と短期記憶に関する研究」

京都大学博士（文学）学位論文の紹介
88. **第83回例会** 99/12/5（日）於：京都府立大学会議室
話題提供者：池田進（関西大学社会学部教授）
「顔の話」
89. **第84回例会** 00/3/26（日）於：園原先生宅（下鴨）
園原史朗追悼会
招待講演：浦上弘幸（京都府立大学農学部教授，農学部長）
「最近の木材事情」
90. **第85回例会** 00/12/9（土）於：京都ノートルダム女子大学会議室
話題提供者：向山康代（京都ノートルダム女子大学専任講師）
「写真を用いた自己記述と性格特性の関係」
91. **第86回例会** 01/3/24（土）於：京都ノートルダム女子大学会議室
話題提供者：山形恭子（金沢大学法学部教授）
「キャリア選択における生涯発達心理学の視点」
92. **第87回例会** 01/7/14（土）於：京都ノートルダム女子大学会議室
話題提供者：口ノ町康夫（産業技術総合研究所
人間福祉医療工学研究部門主任研究員）
「高齢者の感覚・認知特性と製品・環境のユーザビリティ」
93. **第88回例会** 01/12/9（日）於：京都ノートルダム女子大学会議室
話題提供者：田尾雅夫（京都大学経済学部教授）
「超高齢者社会に向けてヒューマンサービスを考える」
94. **第89回例会** 02/3/30（土）於：京都ノートルダム女子大学会議室
話題提供者：辻竜平（東京大学大学院人文社会系研究科助手）
「社会ネットワーク分析と社会秩序」
（2002年4月1日現在）

人名索引

Adams, A. *50*
Ainsworth, M. D. S. *10*
Akahane-Yamada, R. *155*
Allport, G. W. *204*
Anderson, R. C. *78*
Armstrong, T. *41*
Ascher, E. *72*
Astington, J. W. *34*

Bart, W. B. *71, 72*
Bates, E. *54*
Bergson, H. *9*
Berlin, B. *124*
Biederman, I. *109, 110, 114*
Bowlby, J. *10*
Bruner, J. S. *47, 111*
Bühler, Ch. *6*
Byrne, R. W. *102*
Beauvoir, S. *168*

Carey, S. *34*
Carter, R. *133*
Chaille, S. E. *5*
Cheng, P. W. *80*
Chiazzari, S. *136*
Chomsky, N. A. *46*
Clayton, N. S. *95*
Collins, A. M. *110*
Corbett, A. T. *78*

Cosmides, L. *80*
Courage, M. L. *134*
Curcio, F. *57*

Darwin, Ch. A. *5*
Davidson, P. M. *73*
Daw, N. W. *130, 134*
Dawson, G. *50*
Denis, M. *119*
Deutsch, D. *146*

Emery, N. J. *100*
*
遠藤利彦 *35*

Fantz, R. L. *4, 8*
Farah, M. J. *112*
Feldman, D. H. *34*
Fisher, K. *55*
Furui, S. *156*

Gamut, L. T. F. *69*
Gardner, H. *32, 35, 37*
Gesell, A. L. *33*
Gimbel, T. *136*
Graham, C. H. *123*
Guilford, J. P. *35*

Haeckel, E. H. *5*
Halford, G. S. *73*
Hampton, R. R. *92*
Harlow, H. F. *9*
Havigurst, R. J. *33*
Hawking, S. *133*
Helverson, H. M. *6*
Hetzer, H. *6*
Humphreys, G. W. *115*
*
早川昌範 *13*
藤　永　保 *41*

Inhelder, B. *9*
*
芋阪良二 *132*
糸井尚子 *80*

Jones, M. *202*

Kandinsky, V. *119*
Kanner, L. *49*
Kaplan, B. *49*
Kawahara, H. *151*
Knoblauch, K. *134*
Knobloch, H. *7*
Kuroshima, H. *105*
Lawvere, F. W. *73*
Leibowitz, H. *131*

Leresche, G.   *72*
Lloyd-Jones, T. J.   *115*
Löbner, S.   *64*
Łukasiewicz, J.   *66*

Mace, R.   *170*
MacLane, S.   *73*
Madole, K. L.   *134*
Malatesta, C. Z.   *50*
Mandler, J. M.   *134*
Mayberry, R. I.   *154*
McCann, M.   *125*
Meltzoff, A. N.   *53*
Mercado, E.   *99*
Miyazaki, K.   *153*
Moon, S. M.   *41*
Moor, K.   *53*
Morrone, M. C.   *135*
Mundy, P.   *48*
　　　*
村田　哲   *54*

Nassau, K.   *123*
Neisser, U.   *112*
　　　*
名倉啓太郎   *29*
西村　作   *57*

大熊　正   *73*

Perls, F. S.   *137*
Piaget, J.   *4, 9, 32, 47, 50,*
　　54, 62, 69, 71, 73, 138
Pieraut-Le Bonniec   *72*
Purves, D.   *130*
Pylyshyn, Z.   *112*

Quinn, P. C.   *135*

Renzulli, J. S.   *43*
Reynolds, R. I.   *111*
Rhodes, G.   *112*
Rickert, H.   *204*
Ridley, M.   *135*
Rizzolatti, G.   *53*
Rosch, E.   *110, 115*
Rowntree, D.   *143*

Sarabianov, D.   *120*
Semal, C.   *147*
Shirley, M. M.   *6*
Siegler, R. S.   *33*
Sigman, M.   *48, 57*
Simmel   *202*
Solso, A. L.   *142, 144*
Spitz, H. H.   *113*
Steiner, R.   *119*
Sternberg, R. J.   *32, 36,*
　　37

Stiles, W. S.   *128*
Sullivan, H. S.   *202*
　　　*
坂原　茂   *80*
園原太郎   *18, 26, 59, 62,*
　　210

Tonick   *50*
Trevarthen, C.   *49*
　　　*
高橋雅延   *78*
田中昌人   *33*

Ungerer, J.   *57*

Volbrecht, V. J.   *134*

Wason, P. C.   *80*
Werner, H.   *49*
Whiten, A.   *102*
Windelband, W.   *204*
Wyszecki, G.   *123*

Zechmeister, E. B.   *142*
Zentall, T. R.   *97*

事項索引

あ行
愛着　9
欺き行動　102
一語文　11
意味　76
　──記憶　95
　──的関連性　115
因果関係　81, 143, 154
運動発達　6
(MI) 理論　37, 39, 40
エピソード記憶　95
エピソード資料　21
横断的　19
音の高さ　145
音声　54
音声言語　22, 25, 59

か行
概念
　──駆動型処理　125
　──表象　77
　──理解　81
可逆性　69
学習過程　178
学力低下論　85
可視波長光　123
家族療法　203
形の類似性　116
活性化拡散理論　111
加齢　165
加齢現象　189
加齢工学　163
感覚　124, 128, 136
　──閾値　128
　──運動　56, 57
　──機能　166
干渉効果　145, 153
記憶痕跡　94
機能連関理論　135

基本色語　124
基本的生活習慣　10
鏡像認知　19
共通性　48
京都市児童院　10
空間　119
空間的枠組み　128
KSP　219
Kの会　138
形式的操作期　73
原会話　49
研究の統制　14
言語　57
　──化　123
　──概念　22
　──獲得　46, 47, 54, 59
　──性課題　22
　──表出　59, 134, 137
　──理解　59
恒常現象　130, 131
構成概念　39
構造的関係　63
行動観察　21
行動模倣　24
高度難聴児　21
高齢者　160, 169, 170, 176, 191
国際規格　162
心の理論　34
個人差　121, 187

さ行
才能教育　42
錯覚　132, 133
三部理論　36
ジオン　110
視覚
　──過程　112
　──機能　166
　──的探索　108, 114

───的探索課題　116
───的定位　50
───領　127
色彩知覚　129
刺激−反応行動　129
自己意識　212, 213, 216
思考停止現象　85
自己概念　215
自己主張　26
支持政党　13
視線軌跡　178
実験科学　11
実験群　143
実証的実験　12
事物の永続性　55, 57
自閉症児　34, 49, 51
社会的認知　53
Japan Skepitics学会　13
従属変数　90, 142
縦断的　19
縦断的方法　55
主観的等価点　153
熟知性　116
純粋持続　9
障害児　43, 59
象徴遊び　57
象徴機能　57, 58
象徴的発声　24
小反対対当　67
情報機器　174
初期発達　5
事例会議　200
事例史　200
人事管理　186
診断　196
心的発達　62
新版K式発達検査　7, 22, 57
信頼性　197
心理の四原色　123
スキーマ　77, 82
図地構造　128, 130
図と地　120
政治行動　13
精神物理学　4, 122, 128
設定場面　27

宣言的記憶　95
前頭葉損傷患者　53
測定　142
測定可能　121

た行

大学院演習　219
対照基準　11
対照群　143
対照条件　156
体制化　21
対比　130
多重知能　37
妥当性　197
短期記憶　145
探索
　　───課題　116
　　───活動　22
　　───行動　114
　　───実験　12
遅延時間　93
知覚　124, 128, 135
　　───概念　134
　　───過程　112
　　───器官　124
　　───現象　131
　　───世界　128, 133
　　───範疇　134
知的機能　165
知能　37, 40, 54
知能検査　35
知能指数　35
注視時間　53
聴覚機能　166
聴覚心理学　145
調波複合音　146, 152
直観的判断　82
治療　196
追試実験　15
dishabituation（慣れの消失）　8
適応過程　160
手続きの記憶　95
手掌把握　6
電子商取引　173
統計の検定　143

動作的　*24*
動作的表現　*30*
同値関係　*64, 67*
動物心理学　*90*
独立変数　*90, 142, 155*

な行

喃語　*11, 23*
二語発話　*25*
二語文　*11*
二重盲検　*143*
乳児研究　*5*
乳児の知覚　*8*
人間工学　*162*
人間特性　*162*
認知　*124*
　——科学　*36*
　——活動　*84*
　——機能　*40, 164*
　——構造　*69, 137*
　——心理学　*75, 174,*
　——的操作　*112*
　——的枠組み　*84*
　——能力　*54, 56*
　——発達　*40, 43, 55, 73, 134*
　——領域　*55*
脳科学の研究　*60*

は行

発語模倣　*24*
発声　*24*
発生的妥当性　*91*
発達
　——課題　*33*
　——過程　*5*
　——相談　*19, 28, 30*
　——段階　*33*
habituation（慣れ）　*8*
反対対当　*67*
比較認知　*60*
非言語的コミュニケーション　*49, 59*
非言語的認知　*54*

ヒト　*90*
人見知り　*10*
ヒューマン・インタフェース　*162*
ヒューマン・サービス　*191*
標準化　*197*
$\phi \beta \kappa$（ファイ・ベータ・カッパ）　*221*
プライミング実験　*108*
文章理解　*76*
文脈効果　*115, 116*
分離不安　*10*
変換構造　*72*
母子関係　*29*
Homo sapiens　*90*

ま行

矛盾対当　*67*
無声音　*146*
メタ記憶　*92*
メタ認知　*92*
物語完成法　*213*
物の永続性　*9*
問題解決　*79, 83*

や行

有声音　*146*
要因実験　*154*
様相概念　*66*

ら行

理解過程　*79*
立体的表元素　*109*
臨床心理士　*207*
類似科学　*12, 16*
歴年齢　*5*
連関性　*46*
老年学　*163*
老年工学　*163*
老年心理学　*161, 165*
労務管理　*186*
論理的操作　*62*
論理的判断　*82*

執筆者紹介 (執筆順　＊は編者)

中瀬 惇＊（第Ⅰ部第1章，第Ⅱ部　Kの会幹事）
京都ノートルダム女子大学人間文化学部教授
発達心理学・臨床心理学専攻
京都大学大学院文学研究科博士課程単位修得退学（1969）
主要著作：『新版K式発達検査法』（共編著，ナカニシヤ出版）
　　　　　『新版K式発達検査反応実例集』（共編著，ナカニシヤ出版）

庄司留美子（第Ⅰ部第2章）
和歌山大学教育学部非常勤講師
発達心理学・臨床心理学専攻
京都大学大学院文学研究科博士課程単位修得退学（1977）
主要著作：『増補・発達臨床心理学』（共著，ミネルヴァ書房）
　　　　　『自己意識の発達心理学』（共著，金子書房）
　　　　　『保育講座　保育臨床心理学』（共著，ミネルヴァ書房）

松村暢隆（第Ⅰ部第3章）
関西大学文学部教授
発達心理学（認知発達）・教育心理学（知能，個性化・才能教育）専攻
京都大学大学院文学研究科博士後期課程学修・退学（1981），京都大学文学博士（1991）
主要著作：『幼児の知的発達』（1990，関西大学出版部）
　　　　　『子供はどのように心を発見するか』（訳，新曜社）
　　　　　『個性と才能をみつける総合学習モデル』（訳，玉川大学出版部）

小椋たみ子（第Ⅰ部第4章）
神戸大学文学部教授
言語発達心理学専攻
京都大学大学院文学研究科博士課程単位修得満期退学（1974）
京都大学博士（文学）（1993）
主要著作：『初期言語発達と認知発達の関係についての研究』（風間書房）
　　　　　『運動と言語』（共著）
　　　　　『ことばの獲得』（共著，ミネルヴァ書房）

藪内 稔（第Ⅰ部第5章）
東京大学大学院新領域創成科学研究科環境学専攻教授，文学部兼担
数理心理学・社会心理学専攻
京都大学大学院文学研究科博士課程中退（1969）
主要著作：『ファジィ理論と人文・社会科学』（編著，日刊工業社）
　　　　　『ゲーム・駆け引きの世界』（共著，東京大学出版会）

米澤好史（第Ⅰ部第6章）
和歌山大学教育学部助教授
認知心理学（言語，思考）・教育心理学（学習指導，教育的援助，育成行動）専攻
京都大学大学院文学研究科博士後期課程中退（1988）
主要著作：『行動科学への招待―現代心理学のアプローチ―』（共編著，福村出版）
　　　　　『行動科学ハンドブック』（共著，福村出版）

藤田和生（第Ⅰ部第7章）
京都大学大学院文学研究科教授
比較認知科学専攻
京都大学理学研究科博士後期課程修了（1982），京都大学理学博士（1982）
主要著作：『比較認知科学への招待―『こころ』の進化学―』（ナカニシヤ出版）
　　　　　『動物コミュニケーション―行動のしくみから学習の遺伝子まで―』
　　　　　　（共訳，西村書店）
　　　　　『コミュニケーションと思考（認知科学の新展開2）』（共著，岩波書店）

松川順子（第Ⅰ部第8章）
金沢大学文学部教授
認知心理学専攻
京都大学大学院文学研究科博士課程単位取得退学（1978）
京都大学博士（文学）（1996）
主要著作：『視覚的対象認知に関する実験的研究』（風間書房）
　　　　　『記憶研究の最前線』（共著，北大路書房）

秋田宗平*（第Ⅰ部第9章）
京都工芸繊維大学名誉教授
心理学（精神物理学）・色彩科学（色彩と心理）・人間工学（認知）専攻
コロンビア大学大学院実験心理学博士課程修了（1962），コロンビア大学 PhD（1962）
主要著作：「色彩理論」『講座心理学第3巻　感覚』（共編著，東京大学出版会）
　　　　　「知覚工学」『応用心理学講座7』（共著，福村出版）
　　　　　「色と形の知覚」『現代の心理学』（共著，有斐閣）

上田和夫（第Ⅰ部第10章）
九州芸術工科大学大学院芸術工学研究科応用情報伝達講座助教授，音響設計学科兼担
聴覚心理学専攻
京都大学大学院文学研究科博士後期課程研究指導認定退学（1990）
京都大学博士（文学）（1999）
主要著作：『聴覚心理学概論』（共訳，誠信書房）
　　　　　『音楽の認知心理学』（共訳，誠信書房）

口ノ町康夫（第Ⅰ部第11章）
独立行政法人産業技術総合研究所人間福祉医工学研究部門総括研究員
心理学・人間工学・加齢工学専攻
京都大学大学院文学研究科博士課程中退（1972）
主要著作：『新生理学』（共著，北大路書房）
　　　　　'The relationship between the cognitive function decrease of elderly people and the usability of domestic appliances and participation in outside activities.' *Technology and Disability*, **11**（3），169-175（2000）

田尾雅夫（第Ⅰ部第12章）
京都大学経済学研究科教授
社会心理学・組織心理学・経営学専攻
京都大学大学院文学研究科博士課程単位修得退学（1975）
京都大学博士（経済学）（1992）
主要著作：『組織の心理学』（有斐閣）
　　　　　『組織論』（共著，有斐閣）
　　　　　『ボランタリー組織の経営管理』（有斐閣）

鳥山平三（第Ⅰ部第13章）
大阪樟蔭女子大学人間科学部教授
臨床心理学専攻
京都大学大学院文学研究科博士課程単位取得満期退学（1970）
主要著作：『育てあい・発達共生論』（ナカニシヤ出版）
　　　　　『人間知―心の科学』（共著，ナカニシヤ出版）
　　　　　『現代とカウンセリング』（ナカニシヤ出版）

梶田叡一（第Ⅰ部第14章）
京都ノートルダム女子大学学長
自己意識研究・教育研究専攻
京都大学大学院文学研究科修士課程修了（1966），京都大学文学博士（1971）
主要著作：『自己意識の心理学（第2版）』（東京大学出版会）
　　　　　『自己という意識』（金子書房）
　　　　　『教育評価（第2版補訂版）』（有斐閣）

執筆者以外の「Kの会」現会員
尾入正哲（京都府立大学福祉社会学部）／大倉正暉（甲南女子大学文学部）／金児曉嗣（大阪市立大学文学部）／塩見武雄（京都府立医科大学医療技術短期大学部）／杉田千鶴子（佛教大学教育学部）／辻平治郎（甲南女子大学文学部）／名倉啓太郎（仁愛大学文学部）／向山泰代（京都ノートルダム女子大学人間文化学部）／本吉良治（元京都大学文学部）／森下正康（和歌山大学教育学部）／山形恭子（金沢大学法学部）／金児和子（和泉市議会議員）

心理学の方法

2002年12月20日　初版第1刷発行　（定価はカバーに表示してあります）

編　者　中瀬　惇
　　　　秋田宗平
発行者　中西健夫
発行所　株式会社ナカニシヤ出版
　　　　〒606-8316　京都市左京区吉田二本松町2
　　　　Telephone　075-751-1211
　　　　Facsimile　075-751-2665
　　　　郵便振替　01030-0-13128
　　　　URL　　　http://www.nakanishiya.co.jp/
　　　　E-mail　　iihon-ippai@nakanishiya.co.jp

装幀・白沢　正／印刷・ファインワークス／製本・兼文堂
Printed in Japan
Copyright © 2002 by A. Nakase & M. Akita
ISBN4-88848-750-2　C3011